これからの
日本の
国際協力

ビッグ・ドナーから　　スマート・ドナーへ

Kurosaki Takashi　Otsuka Keijiro
黒崎 卓・大塚啓二郎 編著

日本評論社

はしがき

　開発途上国を研究対象に，どのようにしたらそこに住む人々の生活が向上していくのか，われわれ研究者は長年考え続けてきた．そんな研究の経緯の中で，ここ10年ほど強く感じるのは，2つの逆風である．第一は，日本の政府開発援助（ODA）が縮小し，国際社会における経済開発・貧困削減を議論する場での日本のプレゼンスがかすみがちなことである．第二に，大学生の途上国についての関心が下がり，わざわざつらい思いをしに途上国に出かけようとする若者の数が減ってきていることである．この2つの逆風はどこかでつながっているかもしれない．しかし日本経済の将来は，国際社会との関係なしには考えられない．このような逆風を吹き飛ばす必要がある．

　このような問題意識の下，日本の国際協力の今後の方向性を考えるということに焦点を絞って生まれたのが本書である．本書の執筆陣は，日本学術会議の地域研究委員会・国際地域開発研究分科会のメンバーを中心としている．この分科会は，地域研究と開発研究の両者を融合することにより国際地域開発研究の発展をはかることを目的に，2006年に発足した．中間的成果として，日本学術会議の提言「ODAの戦略的活性化を目指して」を2011年8月に発表した．その後，分科会では，提言内容を踏まえつつも，より幅広く国際協力と日本の役割に関する議論を行ってきた．本書は，この一連の作業結果をとりまとめたものでもある．なお，各章の内容や意見はすべて執筆者個人に属するものであり，各々が属する組織の見解とは一切関係がないことを断っておく．

　編者として，類書にない本書の特色は，4点にまとめられると考えている．第一に，日本の国際的役割に関心を持つ広範な一般読者を主たるターゲットとしつつ，研究者やODA関連の仕事に従事する実務者に対しても有益となるよう，学術的知見に基づいた科学的な議論を提供するというスタンスを一貫した．第二に，国際社会における経済開発・貧困削減をリードするようなスマート・ドナーになり，日本発の特色ある国際協力が他国の国際協力に影響を与えるこ

とで，国際社会の大きな潮流を作ることを明確に意識した．第三に，一国の経済成長・貧困削減は，企業や労働者，消費者といった組織や経済主体の効率・厚生改善があって初めて実現することから，本書では，具体的かつ個別な国際協力への提言を示すことに力点を置いた．そして第四に，アフリカ地域研究者を含む多彩な執筆陣の強みを活かし，個別の途上国経済が長期的にどのように変容してきたのかに関する詳細な分析を多く取り入れた．本書が，日本の国際協力に関する議論を深める端緒となれば幸いである．

本書作成の過程では，多くの方に貴重な示唆やコメントをいただいた．2011年の提言をまとめる出発点となった2010年7月のシンポジウム「ODAの知的活性化を目指して」にスピーカーやパネリストとして参加いただいた須永和男（外務省），荒川博人（国際協力機構），山形辰史（日本貿易振興機構アジア経済研究所），澤田康幸（東京大学），および分科会研究会にて外部スピーカーとして報告いただいた堀井伸浩（九州大学）の各氏には特に謝意を表したい．また，諸般の事情により本書の執筆者からは外れたが，分科会の旧メンバーであった藤田昌久（甲南大学），末廣昭（東京大学），酒井啓子（千葉大学），絵所秀紀（法政大学），小泉潤二（大阪大学），原ひろ子（城西国際大学），服部民夫（東京大学），石川義孝（京都大学），篠田英朗（東京外国語大学），田島俊雄（東京大学）各氏からのインプットも大変に有益であった．分科会の運営にご尽力いただいた日本学術会議のスタッフ，とりわけ嶋津和彦，齋藤知千各氏にも謝意を表したい．また，昨今の厳しい出版事情の中，本書の刊行を快諾くださった日本評論社およびその編集に責任を負っていただいた斎藤博氏および道中真紀氏には，厚く御礼申し上げたい．

2015年1月

黒崎　卓
大塚啓二郎

目　次

はしがき　…iii

序章　なぜ今，日本の国際協力を考え直すのか
（黒崎卓・大塚啓二郎）……………………………………… 1

1　岐路に立つ日本の国際協力　…1
2　スマート・ドナーに必要なこと　…6
3　本書の構成　…9

第Ⅰ部：これまでの日本の国際協力
アジアのビッグ・ドナーが果たした役割とは

第1章　東アジア型産業発展と日本の役割（大塚啓二郎）……… 15

1　はじめに　…15
2　東アジア諸国の発展の軌跡　…17
3　東アジアにおける産業構造の変化　…22
4　貧困削減と所得分配　…29
5　結び　…31

第2章　東南アジアにおける日本のODAの変遷と課題
先発アセアンを中心として（武藤めぐみ・広田幸紀）………… 35

1　はじめに　…35
2　ODAへのニーズの変化　…37

2.1　日本の先発アセアンに対するODAの推移　…37
　　2.2　プロジェクト型支援ニーズの変化　…39
　　2.3　プログラム型支援ニーズの変化　…41
　　2.4　先発アセアン以外の状況（ベトナム）　…42
　3　先発アセアン（インドネシア，フィリピン）の政治経済面の構造変化　…43
　　3.1　インドネシア　…43
　　3.2　フィリピン　…50
　4　結び：政策含意　…58

Box 1　インドでのインフラ支援
　　デリーの地下鉄建設（黒崎卓）　……………………………… 61

第3章　アフリカ開発援助における日本の役割
　　イギリスとの比較を通じて（高橋基樹）…………… 65
　1　はじめに　…65
　2　日本のアフリカ援助の考察の枠組みと視点　…67
　　2.1　援助のあり方を規定する要因　…67
　　2.2　過去の援助経験の重要性及び他のドナーからの影響　…69
　3　日本とイギリスの主要援助対象国の違い　…70
　　3.1　日本とイギリスの主要援助対象国　…70
　　3.2　主要援助対象国の開発実績　…71
　　3.3　主要援助対象国における経験と日英両国の認識の違い　…75
　4　日本，イギリス及びその他のドナーのアフリカ向けODAにおける違い　…79
　　4.1　日本とイギリスの対アフリカ支援における比較　…79
　　4.2　援助対象国・地域の比較　…79
　　4.3　ODAのセクター別配分における特徴　…82
　　4.4　ODAの形態別の配分における特徴　…84
　　4.5　日英の対アフリカ援助におけるアプローチの質的な違い　…87
　5　結び：今後のアフリカ支援に向けて　…90

Box 2　アフリカの緑の革命の可能性（大塚啓二郎）…………… 97

目次

第II部：かつての途上国，現在の途上国から見た日本の国際協力

第4章　韓国
開発経験と ODA 戦略（深川由起子） …………………………… 103

1　はじめに …103
2　韓国の ODA 概観 …104
　2.1　被援助国から援助国へ …104
　2.2　「国際開発協力先進化方案」（2011〜15年）と支援の拡大 …107
　2.3　分野別進捗と特徴（2010〜12年） …108
3　開発体験の共有 …111
　3.1　農業：セマウル運動の国際化 …111
　3.2　経験と知識の共有：Knowledge Sharing Program（KSP） …112
　3.3　経験・知識共有型援助の限界 …115
4　ODA 体制整備の課題 …117
　4.1　ODA 運用体制の整備 …117
　4.2　マルチの援助拡大 …118
　4.3　評価体系の確立 …119
5　結び …122

第5章　インドネシア
経済発展における対外債務と日本の ODA（水野広祐）……… 125

1　はじめに …125
2　インドネシアにおける ODA の開始：債権国会議の形成 …128
　2.1　インドネシアの ODA 前史：戦後賠償 …128
　2.2　戦後賠償のインドネシア財政・国際収支における意味合い …129
　2.3　スハルト政権とインドネシア債権国会議 …130
　2.4　予算と IGGI 体制 …132
　2.5　日本からの ODA とインドネシア経済 …133
3　援助依存体制の転換と民間主導経済 …136
　3.1　構造調整政策と民間資本の流入 …136
　3.2　アジア通貨危機と債務問題 …138
　3.3　アジア通貨危機と ODA …139

- 4　2000年代のインドネシア経済発展におけるインドネシア対外債務・ODA および政府国内債務　…141
  - 4.1　インドネシアの対外債務とその GDP 比の激減　…141
  - 4.2　インドネシア経済発展とツーギャップモデルからの脱却　…142
  - 4.3　インドネシアの ODA 卒業と日本の ODA および新たな協力の方向　…145
- 5　結び　…149

第6章　ザンビア
対アフリカ援助の政治経済学（児玉谷史朗）　…153

- 1　はじめに　…153
- 2　ザンビアの政策と制度の変化の概略　…154
  - 2.1　ザンビアの政治と経済の時期区分　…154
  - 2.2　構造調整の政治経済学その1：1980年代，カウンダ政権末期の経済改革　…155
  - 2.3　構造調整の政治経済学その2：1990年代，チルバ政権期の民営化　…156
  - 2.4　1980年代と90年代の対ザンビア援助　…158
- 3　2000年代：経済成長と中国の進出　…160
  - 3.1　2000年代：ムワナワサ＝バンダ，MMD 政権（2001～11年）　…160
  - 3.2　ザンビアを取り巻く条件の変化と経済成長　…161
  - 3.3　2000年代の対ザンビア援助　…163
- 4　中国のザンビアへの経済進出　…166
  - 4.1　経済進出の概略　…166
  - 4.2　中国の経済進出とザンビアの政治　…170
- 5　結び　…171

Box 3　中国
「曖昧な制度」としての対口支援（加藤弘之）　…179

目　次

第Ⅲ部：これからの日本の国際協力
日本発「スマート・ドナーモデル」の構築を目指して

第7章　産業発展
日本の顔が見える戦略的支援（園部哲史）……………… 187

1　はじめに　…187
2　日本の経験：お雇い外国人から *Kaizen* まで　…190
3　共通の問題　…192
4　どこから着手するべきか　…195
5　顔の見える ODA　…199
6　結び　…203

Box 4　途上国のための職業訓練（古川勇二）……………… 207

第8章　直接投資
日本の投資と開発途上国の発展（浦田秀次郎）……………… 213

1　はじめに　…213
2　日本の対外直接投資　…214
　2.1　近年における動向：急増する日本の対外直接投資　…214
　2.2　地域別・産業別動向　…216
　2.3　日本企業により設立された海外現地法人の動向　…219
3　日本の対外直接投資と投資受入国における経済発展　…221
　3.1　量的効果：雇用，売上高，貿易　…221
　3.2　質的効果：生産性向上効果　…224
4　日本企業による対外直接投資先国の決定因　…227
　4.1　直接投資の動機　…227
　4.2　直接投資の阻害要因　…230
　4.3　日本の対外直接投資の投資先決定要因：定量的分析結果　…232
5　経済協力と直接投資　…233
　5.1　日本政府による日本企業の対外直接投資に対する支援　…233
　5.2　技術移転促進のための支援　…236

6　結び　…239

第9章　教育普及
産業発展につながる教育支援（黒崎卓） …………………243

1　はじめに　…243
2　教育と経済発展，生産性向上　…244
3　途上国の教育開発が抱える課題：南アジア諸国を中心に　…247
4　教育普及の阻害要因に関する経済学的分析　…249
5　教育の質改善のための革新的試み　…251
6　結び　…255

第10章　国際金融
「東アジア型マクロ経済運営モデル」と日本（高阪章） ………261

1　はじめに　…261
2　東アジアのマクロ経済運営：通説への挑戦　…263
3　東アジアのグローバル金融リンケージ　…268
　3.1　対内投資の変容　…268
　3.2　対外投資と地域統合化　…275
4　国内金融システムの発展　…280
　4.1　貯蓄・投資バランス　…280
　4.2　国内金融システムの「深さ」　…280
5　「今度は違う」：東アジア型マクロ経済運営モデル　…285
6　結び：東アジアで生きる日本　…288
　6.1　地域金融協力　…288
　6.2　民間ベースの地域経済統合化　…289

第11章　環境
日本の環境ODAの展開とアジア地域環境ガバナンスの構築
（松岡俊二） ……………………………………293

1　はじめに：日本の環境戦略とスマート・ドナーへの模索　…293

2　アジア地域環境ガバナンスの形成と発展　…296
　　　　2.1　問題の所在　…296
　　　　2.2　アジア地域環境ガバナンスの「弱さ」をめぐって　…299
　　3　日本のアジア環境戦略とアジア地域環境ガバナンス　…301
　　　　3.1　日本の環境ODAと環境センター・アプローチ　…301
　　　　3.2　環境ODAを核とした日本のアジア環境戦略　…305
　　　　3.3　日本のアジア環境戦略と環境政策・環境イノベーション　…308
　　4　結び：日本のスマート・ドナー化の課題とソフトパワー　…311

Box 5　東南アジアの防災と日本（武藤めぐみ）　…315

終章　「スマート・ドナー」として国際社会をリードするために
（大塚啓二郎・黒崎卓）　…319

　　1　はじめに　…319
　　2　日本のODAの比較優位　…321
　　3　スマート・ドナーを目指して　…327
　　4　結び　…330

執筆者一覧　…333
索引　…335

序章 なぜ今，日本の国際協力を考え直すのか

黒崎　卓・大塚啓二郎

1　岐路に立つ日本の国際協力

　2015年は，世界が過去15年間にわたって続けた努力の成果が問われる年である．何に向けての努力か？　それは，開発途上国における貧困を大幅に削減することである．

　2000年9月，国際連合で開かれた「国連ミレニアム・サミット」は，1990年から2015年の間に達成すべき貧困削減の8つの目標，18のターゲットを採択した．いわゆる「ミレニアム開発目標」(Millennium Development Goals：MDGs) である．所得で測った貧困に関しては，貧困者の絶対数ではなく，貧困者比率を1990年の水準から2015年までに半減させるという，ある意味，控えめな目標であった．世界全体では貧困者比率半減という目標はほぼ達成できそうであるが，サブサハラ・アフリカ（サハラ以南のアフリカ）地域など，達成できていない地域や国が多く残される見込みだ．栄養不良人口を減らすという目標は，サブサハラ・アフリカと並ぶ世界の貧困地域である南アジア地域（インド，パキスタン，バングラデシュなど）で，まったく到達できていない．すなわち，世紀の変わり目に人類全体が目標とすることに合意したMDGsのいくつかが，未達成のまま残っている．貧困者比率に関しては，MDGsの目標そのものが控えめなものだったため，絶対数で見て多くの貧困者がなお，深刻な所得不足に悩まされ続けている．すなわち貧困削減は，依然として国際社会の大きな課題なのである．

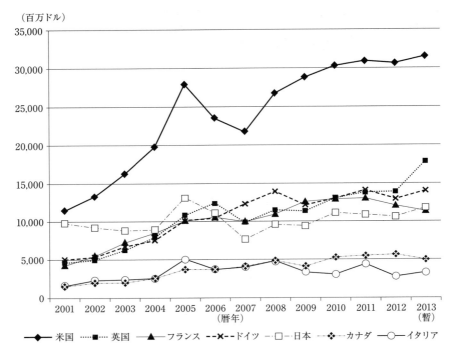

図0-1 主要援助国のODA実績の推移（支出純額ベース）

注：東欧および卒業国向け実績を除く．
出所：http://www.mofa.go.jp/mofaj/gaiko/oda/shiryo/jisseki.html（2011年6月28日および2014年7月22日にアクセス）のデータに基づき筆者作成．元データはOECD-DAC.

　本書の基本的な主張は，貧困削減のためには持続的な経済発展が必要であり，そのためには先進国から途上国への効果的な援助が必要だということである．これについては，非欧米世界で最初に先進国入りした国，そして東アジアの経済成長を支えた先進国である日本に対する期待は高い．この期待に応えるべく，日本の政府開発援助（Official Development Assistance：ODA）は，1989年から2000年まで，1990年を除いて世界最大の援助供与額を誇った．なおODAとは，経済協力開発機構（Organisation for Economic Co-operation and Development：OECD）の開発援助委員会（Development Assistance Committee：DAC）が指定する開発途上国・地域への贈与および貸付のうち，公的機関によって供与され，途上国の経済開発や福祉の向上に寄与することを主たる目的

序章　なぜ今，日本の国際協力を考え直すのか

表0-1　ODA支出額の対国民総所得（GNI）比率で見た上位6か国および日本の順位

(単位：%)

年次	DAC諸国総計	第1位	第2位	第3位	第4位	第5位	第6位	日本(注)
2001	0.22	デンマーク 1.03	オランダ 0.82	ノルウェー 0.80	スウェーデン 0.77	ルクセンブルク 0.76	ベルギー 0.37	18位 0.23
2002	0.23	デンマーク 0.96	ノルウェー 0.89	スウェーデン 0.84	オランダ 0.81	ルクセンブルク 0.77	ベルギー 0.43	18位 0.23
2003	0.25	ノルウェー 0.92	デンマーク 0.84	ルクセンブルク 0.81	オランダ 0.80	スウェーデン 0.79	ベルギー 0.60	19位 0.20
2004	0.26	ノルウェー 0.87	デンマーク 0.85	ルクセンブルク 0.83	スウェーデン 0.78	オランダ 0.73	ポルトガル 0.63	19位 0.19
2005	0.33	スウェーデン 0.94	ノルウェー 0.94	ルクセンブルク 0.86	オランダ 0.82	デンマーク 0.81	ベルギー 0.53	16位 0.28
2006	0.31	スウェーデン 1.02	ノルウェー 0.89	ルクセンブルク 0.84	オランダ 0.81	デンマーク 0.80	アイルランド 0.54	18位 0.25
2007	0.28	ノルウェー 0.95	スウェーデン 0.93	ルクセンブルク 0.92	オランダ 0.81	デンマーク 0.81	アイルランド 0.55	20位 0.17
2008	0.31	スウェーデン 0.98	ルクセンブルク 0.97	ノルウェー 0.89	デンマーク 0.82	オランダ 0.80	アイルランド 0.59	21位 0.19
2009	0.31	スウェーデン 1.12	ノルウェー 1.06	ルクセンブルク 1.04	デンマーク 0.88	オランダ 0.82	ベルギー 0.55	21位 0.18
2010	0.32	ノルウェー 1.05	ルクセンブルク 1.05	スウェーデン 0.97	デンマーク 0.91	オランダ 0.81	ベルギー 0.64	20位 0.20
2011	0.31	スウェーデン 1.02	ルクセンブルク 0.97	ノルウェー 0.96	デンマーク 0.85	オランダ 0.75	英国 0.56	21位 0.18
2012	0.29	ルクセンブルク 1.00	スウェーデン 0.97	ノルウェー 0.93	デンマーク 0.83	オランダ 0.71	英国 0.56	20位 0.17
2013	0.30	ノルウェー 1.07	スウェーデン 1.02	ルクセンブルク 1.00	デンマーク 0.85	英国 0.72	オランダ 0.67	18位 0.23

注：日本の順位は，2008年まではOECD-DAC22か国中の順位．2009年から11年は韓国が加わったためDAC23か国中の順位．2012年はポーランド，チェコ，スロバキア，アイスランドを入れたDAC27か国中の順位．2013年はスロベニアを加えたDAC28か国中の順位．
出所：図0-1に同じ．

とし，有償資金協力の場合にはその貸与条件が一定基準よりも譲許的なものを指す．

　しかし，日本のトップ・ドナーとしての地位は，長続きしなかった．日本は，2001年にODA供与実績（ドルベース）の2番手に下がると，その後，2006年にはイギリスに抜かれて第3位，さらに2007年にはドイツ，フランスにも抜かれて，第5位に下がった（図0-1）．また，表0-1に示すように，同じ時期の日本のODA供与額の国民総所得（Gross National Income：GNI）に対する比率は，2005年の0.28%のピークを例外とすると，おおむね0.20%前後で推移している．この値は先進国中最下位に近い．2000年代の後半には円高が進行し

図0-2 日本の一般会計ODA予算の推移

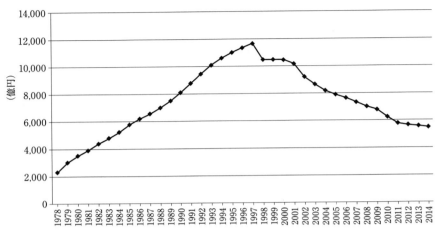

注:横軸は会計年度.
出所:図0-1に同じ.

たため,円建てで見た場合の日本のODAの減少はさらに顕著である.日本政府の一般会計ODA予算をプロットした図0-2に明らかなように,日本のODA予算は,1997年に1兆2000億円弱というピークに達した後急減し,2010年代においてはピーク時のほぼ半分になっている.

以上の文脈において日本の国際開発協力を考える際に鍵となる年が,2008年と2011年であった.2008年10月,国際協力機構(Japan International Cooperation Agency:JICA)が再編され,日本の国際協力を包括的に実施する機関として新たなスタートを切った.技術協力と有償資金協力と無償資金協力の3つのスキームを融合させながら,総合的・戦略的に展開・発展するオール・ジャパン型援助機関が誕生した.われわれは,新生JICAの誕生は,日本のODAの質を高めて国際社会に貢献する絶好の条件と考えた.しかし,その直後に誕生した民主党政権下の短絡的な評価が,JICAの出鼻をくじいた感は否めない(大塚他 2010).

民主党が政権についていた時に起こった最大の事件,そして現在の日本に最も深刻な影響を及ぼしているのが,2011年3月の東日本大震災であろう.その復興が急がれる中,ODAを通じた国際貢献には逆風が吹いている.また,財

政再建の課題も深刻であるから，ODA 予算の増額がますます困難になっているのが現状である．しかし東日本大震災と ODA の関係を語る上で，忘れてならないのが，これまで日本が ODA 供与してきた国，すなわちバングラデシュなど低所得途上国を含む多くの国からの多様な支援であった．国際協力が，外交上のきわめて重要な財産獲得につながることを，これほど如実に示した例があったであろうか．また，東日本大震災での復興作業の現場において，国際緊急援助隊経験者や元青年海外協力隊員などが活躍し，国際協力の経験が活かされた（国際協力機構 2011）．質の高い途上国支援のノウハウが蓄積されることは，日本国内の経済や社会の安定にも資するのである．

このようにさまざまな意義を持つ日本 ODA の直近2013年の数字を見ると，供与総額では久しぶりに5位から4位に上昇し（図0-1），国民総所得に占める比率も0.23％に改善して，6年続いた OECD 内20位以下の順位から18位に上昇した（表0-1）．前者はフランスの供与額減少に由来して生じた側面もあるし，後者は改善したといってもこれで2001年水準に戻っただけなので，一喜一憂すべき変化ではないかもしれない．厳しい財政状況の下で，一種の下げ止まりのような状況とみなすこともできよう．

日本の二国間 ODA は，技術協力と無償資金協力からなる贈与と，有償資金協力から構成されている（対象地域・分野別の概況については第2章（武藤・広田）参照）．有償資金協力に関しては，貸付実行額から回収額を差し引いた純貸付額が表0-1や図0-1では用いられているが，2013年の値ではこれはマイナスの値である．すなわちスタンダードな ODA 指標の額には，有償資金協力での総供与額は反映されていない．東アジア諸国が順調に経済成長した結果，以前供与した円借款の返済が，新たな円借款の供与額を上回っている国が多く生じている（例えばインドネシア：第5章（水野）参照）．しかし本書でも詳しく取り上げるように，そのような国ですら円借款の供与とそれに付随した日本の技術の流入に寄せる期待は高い．返済の義務を負う有償資金協力は，途上国の自立を促す点で贈与の ODA とは異なった，補完的な役割を持っているのだから，日本の国際貢献を示すには純貸付額だけでなく，総貸付額も用いるべきだとの議論もある．日本の ODA 供与総額は，有償資金協力に関して総貸付額を用いた場合には，表0-1や図0-1で示した額の1.76倍になる（2013年の

数字，元データの出所は本章の図表と同じ）．

　日本のODAを考える上で近年重要なキーワードになっているものに，「プログラム・アプローチ」がある．伝統的な日本の二国間ODAは，途上国政府から要請された個別のプロジェクト（例えば，特定箇所における大型橋の建設）を個別に審査して採択・不採択を決めて実施されてきた．これがプロジェクト・アプローチなのに対し，途上国政府との協議を通じて開発課題をまずプログラムとして選定し（例えば，全国縦断交通網の近代化），それに基づいてさまざまなプロジェクトを有機的に位置づけ，他の援助供与国とも協調しつつ援助を実施するのが，プログラム・アプローチである．また，途上国の財政や国際収支を直接的に支援するための資金移動のように，もともとプロジェクトを伴わない形態のODAも存在し，これもプログラム型支援の一種である．この形態の援助においても，途上国政府や他のドナーとの協議が重要になる．

　どのようなアプローチをとるにせよ，東日本大震災からの復興と財政再建が最重要課題となっている日本経済の現状を考えると，重要なのは，ODAの急速な増額よりも，限られた予算をできるだけ有効に使った国際協力を行うこと，すなわち，狭義のODAの枠を超えて，より幅広く国際協力を考える必要があるという点である．ODA以外にも，公的機関による輸出信用などいわゆる「その他の公的資金の流れ」(other official flows：OOF) や地方自治体による国際協力（ボックス3（加藤）参照），民間企業による直接投資や貿易，企業による社会的事業，NGOの活動等が途上国の経済成長・貧困削減には重要である．そこで本書は，今後の日本の国際協力が，世界にインパクトを与え，国際社会から一目置かれるような存在となるために必要なのは何かに関し，社会科学の研究成果にもとづいた知見を取りまとめる．これを通じて，日本が国際社会の重要課題において主導的役割を果たすための考え方や指針を示すことが，本書の目的である．

2　スマート・ドナーに必要なこと

　本書のタイトルにある「スマート・ドナー」とは，以上の議論からわかるよ

うに，日本がトップ・ドナーの地位に再び戻ることが短期的には難しい中，スマートなドナーとして国際開発協力を率いていくことが必要だとの認識に基づくものである．山形・高橋（2010）および参議院議事録（2013）での山形辰史氏のまとめを借りれば，カネやモノの量で勝負できない分，アイディアで勝負すること，一国では力が弱いので他国との協調行動を率い，それによって小さい貢献を大きく見せることという2つが，スマート・ドナーの要件となる．経験とノウハウに基づいてアイディアを出すことが日本の今後の国際協力の中心となるべきだという主張は，末廣（2014）によるアジア諸国への協力の方向性と重なるものでもある．

「スマート・ドナー」というキーワードこそ使わなかったが，同様の発想の下に作成されたのが，日本学術会議（2011）の提言「ODAの戦略的活性化を目指して」である．この提言の作成には，本書執筆陣の多くが参加した．そこでは，(1)人材育成やインフラ投資，信用市場整備などを通じて工業化や農業発展を支援するために，これらの支援に優先順位と時間的順序をつけた政策体系としての「ジャパンODAモデル」の構築を目指すこと，(2)ジャパンODAモデルの理論的精緻化をはかり，パイロットプロジェクトを通じてその有効性を実証し，世界に発信し，国際機関や他のドナーと協調することで，「小さな日本の援助」を「大きな国際的援助」につなげるために，関連省庁や実務機関，民間企業関係者，研究者などからなる開発戦略検討会議を立ち上げること，が提言された．日本のODAに対して即効的な効果こそ得られなかったが，実務家と研究者の協力関係は徐々に強化されつつある．

国際開発支援に携わる他の国々や国際機関に日本発のアイディアを売り込むには，明確なビジョン（開発戦略）と科学的な裏づけ（エビデンス）が必要である．これまで日本のODAが東アジア諸国における持続的経済発展・貧困削減に貢献した逸話としてしばしば挙げられてきたものに，電力・運輸などインフラ支援，*Kaizen*など「日本的経営」の移転，「緑の革命」によるコメ増産技術などがある．しかしながら，世界中のODA担当者や開発経済学者がこれらの日本のODAの貢献を必ずしも高く評価しているわけではない．日本が援助した国々は援助なしでも経済成長を遂げられる国だったのかもしれず，日本の貢献を示すエビデンスは弱いと考えられてきたのである．

科学的証拠としての説得力を高める1つの方法は，厳密なレフェリー制度の下にある国際的学術雑誌において，日本の援助の効果を示す論文を刊行することである．開発経済学においてはとりわけ，ある政策介入が効果を持ったかどうか，持っていたならばその効果のサイズはどれほどで，どのようにその便益が配分されたかを分析する計量経済学的手法が，近年，急激に発展しており，国際開発協力の現場にも強い影響を与えるようになっている（黒崎・澤田 2009）．この潮流に日本も積極的に貢献することは，日本がスマート・ドナーになる上で，間違いなくプラスに働くであろう．中でも ODA の評価に関しては，ODA 実施組織内部と外部それぞれに補完的役割があるため，JICA 内部の研究機関である JICA 研究所には，日本の ODA に関する経験知をエビデンスに変えて，国際的に発信するという重要な役割が期待される（大塚他 2010）．なお，エビデンスとして計量経済学的手法に基づくインパクトを示すことができることは望ましいが，常に可能とは限らない．そのような場合には，状況証拠を示し，経済理論によってその妥当性を補強するアプローチが利用可能である（大塚 2014）．

厳密なレフェリー制度のジャーナル論文への刊行を重視することがもたらし得る副作用として，効果が明確に識別されるような小さなプロジェクト，小さなイシューにばかり，開発研究者が取り組む傾向が生まれてしまうことが挙げられる（Ravallion 2012, Rosenzweig 2012）．どんな個別の介入が効果を持つかに関する正確な情報を集めたならば，それをもとに，持続的経済発展・貧困削減に向けた明確なビジョン，すなわち開発戦略を構築することが不可欠である．このような試みの例として，大塚（2014）を挙げることができる．大塚（2014）による「途上国がしてはいけないこと」では，失敗する開発戦略の例がわかりやすく示されているが，その多くが今もなお途上国の一部で採用されていることに驚かされる．本書では，持続的経済発展・貧困削減に向けた開発戦略の構築と，効果的な個別プロジェクトを見いだし，それを積み上げていく作業の両方をイメージできるような事例を，豊富に紹介した．

国際的に勝負できるような日本発のアイディアがエビデンスとともに手中にあっても，他国との協調行動をうまく進めることができなければ，日本がスマート・ドナーになることは難しい．一般論として他国と協調・調整する外交能

序章　なぜ今，日本の国際協力を考え直すのか

力が日本の場合に芳しいものでなかったことに加えて，1990年代に日本がビッグ・ドナーであったことも，ODA における日本の国際協調がこれまでは十分なされなかったことの原因であろう．本書では，日本と他国との協調に関し，開発戦略と個別プロジェクト両方のレベルでさまざまの事例を取り上げることを通じて，今後日本がスマート・ドナーとなるために必要な国際協調のあり方について複眼的に考察する．このテーマを直接扱う第3章（高橋）だけでなく，多くの章において間接的にこのテーマが取り上げられている．

3　本書の構成

　開発途上国の諸問題と日本の国際的役割に関心を持つ広範な一般読者を念頭に置きつつも，研究者や ODA に従事する人々に対しても有益となるよう，学術的知見に基づいた科学的な議論を提供するところに，類書にない本書の特色がある．一国の経済成長・貧困削減は，企業や労働者，消費者といったミクロ面での効率・厚生改善があって初めて実現することから，本書では具体的かつ個別の国際協力への提言をミクロ的観点から示すことに力点が置かれる．さらには，本書の執筆陣には，途上国の地域研究に長年従事し，個別経済の長期的変容を分析してきた研究者が多く含まれる．この数年，これまで経済成長から取り残されてきたサブサハラ・アフリカの経済成長と豊富な資源に世界的な注目が集まりつつあるが，本書には，類書にない詳しさでアフリカ経済に言及することを可能にする執筆陣を集めた．

　この多様な執筆陣の強みを活かすために，本書は三部構成をとる．第一部においては，これまでの日本の国際協力の強みと弱みを分野別に考える．第二部は，かつて途上国だった国や現在の途上国の特徴あるいくつかの例を取り上げて，日本の国際協力とそれぞれの国の開発経験との関係について考える．第一部と第二部を通じて，日本の国際協力に関して今後強化すべきポイントを明らかにする．第三部は，以上を受けて，日本の国際協力の今後の方向性をとりまとめ，スマート・ドナーへの道標を提示する．また，事例のイメージを深めるために，現場の声を活かしたボックスを，章間に織り込んだ．

第一部には，3つの章が含まれる．第1章「東アジア型産業発展と日本の役割」（大塚啓二郎）では，労働集約的な産業発展とそれが導いた持続的貧困削減が東アジアでどう実現されたかを展望し，その過程において日本が果たした役割について再考する．本書を通じて主張したいのは，持続的貧困削減を支えるのが産業発展であり，国際開発協力を通じて産業発展を促進することが可能であり，日本はそのような協力に一定の優位性を持つという考えである．この考えを，東アジア型産業発展モデルとして提示しているのがこの章である．第2章「東南アジアにおける日本のODAの変遷と課題」（武藤めぐみ・広田幸紀）は，先発アセアン中核国を中心に，日本が東南アジアへのトップ・ドナーとしてもたらしたこれまでの貢献を整理しつつ，有償資金協力の純支払国に変化した現在のこれらの国が，どのような有償協力を必要とするようになったのかについて展望する．第3章「アフリカ開発援助における日本の役割——イギリスとの比較を通じて」（高橋基樹）は，イギリスとの比較を通じて，アフリカ支援にみられる日本と北西欧の援助アプローチの違いを検討し，日本の今後のアフリカ支援のあり方について考える．第2章と第3章は，日本の経済協力が既に中心的役割の時期を終えた東南アジアと，これから本格化しようとしているサブサハラ・アフリカとを対比した章となっている．また，国際協調というスマート・ドナーに欠かせない要件に関して最も詳しく検討する章が第3章となっている．

第二部の著者は，それぞれ，韓国（先進国入りを果たしたかつての途上国），インドネシア（ある程度の経済成長・貧困削減を達成したが，次の段階に移行できていない中所得途上国），ザンビア（持続的経済成長の初期段階にある低所得途上国）を長年研究してきた地域研究者である．なお，東アジア型産業発展における韓国とインドネシアの位置については，第1章も参照されたい．第4章「韓国——開発経験とODA戦略」（深川由起子）は，同国の長期的な経済発展の中にODAを位置づけた論考である．韓国は，日本のODAが今後，国際協調を進めていくパートナーとして重要であることから，そのODAの特徴を本章で詳しく紹介する．第5章「インドネシア——経済発展における対外債務と日本のODA」（水野広祐）は，債権国会議形成を機とする同国でのODA受容が，どのように同国の歳入を支えたのかの歴史的経緯を整理し，近

年,外貨制約・貯蓄不足の問題が存在しないという意味での被援助国「卒業」に至ったプロセスを明らかにしている.第2章の背景説明としても位置づけられるのが第5章である.第6章「ザンビア——対アフリカ援助の政治経済学」(児玉谷史朗)は,同国での経済発展と近年の中国進出に至るまでの経緯を分析した章だが,本書の中では,中国という新興ドナーの行動が途上国にもたらした混乱に注目して,日本の国際協力戦略への中国型ODAないし経済協力がもつ含意を示していることが重要である.なお,アフリカの経済発展とODAという文脈におけるザンビアの位置については,第3章を参照されたい.

　第三部は,日本発「スマート・ドナー」のモデルを目指しての分析と提言を,鍵となる5分野(産業発展,直接投資,教育,金融システム,環境)に関し,とりまとめる.第7章「産業発展——日本の顔が見える戦略的支援」(園部哲史)は,産業を発展させ,持続的に貧困削減を推進するために欠かせない国際協力の戦略を日本の比較優位を意識して議論したものである.Kaizenのような日本生まれのアイディアに関し,エビデンスを伴った日本発の知として発信する戦略的発想が不可欠だとの本章の主張は,まさに本書の中核に位置するものである.第8章「直接投資——日本の投資と開発途上国の発展」(浦田秀次郎)は,日本の東アジアへの対外直接投資に焦点を当てて,経済発展における直接投資の重要性を明らかにし,日本の今後の協力方向を考察する.第9章「教育普及——産業発展につながる教育支援」(黒崎卓)においては,教育普及の阻害要因とその改善のために行われている革新的試みに関する経済学的エビデンスが展望され,それをもとに,きめの細かい援助を途上国の行政官と一緒に考えながら進めていく日本的アプローチの優位性が主張されている.第10章「国際金融——『東アジア型マクロ経済運営モデル』と日本の役割」(高阪章)は,他の新興市場地域に類をみない東アジアのマクロ経済運営モデルの特徴を明らかにした上で,そこに果たすべき日本の役割について考察している.第11章「環境——日本の環境ODAの展開とアジア地域環境ガバナンスの構築」(松岡俊二)は,アジアにおける地域環境ガバナンスが抱えてきた諸問題と,この分野での日本の国際協力戦略の問題点を整理した上で,日本が今後,この分野でリーダーシップをとるための戦略を議論している.

　以上の各章での議論を総括するのが,終章「『スマート・ドナー』として国

際社会をリードするために」（大塚・黒崎）である．明確なビジョンとしての開発戦略を，エビデンスに基づいて示すことの意義と，具体的提言の方向性を総括する．

引用文献

■英語文献

Ravallion, Martin（2012）"Fighting Poverty One Experiment at a Time：A Review of Abhijit Banerjee and Esther Duflo's *Poor Economics: A Radical Rethinking of the Way to Fight Global Poverty*," *Journal of Economic Literature*, 50(1)：103-114.

Rosenzweig, Mark R.（2012）"Thinking Small：A Review of *Poor Economics: A Radical Rethinking of the Way to Fight Global Poverty* by Abhijit Banerjee and Esther Duflo," *Journal of Economic Literature*, 50(1)：115-127.

■日本語文献

大塚啓二郎（2014）『なぜ貧しい国はなくならないのか──正しい開発戦略を考える』日本経済新聞出版社．

大塚啓二郎・黒崎卓・澤田康幸・園部哲史（2010）「提言　開発援助研究の長期戦略」『国際開発ジャーナル』640：17-19．

黒崎卓・澤田康幸（2009）「途上国支援，開発援助の質高めよ──研究と事業の連動強化を」『日本経済新聞』経済教室，2009年12月21日．

国際協力機構（2011）「特集　国際協力の経験を日本の復興へ──その思いを支えたい」『JICA's World』34：4-20．

参議院議事録（2013）『第183回国会　政府開発援助等に関する特別委員会　第2号　平成25年2月28日』（http://kokkai.ndl.go.jp/SENTAKU/sangiin/183/0088/18302280088002a.html, access on 24 June 2014）．

末廣昭（2014）『新興アジア経済論──キャッチアップを超えて』岩波書店．

日本学術会議・地域研究委員会・国際地域開発研究分科会（2011）「提言　ODAの戦略的活性化を目指して」2011年8月．

山形辰史・高橋基樹（2010）「ビッグ・ドナーからスマート・ドナーへ──民主党政権のODA政策に対する提言」『アジ研ワールド・トレンド』183（2010.12）：66-67．

第Ⅰ部

これまでの日本の国際協力
アジアのビッグ・ドナーが果たした役割とは

第1章 東アジア型産業発展と日本の役割

大塚啓二郎

1 はじめに

　日本を先頭にして，東アジアの多くの国々は急速な経済発展を実現してきた．1960年代を中心にして起こった日本の高度成長も「奇跡」と呼ばれたが，次々に近隣の東アジア諸国で奇跡が起こり，世界銀行はそれを『東アジアの奇跡』と呼んだ（World Bank 1993）．しかもそうした国々では貧困者の割合が大きく減少し，多くの場合，所得分配が大きく悪化することもなかった．この意味で，東アジアの経済発展は優等生的であったと言えるであろう．

　それでは，その奇跡的発展に共通点はあるのだろうか？　あるとすればそれは何であろうか？　日本はそれに対してどのような貢献をしたのか？　これらの問いはきわめて重要であると同時に，難問でもある．なぜならば，数量化しにくい質的な側面があると同時に，統計的に決定的な証拠を示しにくいからである．例えば，日本ばかりでなくアジア各国が，自国より進んだ国々から技術を模倣・導入しながら発展してきたことは疑いないが，そのやり方には特許の借用から，知的所有権の侵害を無視した模倣[1]，違法すれすれのリバースエンジニアリング，海外での研修，外国企業で働いている熟練労働者の雇用まで，さまざまな形態があり，それぞれの効果を数量的に評価することは困難だからである．

1）　中国のオートバイ産業の中心地である重慶では，各社が「本田式」あるいは「鈴木式」のオートバイを完璧に模倣して生産できることを競っていた（Sonobe and Otsuka 2006）．

第Ⅰ部 これまでの日本の国際協力——アジアのビッグ・ドナーが果たした役割とは

世界銀行（World Bank 1993）は，東アジアの発展パターンに共通性はないと結論しているが，どのような根拠からからそのような結論が得られたのかは不明である．また筆者自身は，世界銀行の代表的な出版物である『世界開発レポート2013——仕事』の執筆委員（Core members）7人の1人として編集に参加したが，東アジアの発展をどのように理解するかをめぐっては委員の間で共通した認識はなかった．書き残された文書こそないが，最近の世界銀行は，「東アジアの発展パターンは1つの成功パターンであるかもしれないが，他にもさまざまな成功のパターンがありうる」，という立場を取っている[2]．したがって，『世界開発レポート2013——仕事』の中で，東アジアの華々しい発展から他地域の発展のための教訓を引き出すという姿勢はほとんど見られない．

しかしながら，もし東アジア各国の発展に共通性があり，それらの国々がいずれも経済発展に成功したとすれば，それは経済発展に効果的な「発展モデル」として確立すべきであろう．本章の仮説は，東アジアの奇跡的発展には大いに共通性があり，その骨子は，(1)より進んだ国々からの技術的・経営的知識の導入であり[3]，(2)無理をせずに漸進的に，あるいは段階的に雁行形態に則って工業化を図ったことであり[4]，(3)それを基礎から支えたのが教育であり，(4)工業化の結果として低所得者層にも大量の雇用機会が創出され，その結果，大幅に貧困が削減されたというものである．以下ではこの仮説を支持する有力な状況証拠を示すと同時に，経済理論（あるいは常識）によってその妥当性を補強することにしたい．そして，本章で示す東アジア型産業発展モデルに日本が果たした役割と，それが今後どう変化するかについての展望を，最終節でまとめることにしたい．

---

[2] ちなみに筆者以外の執筆委員は，全員世界銀行のスタッフであった．

[3] ここでの考え方は，末廣（2000）が指摘するキャッチアップ型の発展と基本的に同じである．なお以前は「技術導入」ばかりが強調されたが，最近は「経営的知識」の重要性が強く認識されるようになった．この点については，Sonobe and Otsuka（2014）や園部（第8章）を参照．しかし単純化のために，以下では「技術導入」は「経営的知識」の導入を含む広義の意味で用いることにする．

[4] 雁行形態的発展とは，Akamatsu（1961）が提唱した理論であり，経済の発展とともに生産要素の賦存状態が変化し，労働集約的軽工業から資本集約的重化学工業へと，産業構造が変化していくことを指す．データ的な裏付けに欠けるが，Lin et al.（1999）やLin（2012）も雁行形態論型の発展の優位性を支持している．

2 東アジア諸国の発展の軌跡

　まず仮想的に，鎖国状態にある途上国経済と開放的な途上国経済を考えてみよう．初期段階では，両国ともに同じくらいに貧しく，技術水準を含めてあらゆる面で類似性が高いとしよう．鎖国状態の国が発展するためには，すべて自前で新しい技術を開発し，生産性を高めていかなければならないが，開放的な経済であれば，他の国の技術を模倣して生産性を高めるという選択肢がある．それでは，どちらの国がより急速に経済発展を成し遂げるであろうか？　答えは，自明である．まず9分9厘，開放型の経済がより速やかに発展するであろう．

　ただし，技術を模倣するためにはそれなりの能力が必要である．だから，アフリカ諸国のように技術の模倣が進まず，産業が遅々として発展しない地域があるのであろう．つまり，技術的ギャップがありすぎると模倣は容易ではないかもしれない．筆者は園部哲史氏とともに，2000年頃に中国でプリント基板を生産している企業の発展を研究したことがあるが，技術的レベルの低かった当時の中国企業が模倣できたのは最も単純な層の少ない基板の技術であり，外資が中国で生産していた高級で複雑な多層型の基板の生産は模倣できていなかった（園部・大塚 2004）．だから，技術的ギャップが大きすぎると，模倣が困難で途上国はなかなか発展軌道に乗れない可能性が高い．したがって，きわめて貧しい途上国経済が工業化を図ろうとするのであれば，模倣のしやすいローテク産業の発展から着手すべきであろう．それは一般には，アパレルや革靴産業に代表される軽工業である．しかし途上国が徐々に模倣に成功し，経済に模倣の能力が備わってくると，様々な産業の技術を模倣できるようになり経済発展のスピードは加速すると考えられる．日本の1960年代を中心とする高度成長は，まさにこの時期に該当するように思われる．

　技術的ギャップが大きく，多くの技術の模倣が可能な時期には経済の発展スピードは速いが，ひとたび技術的ギャップが大幅に縮小か消滅すれば，模倣の余地は少なくなり，鎖国状態の国と同じように，自前で技術開発をしなけ

第Ⅰ部　これまでの日本の国際協力──アジアのビッグ・ドナーが果たした役割とは

図1-1　東アジア各国およびアメリカの1人当たりGDPの推移

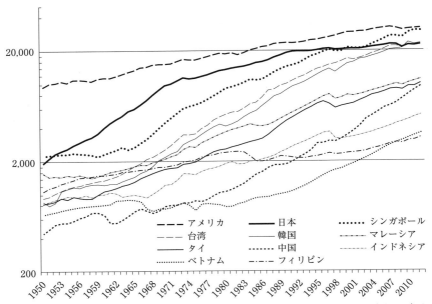

出所：2010年まではペンシルバニア大学国際比較センター（https://pwt.sas.upenn.edu/），2011年と2012年は世界銀行 *World Development Indicators* のデータを用いて補外推定した．

ればならなくなる．そうすれば，この国の経済発展のスピードは鈍化するであろう．

　各国間の技術的ギャップを数量化するのは困難であるが，模倣する国と模倣される国の1人当たり実質所得の格差は，それをかなりの程度反映していると想定することができる．そこで以下では，東アジア各国の1人当たりの実質GDP（購買力平価で実質化した国内総生産額）の変化が，上述の推論とどの程度合致するかについて，図1-1を用いて検討しよう．なおこの図の縦軸は対数を取っているので，曲線の勾配が成長率になっている．

　まず，日本のケースを考えてみよう．日本が欧米の技術を模倣して成長したことは，多くの日本人の共通した認識である．ここでは欧米の代表としてアメリカを考え，日本とアメリカの1人当たり実質GDPの相違と変化を比較しよう．日本経済の場合には1950年代から成長率が高く，1970年代の初めまで年率

第1章　東アジア型産業発展と日本の役割

　10％近い高成長を遂げた．この時期の日米の所得格差は大きく，日本にとって技術の模倣の機会はきわめて大きいものであったと想定される．その後は1990年頃まで緩やかな成長を遂げ，アメリカとの格差は縮小したが，1990年代半ば以降は成長率が頭打ちとなった．なぜ日米の所得格差が消滅しなかったのかという疑問は残るが[5]，技術格差が縮小し，模倣が困難になったことが日本経済の成長率の停滞につながったと考えることができるであろう．換言すれば，日米の戦後の所得の成長パターンの相違は，日本経済の成長にとって模倣が重要であったという仮説を強く支持するものである（大塚他 2010）．

　日本に約15年遅れて高度成長を実現したのが，シンガポールである[6]．シンガポール経済の1960年代半ばから1970年代半ばまでの成長率は，日本の1960年代のそれに匹敵するものであり，またその後は日本以上に長期にわたって比較的高い成長を維持した．その結果，1人当たり実質GDPは日本を追い抜き，アメリカに迫る勢いである．しかしながら，かつての日本と同じように，より先進的な国々との所得格差が減少するにつれて，成長率が鈍化している．興味深いのは，シンガポールに遅れること約10年で，台湾と韓国も同じような高度成長を開始し，そして日本がアメリカに接近したケースと同じように，1人当たりGDPが日本の水準に近づくと，成長率が徐々に鈍化していることである．これらの事例もまた，アジアの途上国は先進的な国々との技術的ギャップを利用して，模倣型の経済発展を遂げたという仮説と整合的である．

　1980年代に，台湾と韓国のあとを追ってかなり高い経済成長を実現したのが，マレーシアとタイである．しかし経済の浮揚力は台湾や韓国に及ばず，成長率は相対的に低かった．それとは対照的なのが中国である．中国は1978年に経済改革を開始し，その後は年率10％程度の高度成長を実現し，マレーシアやタイの1人当たりGDPに追いつきそうな状況にある．それではなぜ中国が持続的な高度成長を実現し，マレーシアとタイはそれを実現できなかったのであろうか．先進国との技術的ギャップは類似しているから，模倣能力に格差がなければ，これらの3か国の経済成長率は類似してくるはずである．

5）　その大きな理由は，大学ないし大学院教育の質の差にあるというのが筆者の見解である（大塚他 2010）．
6）　香港経済の成長のパターンも，シンガポールのそれに似ている．

第Ⅰ部　これまでの日本の国際協力——アジアのビッグ・ドナーが果たした役割とは

　もう1つの関連する疑問は，1997年のアジア通貨危機の前までは，中国よりも豊かであったインドネシア経済の成長率が，中国のそれよりはるかに低いことである．また，インドネシアの成長率はマレーシアやタイよりも劣っている．インドネシア経済の1人当たりGDPの水準は相対的に低いので，先進地域との技術的ギャップはより大きかったはずである．だからもし経済成長率が，先進地域との技術的ギャップにもっぱら依存するとすれば，インドネシア経済の成長率はより高かったはずである．同様に，ベトナムやフィリピンの1人当たりGDPはインドネシアのそれよりさらに低い水準にあるから，技術的ギャップだけが経済成長の源泉であるとすれば，ベトナムやフィリピンの経済成長率はさらに高くなっていなければならないはずである．しかし現実には，これらの国々の1人当たりGDPの伸び率は，インドネシアよりもさらに低い．ただしベトナムの1人当たりGDPは，1986年の経済改革（ドイモイ）の開始後，マレーシア，タイ，インドネシアとほぼ同じスピードで成長し，最近では東アジアの劣等生と呼ばれるフィリピンの水準に追いついている．

　こうした各国間の成長率の格差を説明するために，模倣のスピードは技術的ギャップに依存するばかりでなく，「模倣の能力」に依存するという仮説を提起したい．技術的ギャップを計測することが難しいように，「模倣の能力」を計測することも難しいが，ここでは，模倣の能力は人的資本に依存し，人的資本の賦存量は平均就学年数と関係していると想定しよう．これと同じ考え方は，直接投資に関する第8章（浦田）でも議論されている．表1-1には，1970年，1990年，2010年について1人当たりGDPと平均就学年数のデータを示した．この表から，中国は1人当たりGDPが低いわりに就学年数が高いことが理解できるであろう．このことは，中国の高い模倣能力が高い経済成長の原因であったことを示唆するものである．他方，インドネシアの平均就学年数は低く，それが低い経済成長率に結びついている公算が高い．ただし，教育は経済成長に影響を与えると同時に，経済の成長が教育水準に影響を与えるという逆の関係があり，前者の因果関係だけを想定することは誤りである（第9章（黒崎）参照）．とは言え，所得の向上が教育水準の向上をもたらすには時間がかかるから，短期的に両者の間に関係があれば，それは主に教育から所得への影響を反映するものとみなせるであろう．

第1章　東アジア型産業発展と日本の役割

表1-1　1970年，1990年，2010年における東アジア各国の1人当たり実質GDPと平均就学年数

	1人当たりGDP			平均就学年数		
	1970	1990	2010	1970	1990	2010
日本	9,714	18,789	21,935	8.2	10.0	11.6
シンガポール	4,439	14,220	29,038	5.2	6.6	9.1
台湾	2,537	9,938	23,292	6.1	8.7	11.3
韓国	2,167	8,704	21,701	6.3	9.4	11.9
マレーシア	2,079	5,131	10,094	4.2	7.0	10.2
タイ	1,694	4,633	9,372	3.6	5.5	7.4
中国	778	1,871	8,032	3.4	5.6	8.1
インドネシア	1,231	2,514	4,722	2.8	4.1	6.0
フィリピン	1,764	2,197	3,024	5.4	7.5	9.0
ベトナム	735	1,025	3,217	3.9	4.1	6.3
ラオス	748	929	1,869	2.0	3.6	5.2

注：1990年国際ドル基準，購買力平価調整済み．
出所：ペンシルバニア大学国際比較センター（https://pwt.sas.upenn.edu/）に基づき筆者作成．

　表1-1で示した1人当たりGDPと就学年数の関係を図示したのが，図1-2である．この図から明らかなように，1970年以来どの年においても，両者の間には密接な正の相関がある．厳密な分析ではないが，この結果は，模倣の能力もまた経済成長の重要な決定因であることを示唆している．なお，教育と1人当たり実質GDPの関係については，第9章でさらに検討が加えられる．
　しかし，この図で例外的な位置にいる国が2つある．1つは傾向線の上にあるシンガポールであり，もう1つは傾向線の下にあるフィリピンである．シンガポールは教育水準のわりに1人当たりGDPが高く，自由主義的経済政策の効果等，人的資本や模倣以外の面で優れた特徴を有していることを示唆している．東アジアの「劣等生」であるフィリピンは，他のアジア諸国から留学生を数多く受け入れるなど教育水準は高いが，経済は豊かであるとは言えない．これは，何らかの経済政策の失敗があったことを意味するものであろう．

図1-2 東アジアおよびアメリカの1990年，2000年，2010年における1人当たりGDPと平均就学年数の相関関係

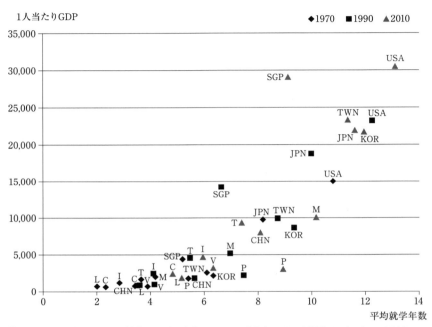

注：Cはカンボジア，CHNは中国，Iはインドネシア，JPNは日本，KORは韓国，Lはラオス，Mはミャンマー，Pはフィリピン，SGPはシンガポール，Tはタイ，TWNは台湾，USAはアメリカ，Vはベトナム．
出所：GDPは表1-1と同じ．平均就学年数は，Barro and Lee（http://www.barrolee.com/data/dataexp.htm）．

3　東アジアにおける産業構造の変化

　いくら先進地域との技術的ギャップが大きく，その経済に模倣の潜在的能力があったとしても，時間とともに変化する動学的な比較優位の変化に則って経済構造を変化させなければ，その経済は経済発展に失敗するであろう．例えばLin et al.（1999）は，改革前の中国経済が振るわなかった大きな原因の1つとして，労働が豊富で資本が稀少な経済であったにもかかわらず，資本集約的な重化学工業化を目指したことをあげている．1970年代末に，韓国が日本に一気にキャッチアップすべく性急な重化学工業化を目指し，かえって経済の停滞を

第1章　東アジア型産業発展と日本の役割

表1-2　東アジア諸国における産業構造の相違と変化の比較（GDPの構成割合，%）

	1990年			2000年			2010年		
	農林水産業	工業(注)	サービス産業	農林水産業	工業(注)	サービス産業	農林水産業	工業(注)	サービス産業
日本	2.1	37.5	60.4	1.5	31.1	67.4	1.2	27.5	71.4
シンガポール	0.3	31.9	67.8	0.1	34.5	65.4	0.0	27.5	72.5
韓国	8.9	41.6	49.5	4.6	38.1	57.3	2.6	38.8	58.5
マレーシア	15.2	42.2	42.6	8.6	48.3	43.1	10.4	41.2	48.5
タイ	12.5	37.2	50.3	9.0	42.0	49.0	12.4	44.7	43.0
中国	27.1	41.3	31.5	15.1	45.9	39.0	10.1	46.7	43.2
インドネシア	19.4	39.1	41.5	15.6	45.9	38.5	15.3	47.0	37.7
フィリピン	21.9	34.5	43.6	14.0	34.5	51.6	12.3	32.6	55.1
ベトナム	38.7	22.7	38.6	22.7	34.2	43.1	18.9	38.2	42.9

注：工業は，製造業，鉱業，建設，電力，水道，都市ガスを含む．
出所：世界銀行 *World Development Indicators* に基づき筆者作成．

招いたこともよく知られたエピソードである．

　順調に発展したアジアの国々では，経済発展とともに，農業→工業→サービス業へという経済構造の変化があり，製造業に限ってみれば，軽工業→重工業→先端的産業という構造変換があった．後者は，いわゆる「雁行形態型」の発展である．経済のパフォーマンスが悪かった経済（例えばフィリピン）を除けば，概ね類似した産業構造の変換パターンをたどったのではないかというのが，本章の仮説である[7]．

　そこで表1-2では，東アジア諸国における産業構造の相違と変化を第一次産業から第三次産業までのGDPのシェアを用いて比較した．まず第一に気が付くことは，所得が高い国ほど農林水産業のシェアが低く，またいずれの国においてもそのシェアが減少していることであろう．第二に，サービス産業についてはGDPシェアが高所得国ほど高く，また増加傾向にあることが確認できる．第三に，工業のシェアについては日本のような高所得国では減少傾向にあり，比較的所得の低いインドネシアのような国では増加傾向にあることが指摘できる．きわめて大まかに言えば，所得の上昇とともにかなり類似した産業構造の変化があったと言えるであろう．1つの例外はフィリピンであり，所得が

7）　この点については，末廣（2000）やLin（2012）と同じ意見である．

低い割にはサービス産業のシェアが高く，工業のシェアが低い．これはフィリピンが工業化に失敗したことと，ITを駆使したコールセンターなどの近代的サービス産業が発展していることを反映するものであろう．

　一般に天然資源に乏しいアジア経済の特徴は，GDPに占める製造業のシェアが高く，輸出に占める製造業製品のウェイトが高いことである．そこで以下では製造業に焦点を絞り，製造業内部での構造転換がどのように進行したかを検討しよう．そのために，軽工業の指標として紡織業と縫製業を含む繊維産業を取り，重工業の指標として一般機械，事務用機械，電気機械，電子機器を含む機械産業を取り，先端的産業として自動車産業を取り上げよう．言うまでもなく，こうした分類には恣意性と不正確さが付きまとう．例えば，繊維製品といっても伝統的な綿製品もあれば，炭素繊維のようなハイテク製品もある．また一口に自動車といっても，ハイブリッドカーのような省エネ型のハイテク製品もあれば，公害をまき散らす低級なローテク製品もある．しかし，繊維産業が最も労働集約的であり，機械産業が資本集約的で，自動車産業がより先端的な産業であるという区分に，大きな異論はないであろう．

　表1-3には，1985年，2000年，2010年の東アジア各国における製造業の部門別付加価値額の割合を示した．繊維産業については，所得の低い国ほどGDPシェアが高いが，経済の発展とともに減少していることが確認できる．これは，雁行形態的発展パターンと符合する．例外はここでもフィリピンであり，1人当たりGDPが低いわりには繊維産業のシェアが低く，かつ2000年以降急激に減少している．これは，フィリピン経済が雁行形態から逸脱した発展パターンを経験したことを示すものである．

　機械産業のシェアについては，日本やシンガポールのような高所得国では高い水準で比較的安定しており，韓国，マレーシア，タイのような中位の所得の国々では上昇傾向が見られる．中国のシェアは22〜23％で変化が見られないが，2000年代後半のシェアは，タイやマレーシアとほぼ等しい．機械産業のシェアが高まった背景として，技術の模倣が大きな役割を果たしたであろうことは想像に難くない（この点については，直接投資を論じている第8章（浦田）も参照）．他方，インドネシアの機械産業のシェアは低い．これはこの国が，重工業化に成功していないことを示している．重工業が発展しないので経済全体が

第1章　東アジア型産業発展と日本の役割

表1-3　1985年，2000年，2010年の東アジア諸国における製造業の部門別付加価値額の割合（％）

	日本			シンガポール		
	1985	2000	2010	1985	2000	2010
繊維[1]	5.1	2.7	1.5	3.8	0.6	0.2
機械[2]	28.3	28.1	27.9	39.2	56.7	46.7
自動車	9.3	9.4	13.1	0.5	0.4	0.3

	韓国			マレーシア		
	1985	2000	2008	1985	2000	2010
繊維[1]	14.9	7.0	3.6	4.8	3.9	1.8
機械[2]	16.5	32.0	33.8	17.2	37.5	24.3
自動車	3.8	9.4	10.2	2.9	2.7	3.8

	タイ			中国		
	1989	2000	2006	1985	2000	2007
繊維[1]	12.7	10.5	7.2	13.1	9.6	8.5
機械[2]	5.8	21.4	24.3	22.2	23.0	22.1
自動車	5.2	6.4	12.3	n.a.[3]	n.a.[3]	5.2

	インドネシア			フィリピン		
	1985	2000	2009	1985	2000	2008
繊維[1]	12.2	14.0	9.2	6.2	6.2	2.5
機械[2]	5.0	11.4	7.2	5.4	22.6	20.1
自動車	2.3	3.7	7.4	0.6	2.8	5.2

注：1）紡織業と縫製業を含む．
　　2）一般機械，事務用機械，電気機械，電子機器を含む．
　　3）データなし．
出所：UNIDO, *International Yearbook of Industrial Statistics*.
　　　2010年については公益財団法人矢野恒太記念会『世界国勢図会』．

発展しないのか，経済全体が発展しないので重工業が発展しないのかは定かではないが，インドネシア経済が，雁行形態の第二段階に到達できていないことは事実であろう．つまり，インドネシアの所得水準が低いのは，重工業化の失敗と深く関係しているように思われる．フィリピンについては，製造業全体が不振であるが，2000年と2010年については製造業内部での機械産業のシェアが特に低いわけではない．

　自動車産業については，ほとんどの経済においてシェアの増大傾向が見られる．最近年についてみれば，シェアがとりわけ高いのは日本，韓国，タイであ

表1-4 1985年，2000年，2010年の東アジア諸国における製造業の部門別雇用者数の割合（%）

	日本			シンガポール		
	1985	2000	2010	1985	2000	2010
繊維[1]	10.4	6.1	3.8	10.8	2.9	0.8
機械[2]	28.2	28.0	27.7	40.3	43.9	37.6
自動車	7.1	7.9	11.1	0.7	0.7	0.7

	韓国			マレーシア		
	1985	2000	2008	1985	2000	2010
繊維[1]	25.5	14.1	3.7	12.3	7.7	4.7
機械[2]	17.2	28.5	32.9	20.1	34.1	27.6
自動車	3.3	7.8	10.3	2.3	2.2	4.2

	タイ			中国		
	1989	2000	2006	1985	2000	2010
繊維[1]	33.9	16.4	8.2	14.8	15.6	13.3
機械[2]	6.8	17.8	16.2	33.9	20.5	17.8
自動車	3.7	4.0	4.2	n.a.[3]	n.a.[3]	4.3

	インドネシア			フィリピン		
	1985	2000	2009	1985	2001	2008
繊維[1]	21.8	15.1	22.2	24.1	19.7	13.9
機械[2]	3.6	6.3	3.6	8.2	25.1	26.5
自動車	1.5	1.1	2.0	1.0	1.6	7.1

注：1) 紡織業と縫製業を含む．
　　2) 一般機械，事務用機械，電気機械，電子機器を含む．
　　3) データなし．
出所：UNIDO, *International Yearbook of Industrial Statistics*.
　　　2010年については公益財団法人矢野恒太記念会『世界国勢図会』．

る．日本と韓国が，自動車産業を国内の中核的産業として重視していることは言をまたない．また，タイが自動車産業の育成に成功したのは，日本企業を含む外資の誘致に成功したのと，巨大な集積の経済の実現に成功したからであろう（この点については第8章（浦田）を参照）．事実，日本企業のタイへの直接投資の中で，輸送機械器具への投資は傑出して高い．他のアジア諸国と比較すれば，タイの自動車産業育成は例外的に成功していると言えるであろう．

次に，表1-4を使って製造業部門の雇用面での重要性を検討してみよう．まず気づくことは，全体的に減少しているものの繊維産業の雇用者比率の高さ

第1章　東アジア型産業発展と日本の役割

である。表1-3で示した付加価値額の割合に比べて，雇用の割合ははるかに高くなっている。例えば1985年のフィリピンの場合，繊維産業の付加価値額比率は6.2%であるが，雇用者比率は24.1%に達する。タイの1989年の場合には，付加価値額比率が12.7%なのに，雇用者比率は33.9%という高さである。これは繊維産業が労働集約的であり，経済発展の初期の段階で大量の雇用機会を生み出していることを如実に示すものである。他方，機械産業や自動車産業の場合には，付加価値額比率と雇用者比率の間に大きな相違はない。これは，こうした産業が繊維産業よりもはるかに資本集約的であることを反映するものであろう。ただし中国については，機械産業の雇用者比率が大きく減少しており，資本集約度が高まっていることを伺わせる。また，インドネシアの機械産業における雇用者比率は目立って低く，この国が重工業化に成功していないことに対応している。この2つの国を除けば，機械産業と自動車産業の合計の雇用シェアは日本やシンガポールのような高所得国で高く，その他の国では全般的に増加している。つまりこうした資本集約的産業は，工業化に成功している経済において，産業の規模を拡大しながら雇用を創出しているのである。

　これまで検討してきたような製造業の構造的変化に対応して，輸出の構造も同じような変化をとげてきたであろうか。そもそも雁行形態論が，輸出品の構造的変化を問題にしていたことを考えれば，輸出構造の変化を検討することは極めて重要である。

　表1-5には，1985年，2000年，2010年前後の輸出額にしめる繊維製品，機械類，自動車のシェアを示した。ここから，いくつかの興味深い特徴を観察することができる。第一は，繊維製品の1985年における輸出シェアが，韓国，マレーシア，タイ，中国で高いことであり，その後は大幅に減少していることである。他方，日本やシンガポールのような高所得国では，繊維製品の輸出は低調である。つまりこれらの国々は，所得が低い段階では労働集約的な繊維製品の生産に特化していたとしても，やがてそこから脱皮していったものと思われる。しかし，所得の低いフィリピンやインドネシアの繊維製品の輸出シェアはきわめて低い。これは両国が，所得の低い段階で労働集約的な産業の発展に失敗していることを示唆するものである。

　第二に，韓国，マレーシア，中国では，繊維製品に代わって機械類の輸出シ

第I部　これまでの日本の国際協力──アジアのビッグ・ドナーが果たした役割とは

表1-5　1985年，2000年，2010年の東アジア諸国における
輸出額にしめる製造業の製品別の割合（％）[1]

	日本			シンガポール		
	1985	2000	2010	1985	2000	2010
繊維	3.2	1.5	ns	3.9	1.3	ns
機械類	43.9	53.1	41.7	31.2	68.2	50.8
自動車	22.7	18.4	18.8	ns	ns	1.2

	韓国			マレーシア		
	1985	1999	2010	1984	2000	2008
繊維	23.1	11.5	2.4	1.8	2.3	1.8
機械類	16.8	41.8	42.6	17.4	63.5	34.0
自動車	3.1	9.3	11.4	0.0	0.0	0.0

	タイ			中国		
	1984	2000	2010	1985	2000	2010
繊維	13.1	8.4	ns	26.0	21.1	13.1
機械類	6.7	43.6	31.9	3.3	32.2	47.3
自動車	ns	3.3[2]	9.5	0.0	2.6	2.8

	インドネシア			フィリピン		
	1985	2000	2010	1985	2000	2010
繊維	3.1	13.4	7.0	5.7	7.6	3.4
機械類	ns	17.3	9.9	6.4	76.1	67.5
自動車	ns	ns	ns	0.0	0.0	3.6

注：1）nsは輸出額がきわめて少ないために主要な輸出品目の統計に
　　　含まれていないことを示す．
　　2）1999年のデータで代用した．
出所：公益財団法人矢野恒太記念会『世界国勢図会』に基づき筆者作成．

ェアが伸びていることが指摘できる．これは，これらの国々の輸出構造が軽工業製品→重工業製品へと，転換してきたことを如実に示すものであろう．タイでは，機械類の輸出に代わって自動車の輸出が伸びている．他方，インドネシアでは機械類の輸出は不振であり，この国が輸出構造の転換に成功していないことを物語っている．フィリピンでは，機械類の輸出シェアの急激な増加が見られるが，これは主に電子部品の輸出増加によるものである．その生産は労働集約的であり，この経済の輸出が資本集約的な製品にシフトしていることを示すものではない．

　第三に，自動車産業については日本，韓国，タイで輸出シェアが高いことが

指摘できる．タイで自動車産業が発展する必然性があったのかどうかは定かではないが，この産業が裾野の広い産業であり，集積の経済が大きいことが生産の地理的集中につながったものと思われる．マレーシア，中国，インドネシア，フィリピンでも製造業にしめる自動車産業の比率は高まっているが（表1-3），輸出シェアが低いことは，この産業が国際競争力のある産業には育っていないことを示している．

総括すれば，各国に多少の特異性はあるものの全般的には，東アジアの国々は労働集約的産業→資本集約的産業→先端的産業へと産業構造を転換しながら，発展してきたと考えて差支えなかろう．これはとりも直さず，雁行形態的発展が実現されてきたことを物語るものである．

4 貧困削減と所得分配

前節までで概観してきた東アジアの経済発展は，急激な貧困削減を伴うものであった．表1-6は，2005年の1.25米ドルを貧困線とした貧困者比率の水準と変化を検討したものである[8]．1960年代から徐々に成長を続けてきたマレーシアやタイでは，1990年頃において貧困者比率は既にきわめて低く，2010年頃までにはほぼゼロの水準にまで達している．1990年頃に貧困者比率が50%を超えていた中国，ベトナム，インドネシアも，この20年間で大幅に貧困者比率を減らしている．経済成長率がより緩慢であったフィリピン，ラオス，カンボジアについては，貧困者比率の減少も緩慢であった．これらの観察事実は，東アジア型の経済発展が貧困者に雇用の場を提供し，その結果貧困者比率が減少していることを示している．

中国の貧困者比率の減少は目覚ましいが，表1-1の1人当たりGDPの数字と比較すると，2010年（正確には2009年）の貧困者比率11.8%は低いとは言えないことがわかる．なぜならば，この年の中国の1人当たりGDPはマレーシアより約2割程度低く，タイより1割程度低いだけだからである．このこと

8）貧困者比率がほぼゼロのために，日本，韓国，シンガポールについてはデータがない．

第Ⅰ部　これまでの日本の国際協力——アジアのビッグ・ドナーが果たした役割とは

表1-6　東アジア諸国における貧困者比率の変化(%)

	1990年前後		2010年前後	
マレーシア	1.9	(1989)	0.0	(2009)
タイ	11.6	(1990)	0.4	(2010)
中国	60.2	(1990)	11.8	(2009)
インドネシア	54.3	(1990)	18.1	(2010)
フィリピン	30.7	(1991)	18.4	(2009)
ベトナム	63.7	(1993)	16.9	(2008)
ラオス	55.7	(1992)	33.9	(2008)
カンボジア	44.5	(1994)	18.6	(2009)

注：貧困線は1日1.25ドル．カッコ内の数値はデータが得られた年を示す．
出所：世界銀行，*World Development Indicators* に基づき筆者作成．

から，中国では所得分配が不平等であるために，所得水準に比較して貧困者の割合が高いことが想像できる．インドネシアも，2010年において所得がフィリピンやベトナムより50％程度高いのに，貧困者比率ではほとんど差がない．これは，この国の経済においても所得分配に問題があることを示している．

　表1-7では，1990年前後と2010年前後のジニ係数の値を示した．出所は主に世界銀行（*World Development Indicators*）であるが，2010年前後の日本，シンガポール，韓国については出所が異なることには注意が必要である．1990年代から所得が停滞している日本では，ジニ係数が高くなり，所得分配が不平等化していることがわかる．ただし，ジニ係数の値自体は比較的小さく，日本の所得分配が平等であることを示している．比較的所得が高く，この20年間「安定成長」を経験したシンガポール，韓国，マレーシア，タイでは，ジニ係数の値はほとんど変化していない．これらの比較的豊かな国々では，速やかな経済成長が所得分配を悪化させることなく実現されたと言うべきであろう．所得水準の低いベトナムやフィリピンでも，この20年間，所得分配は悪化しなかった．

　所得分配が明らかに悪化したのは，中国とインドネシアである．特に中国のケースは顕著である．中国では，都市と農村，沿海部と内陸部の所得格差が著しく，また都市化した地域の土地の使用権を巧みに取得した「土地成金」が，所得格差を生み出している．インドネシアについても，ジニ係数が有意に増加しており，所得分配が悪化していることが明らかである．考えうる1つの仮説は，繊維産業のような労働使用的な産業が衰退したために（表1-3，表

表1-7 東アジア諸国におけるジニ係数の変化

	1990年代		2010年前後	
日本	24.9	(1993)	33.6	(2009)
シンガポール	42.5	(1998)	46.3	(2013)
韓国	31.6	(1998)	30.7	(2012)
マレーシア	46.2	(1989)	46.2	(2009)
タイ	45.3	(1990)	39.4	(2010)
中国	32.4	(1990)	42.1	(2009)
インドネシア	29.2	(1990)	35.6	(2010)
フィリピン	43.8	(1991)	43.0	(2009)
ベトナム	35.7	(1993)	35.6	(2008)
ラオス	30.4	(1992)	36.7	(2008)
カンボジア	38.3	(1994)	36.0	(2009)

出所:2009年の日本と韓国は,OECD.StatExtracts (http://stats.oecd.org/Index.aspx?DataSetCode=IDD),シンガポールの2013年はCIA *The World Factbook*,あとは世界銀行 *World Development Indicators* に基づき筆者作成.

1-4),所得の低い人々の雇用機会が減少してしまったことかもしれない.

5 結び

　貧困削減のためにも,一般大衆の生活水準の向上のためにも,産業を興し,仕事を創出し,雇用の場を創出することが肝要である(大塚 2014).本章でレビューしたように,日本をはじめとした東アジアの多くの国々は,教育を重視しつつ技術導入を活用し,雁行形態的に産業構造の高度化を図ることによって経済発展に成功してきた.それから逸脱したフィリピンや,教育水準が低く重工業化に成功していないインドネシアの場合には,経済は相対的に不振である.さらに一層の研究と精緻化が必要であるが,本章の分析は,経済発展に成功してきた東アジアの国々に共通する「東アジア型発展モデル」の存在を強く示唆するものである.それをより明確に提示することは,工業化を模索する南アジアやサブサハラ・アフリカの国々の発展に対して,貴重な情報を提供することになろう.

　これまで日本の援助は,プロジェクトの集まりであるプログラムではなく,

第I部 これまでの日本の国際協力——アジアのビッグ・ドナーが果たした役割とは

個々のプロジェクトの実施を通じて東アジア諸国の経済発展を支援してきた．具体的には，日本はエネルギー，運輸，通信などの経済インフラと，農業，製造業，建設，貿易などの生産部門の発展を支援するプロジェクトを援助の中核に据えてきた（ラニス他 2010）．これは伝統的には，中央政府主導のマスタープランからフィージビリティスタディを技術協力で行い，プロジェクト実施にあたっては中央政府に円借款をファイナンスするという方法である（第2章（武藤・広田）参照）．産業を発展させるという観点に立てば，インフラ支援を主体とした日本の援助は正当化されよう．

園部（第7章）が指摘するように，途上国で産業を発展させるためには「人造り」も重要である．JICAは技術研修を通じて，人造りにおおいに貢献してきた．また経済産業省系の海外技術者研修協会（2010）によれば，1959年から2008年までの50年間で，この協会だけで「モノ造り」のために約14万人の技術研修生を日本へ受け入れ，海外では約18万人に対して研修事業を実施している．浦田（第8章）の直接投資の議論でも，人材育成の重要性が指摘されている．この協会で研修を受けた人々の同窓会が各国で活発に活動しており，また有力者になった人材が多いと言われていることからも，この協会が実施した人材育成が充分な効果を発揮したことを窺い知ることができる．また，日本生産性本部がシンガポールをはじめとしてアジア諸国で日本的経営の指導を行ったことも，特記されてしかるべきである（森他 2013）．

数量化こそ難しいが，こうしたインフラ重視，人材育成重視の日本の援助が，技術導入を促し，雁行形態に則ったアジア諸国の産業の順調な発展におおいに貢献したことは疑いない[9]．しかし武藤・広田（第2章）によれば，「従来型のプロジェクトをベースとしたODAの方法ではインフラ事業支援につながらない場面が増えてきている」，という．そもそも産業育成のための人材育成やインフラ整備は補完的な関係にあり，それをプロジェクトベースで別々に支援することには限界があるように思われる．日本学術会議（2011）の提言が指摘するように，資金協力と技術協力を組合せ，研修を主体とした人材育成，信用の供与，工業区建設のようなインフラ整備を，パッケージとして統合したプロ

---

9) 浦田（第8章）が論じるように，日本からの海外直接投資もまた技術導入や産業構造の変革に資するものであった．

グラム型の支援の重要性が高まっていくだろう．

引用文献

■英語文献

Akamatsu, Kaname (1961) "A Theory of Unbalanced Growth in the World Economy," *Weltwirtschaftlches Archiv*, 86(2)：196-217.

Lin, Justin Y. (2012) *Diversifying the Chinese Economy*, Cambridge, UK：Cambridge University Press.

Lin, Justin Y., Fang Cai, and Zhou Li (1999) *The China Miracle: Development Strategy and Economic Reform*, Chinese University Press.

Sonobe, Tetsushi and Keijiro Otsuka (2006) *Cluster-Based Industrial Development: An East Asian Model*, Hampshire, UK：Palgrave Macmillan.

─── (2014) *Cluster-Based Industrial Development: Kaizen Management for MSE Growth in Developing Countries*, Hampshire, UK：Palgrave Macmillan.

World Bank (1993) *The East Asian Miracle：Economic Growth and Public Policy*, Washington, DC：World Bank.

World Bank (2012) *World Development Report 2013: Jobs*, Washington, DC：World Bank.

■日本語文献

大塚啓二郎（2014）『なぜ貧しい国はなくならないのか――正しい開発戦略を考える』日本経済新聞出版社．

大塚啓二郎・浜田宏一・東郷賢（2010）『模倣型経済の躍進と足踏み――日本戦後史の遺産と教訓』ナカニシヤ出版．

海外技術者研修協会（2010）『AOTS50年史』．

末廣昭（2000）『キャッチアップ型工業化論』名古屋大学出版会．

園部哲史・大塚啓二郎（2004）『産業発展のルーツと戦略――日中台の経験に学ぶ』知泉書館．

日本学術会議（2011）「提言：ODAの戦略的活性化を目指して」．

森直子・島西智輝・梅崎修（2013）「日本的経営技法の海外移転――アジアにおける日本生産性本部の活動」『企業家研究』第10号：1-19.

ラニス，グスタブ・コザック，スティーブン・東郷賢（2010）「新しい援助モデル

第Ⅰ部　これまでの日本の国際協力──アジアのビッグ・ドナーが果たした役割とは

──日米の経験から」大塚啓二郎・東郷賢・浜田宏一編『模倣型経済の躍進と足ぶみ』ナカニシヤ出版.

第2章 東南アジアにおける日本のODAの変遷と課題
先発アセアンを中心として

武藤めぐみ・広田幸紀

 はじめに

　日本のODAの方法論は，東南アジアを舞台に形作られてきた．それは先発アセアン[1]諸国（タイ，インドネシア，フィリピンなど）における実践の中で定着した方法が基礎となっている．具体的には，プロジェクト型支援によるインフラ整備を中心とし，一部の国ではプログラム型支援（財政支援，国際収支支援など）により補完されるものである．プロジェクト型支援によるインフラ整備は，公共財として中長期の成長の下支えをする道路，港湾，灌漑などの経済・社会インフラを対象とし，中央政府主導のマスター・プラン[2]（Master Plan：M/P）からフィージビリティ・スタディ[3]（Feasibility Study：F/S）を技術協力で支援し，プロジェクトの実施にあたっては円借款をファイナンスするという方法である．プログラム型支援は，かつては経済の安定を目的とし，経済成長過程での構造改革に伴う調整時の支出やマクロショックに伴う流動性

1） 先発アセアン諸国は，ASEAN（東南アジア諸国連合）原加盟国であるタイ，インドネシア，シンガポール，フィリピン，マレーシアの5か国を指すが，ODAの実務上はシンガポールを除いた4か国（ASEAN4）を先発アセアン諸国としている．本章では後者の定義とし，「先発アセアン」と記した場合には，タイ，インドネシア，フィリピン，マレーシアの4か国（ASEAN4）を指すことにする．
2） 長期基本計画．
3） 事業化調査．

第Ⅰ部　これまでの日本の国際協力——アジアのビッグ・ドナーが果たした役割とは

の不足に対して，円借款をファイナンスするという方法であった．この枠組みの下，受取国においてインフラが整備され，本邦企業含む外国投資を引き付け，経済成長が安定的に持続することが期待されたのである（武藤他 2006）．

　日本のODAの主要な対象国においては，現在もプロジェクト型支援によるインフラ整備に必要に応じてプログラム型支援を組み合わせるという方法が踏襲されており，ODAの実施手続きや体制もそれを前提として構築されている．特に2008年の新JICAの発足により，プロジェクト支援における技術協力から円借款への円滑な対応や，プログラム型支援における円借款と技術協力との一体的運用が可能となり，東南アジアでもベトナムなどでその効果が発揮されている．

　しかし，今世紀に入ってから政治経済の構造変化が進みつつある先発アセアンでは，プロジェクト型支援の有効性は限定的になりつつある．インフラの担い手が，従来の中央政府から，地方分権化により地方政府へと広がったり，官民パートナーシップ（Public Private Partnership：PPP）の下で民間になったりしていることが背景にある．例えば，インドネシアではスハルト大統領の築いてきた中央主導の体制の崩壊後，地方分権が大きく進んだ．フィリピンのアキノ政権はPPPによるインフラ整備を推し進めている．こうした中，先発アセアンにおいて，プロジェクト型支援の方法論では実際のインフラ事業の支援につながらない場面が増えてきている．日本国内ではインフラ輸出が標榜されている中でジレンマが生じつつあるように見えるのである．

　このような現状に対しては，受取国経済が一定の発展段階に到達したからODAは不要になりつつある，という単線的な説明が行われる場合がある．しかし，日本のODAへのニーズは本当に無くなってきたのであろうか．例えばインドネシアやフィリピンにおいては，近年の実績では世界銀行からの公的借入はむしろ増加している．ODAは供与する国の技術や知的ノウハウの移転が期待できる資金であるし，同時に本来的に民間資金の動きとは逆の動き（例えば反景気循環的な動き）を特徴とすべき資金でもある．そのような資金に対する途上国のニーズは，根強いはずである．

　本章は，先発アセアンにおいて日本のODAがかつてほどの実績となっていない要因として，これらの国の政治経済構造とそれに伴うニーズに劇的な変化

第 2 章　東南アジアにおける日本の ODA の変遷と課題

があったのではないか，そして日本の ODA の方法論はそのような変化に即応するようには変わりきれていないのではないか，という基本的仮説を提起したい．

　本章は以下のように構成される．まず，第 2 節で，先発アセアン（事例としてインドネシア，フィリピンを採り上げる）の政治経済面の構造変化が，ODA へのニーズを変化させていることを示す．対比として，ベトナムへの ODA の状況についても触れる．次に第 3 節で，先発アセアンにおける変化とは具体的には民主化の進展，インフラ市場の変化，資金調達構造の変化，地場企業の発展であるとの仮説を提示し，インドネシアとフィリピンに焦点を当てて，現場における変革の様相を記述し仮説を検証する．最後に第 4 節で，今後の ODA の課題のまとめを行う．

2　ODA へのニーズの変化

2.1　日本の先発アセアンに対する ODA の推移

　先発アセアンの ODA へのニーズの変化を考察するにあたって，まず ODA はどのように推移したのかを簡単にレビューしよう．そうすると，1997 年のアジア通貨危機を契機にそれが大きく変容していることがわかる．

　ODA の規模は，先発アセアンのいずれにおいても 90 年代前半にピークを迎えていた．その中心は日本からの ODA であり，その 8 割程度が貸付であった．つまり ODA の大部分は，金額的には日本からの円借款であった．ところが，2000 年代に入ると ODA 貸付は以前ほどの規模ではなくなった．そして，危機からの経済回復が進み，2000 年代後半に経済成長が軌道に乗っていく中で，再び世界銀行やアジア開発銀行（Asian Development Bank：ADB）からの公的資金が増加していくにもかかわらず，日本からの ODA 貸付は以前の水準には回復しないのである．このような推移は，何を示唆しているのであろうか．

　図 2-1 は先発アセアンにおける 1992 年の ODA 貸付の承諾実績を 100 として相対的な変化を見たものである．アジア通貨危機まではいずれの国においても

第Ⅰ部　これまでの日本の国際協力——アジアのビッグ・ドナーが果たした役割とは

図2-1　先発アセアン（ASEAN4）への ODA 貸付総額（92年承諾実績を100）

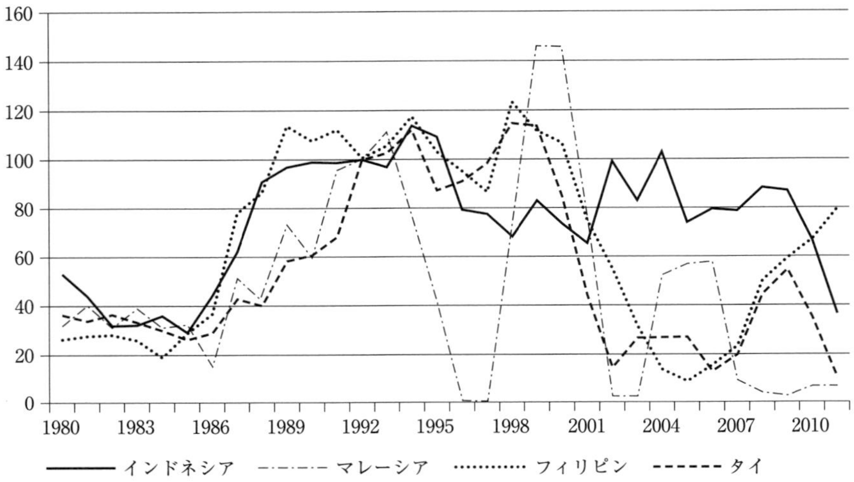

出所：Credit Reporting System, OECD（2014年5月13日アクセス）に基づき筆者作成．

似たような動きを示していることがわかる．すなわち，80年代後半に急増し，90年代前半にピークを迎え横ばいに転じている（マレーシアのみ中進国の段階に達した1994年を境に ODA が限定的になり始める）．

これに対してアジア通貨危機以降の ODA 貸付の推移を見ると，フィリピンとタイでは2000年代前半に大きく減少し，前者は2000年代後半に再びやや増加の傾向に反転するが，タイではそのような動きをとらない．インドネシアにおいては，概ねピーク時の8割程度の水準で推移している[4]．各国共に（名目ベースでさえ）90年代程の ODA の受入を行っていないし，その動きも一様とは言えない．筆者らは，2000年以降にこのような推移をたどっている原因は，ア

4）　インドネシアはアジア通貨危機による1人当たり所得水準の落ち込みにより，再び世界銀行とアジア開発銀行の譲許的貸付の対象国となる．これらの貸付は ODA に分類される条件であるため，2000年代半ばの時期には年3〜5億ドルの実績が加わることになった（90年代は国際機関からの ODA 貸付はほとんどない）．例えば2007年は二国間 ODA 貸付12億8000万ドルに対して，国際機関 ODA 貸付は5億2000万ドルと全体の3割近い数字となっている．インドネシアがフィリピンに比べて2000年代の ODA 貸付が大きい理由の1つは，この点にある．

ジア通貨危機後のODAの増減が供給側の事情よりも，受取国側の政策に左右されるようになってきているからであると考える．

成長に伴ってODAへの依存が小さくなり，受取側の政策に基づいてODAが増減するようになるとすれば，それはある意味，途上国の順調な発展を証明する変化と言ってよい．しかしながら，先発アセアンでは，アジア通貨危機以降，今日まで様々な紆余曲折をたどっている．特にアジア通貨危機が経済社会構造を大きく変容させたことがODAへのニーズを変化させ，その後従来型のODAへの依存を小さくさせていった．このような変化の特徴を，次節にてインドネシアとフィリピンについて詳しく見ていくことになる．その前に本節では，プロジェクト型支援及びプログラム型支援それぞれに対するニーズの変化を概観する．

2.2 プロジェクト型支援ニーズの変化

日本のODAによるプロジェクト型支援に基づくインフラ整備の定石とは，技術協力により準備されたF/Sに基づき受取国政府から事業が要請され，それに対して円借款をファイナンスするというものである．中央政府が日本の技術協力のもとでM/P，例えば道路セクターの中長期計画を作り，その中の優先事業が日本の支援でF/Sに進みファイナンス要請へつながることが前提である．しかし，今日のインドネシア，フィリピンでは，分野によってはその考え方は当てはまらなくなっている．それは，インフラの主要な担い手が，従来の中央政府から地方分権化で地方政府となったり，PPPの下で民間になったりしているからである．

インドネシアでは　地方分権が進んだ結果，例えば都市内交通の建設計画などが地方政府の管轄となった[5]．このような場合の支援の方法論は，地方政府向けのM/PやF/S支援，さらには地方政府向けの円借款ということになる．しかし，これまでの円借款では中央政府の事業が対象となるものが中心であっ

---

5) 竹内（2005）は，地方分権はプラスの側面だけでなく，規模の経済性や正の外部性の喪失等を通じてインフラ整備に負の影響を与える可能性を指摘し，その事例を紹介している．

第Ⅰ部　これまでの日本の国際協力──アジアのビッグ・ドナーが果たした役割とは

たので，地方政府に直接貸し付けを行ったことはなく，また地方政府の管轄する事業のため中央政府が借入を行うケースも限られていた．

　フィリピンでは，たとえF/Sが中央政府への技術協力によって作成されたとしても，個別事業のファイナンス決定にあたってまずはPPPが追求される．このため，事業計画は政府部門への支援で作成されたものであっても，PPPの事業権入札を通じ事業の実施とファイナンスが民間となる場合が増えている．従来の開発のアプローチでは，収益性が低く，公共性の高いインフラ事業は政府主導で行うものが常であったが，最近はそのような案件であってもまずPPPから検討を始めるようになってきた．そしてこのような新しい方向性を推進できるように，例えば補助金制度や事業開発基金，保証制度などの新しい金融支援手法が登場しているのである（加賀　2013）．

　また，開発プロジェクトの資金ソースも多様になってきている．1997年のアジア通貨危機を乗り越えて10年以上経った今，受取国にとって日本のODAとは，インフラ整備にあたって，かつてのように頼るべき絶対的な資金ソースではなく，選択肢の1つでしかなくなっていると言ったら言い過ぎであろうか．インフラに関する長期ファイナンスは，世界銀行やアジア開発銀行のみならず，中国や韓国などの新興の二国間ドナーも積極的である．また，自国債券を積極的に発行し始めた国も多く，これらの国では，長期ファイナンスをドナーから獲得することの重要性が相対的に低くなってきている．最近ではこれに地場の民間資本という強力なプレイヤーが加わっている．フィリピンでは豊富な流動性と果敢なリスクテイクを背景に，銀行と事業部隊を傘下に抱える複数の財閥がインフラ事業に進出してきている．

　こうしてファイナンスが決定的な要素ではなくなりつつある中では，受取国は日本のプロジェクト型支援の根拠を，優位性の高い技術と知的ノウハウに求めるようになってきている．その意味ではインフラ分野における日本のODAへのニーズは決して衰えたわけではない．都市計画とマストランジット，地下鉄計画とトンネル技術，狭い都市空間での施工技術など，「日本にお願いしたい」という声は引き続き出てきている．それでは日本のODAをどのように変えれば，こうしたニーズに対応できるのであろうか．

2.3 プログラム型支援ニーズの変化

　先発アセアンの中でアジア通貨危機後も海外からの公的借入を一定の規模で受け入れている国はインドネシアとフィリピンである．そしてその内訳を見ると2000年代後半にプログラム型支援の比率が極めて高くなっている点が最大の特徴である．例えばインドネシアにおける日本，世界銀行，アジア開発銀行の3者による貸付に占めるプログラム型支援の比率は2011年度には全体の8割を超える程になっている．フィリピンでも2000年代後半は全体の5〜7割がプログラム型支援である．

　この背景にはドナー側において2004年以降，プログラム型支援の考え方に大きな変化があり，特に財政支援の方法論が整っていったことがある．同時に，受取国の側にも財政支援を強く望む事情があった．2000年代後半に至るまでの財政構造を調整する努力の中では，使途が特定のプロジェクトに限定される貸付よりも，弾力的に利用できる資金が必要であったのである．財政構造の変化については第3節において明らかにされるが，例えば地方分権推進政策に基づく地方政府への財政移転や貧困層への補助金などの非プロジェクト支出の拡大などがこれにあたる．両国ともに債務返済圧力が2000年代後半まで大きかったこともその1つに挙げられる．危機前後には政治改革が先行したが，2000年代半ば頃からは経済・財政制度も政治改革に連動する改革を実現する方向に変わっていく．装いを新たにしたプログラム型支援の下での国際機関との政策対話は，これらの制度改革を用意して行く上で両国に歓迎されたのである．

　最近ではプログラム型支援ニーズにも新たな変化がある．これまでの方法論では，基本的にマクロの状況を確認しながら毎年の財政ニーズに応えていくよう協議を繰り返してきていた．しかし，財政運営をより円滑にするためには，ショックが起こった際に機動的に利用できるような約束が予め行われていることが望ましい．リーマンショックのような経済の先行きの不透明性，あるいは予期せぬ自然災害の怖さが各国の財政当局に予防的・保険的な資金のニーズを高めるようになったのである．フィリピン政府は，最近，災害復旧スタンドバイ[6]を借り入れたが，これは災害への事前対応となる日本からの初めての財政

支援である．また，インドネシア政府はPPPインフラ事業に起因する債務不履行に事前に備える，インフラ保証基金（Indonesia Infrastructure Guarantee Fund：IIGF）を通じたスタンドバイ型の融資を世界銀行から借り入れている．いずれの国でも財政再建を達成した次の段階として，何らかのショックに対応する事前の予防的枠組み構築を進めようとしている．事後から事前のリスク対応ニーズに対応していくことは，ODAのような公的資金に本来的に求められる保険的・反景気循環的な役割を果たしていくことにつながると言ってよいであろう．

2.4 先発アセアン以外の状況（ベトナム）

　ベトナムでは1992年の日本のODA再開以来，今に至るまでの期間，中央政府主導のインフラ整備が進められている．南北高速道路，国際空港等，国の基幹となる運輸交通網が，技術協力によるF/Sから円借款ファイナンスというプロジェクト型支援の定石により実現している．最近では南北高速道路のような更に規模の大きな案件も動き始めている．そして，マクロ経済の安定と構造改革を目的とするプログラム型支援がこれを補完してきた．

　ベトナムに対するODAは今日まで右肩上がりで増加し続けてきている．この現象は1990年代央までの先発アセアンの状況と類似している．ODAへの依存が大きい理由として，第一に高度成長に支えられた旺盛な開発ニーズがあったこと，第二に国内資金や民間資本が未発達であったことに加えて，第三に先発アセアンのような財政危機による緊縮財政がとられなかったことを挙げることができるであろう．

　しかし，90年代半ば以降，順調に成長を続けてきたベトナム経済にも近年，やや陰りが見られるようになってきた．2012年の成長率は5.0％と1999年以来の低い数字となった．公的部門の不良債権などの構造的問題を抱えており，今後，それが顕在化していくリスクを抱えている．またインフラ開発についても，世界的な官民連携の流れの中でPPPによる事業を模索しつつある．既に運輸

6）　予め信用供与枠を設定すること．

交通分野の一部では国際港湾等PPP案件も形成され，また電力セクターでは，世界銀行のプログラム型支援を通じて発送電分離による発電市場の自由化の流れも生まれつつある．

今後，PPPの制度づくりが進むと，先発アセアンのようにPPPがインフラ開発の選択肢として定着していくことが予想される．このような事情を考えると，ベトナムに対するODAは，かつて先発アセアンが経験したような転機を迎えつつあるのかもしれない．

3 先発アセアン（インドネシア，フィリピン）の政治経済面の構造変化

3.1 インドネシア

民主化の進展とODAへのニーズ

よく知られるようにインドネシアではアジア通貨危機を契機にスハルト政権が崩壊し，国の体制が民主化へと大きく変化する．大統領や地方首長の直接選挙，議会制の改革，地方分権が実現する．このような政治の動きに呼応して財政構造も変化する．開発ニーズとODAに最も直接的な影響があった項目は，地方政府への財政移転と補助金である．

インドネシアでは1999年の法改正により，地方分権が国の基本的あり様として位置づけられる．それに伴って開発の推進主体も地方政府へと移されていく．財政支出も地方政府からのものが格段に増加する．ところが，これは他の東南アジアの国々でも概ね同じであるのだが，税源が地方政府に移管されないままであったので，中央政府から地方政府への交付金が急増するのである．歳出（利払いを含む）に占める地方政府への移転の割合を見ると，1991～93年度の平均では全体の10％であったものが，2006～08年度では30％に跳ね上がっている．交付金のほとんどは使途が特定されない一般交付金であるが，中には教育やインフラなどの特定目的のための交付金も存在する．そのような財政の変革に呼応すべく，世界銀行は2008年に学校補助金という特定交付金の原資となる

ような融資を開始する[7]．

　もう1つの変化は補助金支出の急増である．90年代前半には存在していなかったが，2000年代後半には財政の2割を超える程に増大する．その大半はガソリンなどの燃料と電力料金に対する補助金である．2000年代には石油価格が高騰を続けたが，燃料や電力料金は資源価格にスライドされていなかったので財政における補助金の負担は年々大きくなっていった．しかしながら補助金削減の議論が起こるたびにデモなどの反対運動が発生し，政治的になかなか削減できなかった．2005年には削減と引き換えに現金移転プログラムにより貧困層への手当てを行わざるを得なかったのである．このような補助金を取り巻く経緯は，民主化の進展により貧困層への手当てが政治的により重要なテーマとなったことを意味している．

　地方交付金や現金移転プログラムなどの補助金は，これまでのプロジェクト型支援では協力が難しい支出である．そのような支出が相対的に増加せざるを得なかった点は，アジア通貨危機以降の社会の変化を反映しているのだが，それは従来型のプロジェクト型支援へのニーズではなかった．この点，プログラム型支援による資金はこのような目的に利用することが可能であり，そのため財政の調整を進めていた2000年代の状況に適合するものであった．そして実際に急増したのである．また国際機関は直接的に地方交付金や補助金に協力できるよう新しい方法論も採用し始めていたのである．

インフラ市場の変化

　インドネシアのインフラ開発事情は，やはりアジア通貨危機を境に大きく変化する．90年代末までは官僚機構はよく機能しており，インフラは長期的な計画に基づき比較的整然と整備が進んでいた．それを可能としたものは安定的に入ってきた日本や世界銀行の資金であった．これに対してアジア通貨危機後のインドネシアのインフラの開発事情は，第一に議会や地方政府の権限の拡大，第二に財政の制約，第三にPPPへのシフトに特徴づけられる．ここから主に述べる第三の点は，財政の制約が大きかったことから不可避的にその傾向に拍

---

[7]　世界銀行は2012年には更にそれを拡大する．学校補助金制度は，実は日本も技術協力によって支援してきたものであった．

第 2 章　東南アジアにおける日本の ODA の変遷と課題

車がかかったとも言える．

　PPP についてはアジア通貨危機前，90年代半ばにその実績が電力や通信を中心に年間70億ドルに達した年もあったが，危機後は年間10億ドル程度で推移する．2004年に誕生したユドヨノ政権は PPP によるインフラ推進を標榜し，2005年にインフラサミットを開催して内外の投資家に予定事業を提示する．また，政府は法制度や投資環境整備を行っていかなければ PPP への投資が増加しないという事情も認識していた．2006年に ADB と日本が約束したインフラ向けのプログラム型支援においては，PPP を推進するための包括的な青写真を描く．例えば，民間投資を可能とするような鉄道法の改正，リスク管理部門の設立，規制者と運用者の分離などの多年度に亘る計画を用意したのである．しかし，実際の PPP によるインフラ開発は思い通り進まなかった．外国資本にとってインドネシアへのインフラ投資は未だリスクの高いものであったし，事業形成の遅れや民間への過度な期待により，投資家にとって魅力ある案件や条件がそろわなかったことがその要因である．

　そうした反省を踏まえて，PPP 推進のための制度作りは，近年新たな段階に進んでいる．事業の性格に応じて官側の負担を適切に担えるよう，4とおりのツールの開発が進んでいるのである．それは，第一に保証，第二に事業の採算（バイアビリティ・ギャップ）補填，第三に公的融資，第四にバンカブルな事業形成である．第一の点について，政府は国際機関の支援を受け PPP 案件への部分保証を行う公的な保証基金（IIGF）を設立する．第二にインフラ事業の採算補填を行えるよう制度改正を行った．第三に政府は PPP 事業へのファイナンスを行う国営企業を設立した．第四に民間からの提案に対して政府事業として整理するための制度（事業開発制度と呼ばれる）を整備し，提案された事業に対して公共料金などを含む政府側の検討を制度的に行うようにした．このようにして，例えば下水道などの収益率が低い事業も含めて，収益が発生する事業では PPP が事業化検討の出発点とされるようになってきた．違う言い方をするならば，伝統的な ODA を利用して推進しようとするインフラ事業の範囲は益々狭まっている．そして，それに代わる PPP 形態でのインフラ事業に対する ODA による支援方法は，未だ確立したとは言えない．こうした中で，例えば世界銀行は，PPP インフラに対する保証基金への融資を開始した．

これはいつ発生するか定かでない資金ニーズへのスタンドバイ型の貸付であり，新しい動きに応えようとした取組みであると言える．

資金調達の変化

インドネシア政府が行う資金調達はアジア通貨危機前後で大きく変化した．スハルト政権下では，政府は財政赤字を海外からの公的資金の借入で賄っており，国債は発行されていなかった．財政の均衡が重視され，また国内の資本市場の規模からクラウディングアウトを起こさないよう配慮されていたからである．しかし危機時に政府は銀行の破綻処理のため国債を発行する．その残高は2000年には対GDP比133％に上るほど急激なものであった．そしてこれを機に，国債発行による国内市場からの資金調達が恒常化していくのである．2004年からは外債も発行され始め，現在では，政府のファイナンスの内訳はすっかり様変わりしている．国内借入は対外公的借入の3～4倍の規模となっているのである．

対外公的借入の内訳は図2-2のとおりである．2000年代前半は20億ドル程度の規模の受入が続いたが，その半分は日本からのプロジェクト型支援の貸付であった．2000年代後半になると一転して世界銀行とアジア開発銀行からの借入が大部分を占めるようになり，内容的にもプログラム型支援が5～8割を占めるように変化する．これは，基本的には前述したような開発資金のニーズの変化に対して，国際機関の側で柔軟に応えてきた結果である．

2000年代後半の国際機関による貸付では，スタンドバイ型の融資が導入されている点が特徴的である．例えば世界銀行はリーマンショック後，経済への悪影響に備えて20億ドルの引き出しオプション付きの貸付を承諾する（これは結局，引き出されず，2012年に再度，引き出しオプション付き融資が行われる）．あるいは，政府が新設したインフラ保証基金に対して2012年には25百万ドルの貸付を承諾した．同基金は政府がPPP事業に対して部分保証を行うために設立したものであるが，仮に対象となった事業について保証が発動されるような事態に陥った場合，その費用分を世界銀行が支払うスキームである．

これらの貸付は従来のような財政支援ではなく，言わばいつ発生するか定かではない支出に対する保険的，あるいは予防的な目的によるものである．2000

第2章　東南アジアにおける日本のODAの変遷と課題

図2-2　インドネシアに対する日本，世界銀行，アジア開発銀行の貸付承諾の推移

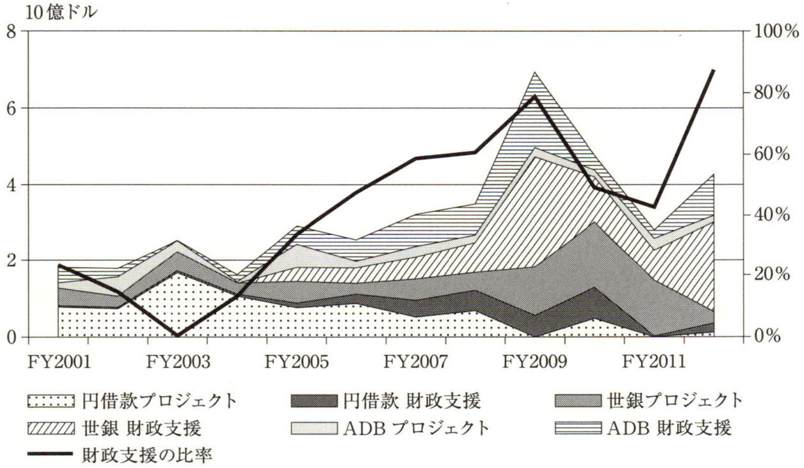

凡例：
- 円借款プロジェクト
- 円借款 財政支援
- 世銀プロジェクト
- 世銀 財政支援
- ADBプロジェクト
- ADB 財政支援
- 財政支援の比率

注：会計年度は，世界銀行が7～6月，ADBは1～12月．
出所：国際協力銀行，国際協力機構，世界銀行，アジア開発銀行年報に基づき筆者作成．

年代後半は，このように支出ニーズの変化に応じた"進化したプログラム型支援"が増加していった．インフラ開発を官主導で行う割合が減じる中で必要な資金は国内で調達し，一方で海外からの公的借入は不意の支出に充てるなど，予備的な役割として限定的に利用していこうとする考え方へと，徐々に変化が起こっているようである．

地場企業の発展

2000年代後半のインドネシアは資源価格の高騰等の追い風を受け国内消費が堅調であり，投資もようやく上向きになった．資金力のある有力民間地場企業グループがPPP事業に参入していくようになれば，インフラ投資にも一層はずみがついたはずである．一部に道路事業に投資したバクリ・グループのような例も出てきてはいる．しかし，それは今のところ大きな動きになっていない．むしろインドネシアの場合，国営企業の役割がPPPの流れの中でどのようになってゆくのか，その行方が注目される．

そもそもインドネシアでは，国営企業が経済の中で大きな役割を占めている．

第Ⅰ部　これまでの日本の国際協力――アジアのビッグ・ドナーが果たした役割とは

銀行部門は国営商業銀行が上位を占め，石油，ガス，電力などの資源・エネルギー，鉄やセメント，建設などの基幹産業は国営であり，このため10大企業の半数が国営という状況である．港湾や空港，道路，通信などのインフラにおいても国営企業が運営主体である．90年代の電力や有料道路の事業では，国営企業が政府からの転貸という形でドナー資金を利用している例が多かった．

　2000年代半ばから電力や通信以外でもPPPをさらに推進すべくセクター別に制度整備が進む．その結果，インフラ開発は民間に開放されたが，国営企業との関係は微妙であり，民間とは競争となる場合がある．有料道路はその典型で，高速道路公社（ジャサ・マルガ社）はオペレーターとして入札において民間と競争している．2012年にファイナンスクローズに至った4件のうちの3件ではジャサ・マルガがスポンサーとなっている．あるいは運輸部門（港，空港，鉄道）で見られるように，国営企業が新規インフラのオペレーターの指名を受け，彼らが民間のパートナーを選ぶという手法も取られている．例えばジャカルタ近郊の北カリバル港では国営企業であるペリンド2がオペレーターの指名を受け，パートナーとなる民間企業が入札によって選ばれている．一方で発電の分野では，国営電力公社が電力の唯一の買い手となるため，民間との直接的な競争は起こりえない．但し，発電プロジェクト自体を電力公社自身が行うかPPPで行うか，入り口のところで両方の方法論が併存している状況である．

　インフラ開発においてPPPを進めることが大きな方針であることは間違いないが，これまでPPPの進展が思わしくなかったことは，インドネシアのインフラ開発における国営企業の役割を今後，もう一度大きくさせていく可能性がある．実際，前述の北カリバル港湾開発においても，当初はPPPでの開発が計画されていたものの，最終的には国営企業が指名されることになった．PPPが順調に進展していくのか，あるいは国営企業との共存が図られる形で進展するのか，さらには国営企業主体で開発が進むのか，どちらの方向に進むのか，現在は岐路に立っているように思われる．国営企業が経済の中で重要な役割を占めている国は東・東南アジアに少なくない．インドネシアでの今後の進展は，ベトナムやミャンマーに対して先行例を示すことになっていくかもしれない．そして，いずれの方向に進む場合でも，ODAのこれまでの方法論ではインフラ開発への協力は難しくなりつつあるのである．

第2章　東南アジアにおける日本のODAの変遷と課題

新しい展開

　インドネシアの開発は，2010年代に新たな局面に入っている．2000年代後半の資源価格の高騰はインドネシア経済にとって勿論大きな追い風であったが，他方で製造業の発展を制約する．電気・電子，衣類，機械，木材・木製品の4分野の輸出構成比は，2000年代の10年間で14%も下がるのである．それは投資の停滞が招いたことであるし，東アジアのサプライチェーンにおいて重要な役割を担うに至っていないことを意味する．インフラは2000年代を通じた低水準の公共投資とPPPの不調により，例えば，今やジャカルタの交通事情は世界で最悪と言われるに至っている．これでは内需を狙った投資の進出はあっても，サプライチェーンを担うような投資家は二の足を踏まざるを得ない．

　こうした事態の改善には，インフラ整備の加速と投資環境制度の改善が必要である．前者については，特にこの10年間の低水準の公共投資によって，量的な不足は勿論のこと，全体的なインフラシステムにも歪みが生じている．つまりインフラ計画を包括的に再構築することが必要になっている．筆者は，日本とインドネシアの2か国によって進められた首都圏優先地域インフラ整備計画は，こうしたニーズが背景にあったものと考えている．そこでは物流の流れそのものを変えていこうとするシステムの転換が狙われているのである．

　投資環境改善については，ミクロの制度改革が行われていたが，同時に国内産業とのバランスが配慮されて，例えばネガティブリストによって投資が制限されるなどの保護も行われていた．ここにきて，インドネシア政府が連結性を重視していることは，東アジアの生産ネットワークの重要性を考えると歓迎すべき動きである．世界銀行や日本などのドナーは，連結性に関する政策に対してプログラム型支援を提供している．今のところ政府は国内の連結性に力点を置いているものの，政策アクションの中には国際的な連結性の強化も含まれており，時宜を得た政策の方向性である．財政支援の目的は，前述のように財政の資金ニーズに応えることに加えて，新しい分野への政策立案支援という側面がある．筆者らは，インドネシア政府が2000年代半ばから財政支援を継続的に受け入れ続けてきた大きな理由の1つは，国際機関の持つ政策研究能力を評価している点にあると考えている．そして連結性に関する政策対話に関しては，東アジアの生産ネットワークの中核をなす日本は特に貢献できるところが大き

いのではないだろうか.

3.2 フィリピン

民主化の進展と ODA へのニーズの変化

　フィリピンの民主化はアジア通貨危機のおよそ10年前，1986年のマルコス政権崩壊から始まった．マルコス政権末期までは，中央集権で統制のとれた官僚機構が存在しており，日本の ODA もプロジェクト型支援の定石に則り，インフラ整備に対して多くの技術協力と円借款が供与されていた．中央政府の了解がとれていれば，M/P から F/S，そして円借款へと，日本のインフラ事業の支援は滞りなく運ばれていた．しかし，マルコス政権崩壊以降の民主化の過程で，中央集権的な統治構造は国民から否定された．

　その後，おおよそアジア通貨危機前後までの間にコラソン・アキノ大統領及びラモス大統領の時代を通じて制度化された統治の体系は，マルコス政権への反動と言える内容となった．大統領再選禁止，議会や司法の権限強化，地方分権等，大統領及び中央官僚機構からの権力分散を基本とした．その結果として，中央官僚機構では上層部から課長レベルまで任期の短い政治任用が目立つようになり，テクノクラートの流出も見られた．また，経済制度設計においては，政権はいずれ交代し継続性が保証されない一方で民間の事業活動は政権を跨いで継続するとの認識が指導者層によって形成・共有され，開発には民間の力を最大限活用し，市場における政府の役割は規制機関による監視にとどめ，国営企業は積極的に民営化すべし，という考えが基本となった．

　インフラ整備のあり方にまず大きな影響を与えたのが地方分権である．フィリピンの地方分権の根幹をなすのはコラソン・アキノ政権による1991年の地方分権法である．この法の下，従来中央政府で実施していた中小規模のインフラ整備の担い手（計画，実施，ファイナンス）は地方政府と定められた．中央政府から地方政府に移管されたインフラは，例えば地方道路，地方病院などである．この背景には，インフラ整備のファイナンスを含めて地方政府に移管することによって，マルコス政権崩壊後に債務リスケジュールにまで陥った中央政府の財政への負担を軽減するという意図があった．また，地方分権に伴い主に

第 2 章　東南アジアにおける日本の ODA の変遷と課題

交付金を増やしたインドネシアとの違いとして，フィリピン政府は交付金（財政収入の 4 割）の他に政府系金融機関や民間からの融資資金動員も想定して制度設計をしたことが挙げられる．フィリピン政府は地方政府を対象として資金を動員する機能として自治体開発基金（Municipal Development Fund）を制度化するが，1990年代中盤，世界銀行はこのような動きに対していち早く政策策定のための知的支援（地方政府ファイナンスの制度設計）に乗り出した．

　港湾や空港など中央政府が担う大型インフラの整備にあたっても，新しい地方分権法の下では地方政府が明確な決定権を握ることとなった．具体的には，中央政府が大型インフラ案件を実施する際に，当該地域の地方自治体協議会の賛成決議を得ることが義務付けられるとともに，地方政府からの一定の財政拠出が求められるようになった．更にコラソン・アキノ政権が残したもう 1 つの重要な法律である1992年の都市開発・住宅法によってインフラ整備の際の住民移転手続きが整えられ，地方政府が住民移転の担い手になるよう定められた．

　こうした変化の中で，90年代の日本の ODA は中央政府を対象としたプロジェクト型支援によるインフラ整備を続けた．住民移転における地方政府の役割の増大の影響を受け，一部案件で実施段階の遅延が見られるようになり，バタンガス港開発事業のように住民移転が政治問題化する案件もあった．この段階で，日本の ODA も国際機関のように知的支援に積極的に取り組みプログラム型支援も検討する選択肢があったはずである．しかし結果として従来の方法論は大幅に見直されるまでには至らなかった．そしてのちに述べる2003年には中央政府の財政再建を至上命題とするアロヨ政権によるプロジェクトのキャンセルに直面し，日本の ODA によるプロジェクト型の支援は一時期，全面的に停止するのである．財政に関する知的支援を続けていた世界銀行はこれを転機にプログラム型支援主体へと舵を大きく切った．

インフラ市場の変化

　地方分権と同時に1990年代に強力に推進されたのが従来国営企業によって実施・運営されていたインフラの民営化である．この時期の代表的な民営化の対象は首都圏水道公社（Metropolitan Waterworks and Sewerage System：MWSS），国家電力公社（National Power Corporation：NPC）の 2 つの国営

第Ⅰ部　これまでの日本の国際協力──アジアのビッグ・ドナーが果たした役割とは

企業である．背景には3つの考え方があった．第一には前述の地方分権と同じく，国営企業に対する赤字補填削減を通じた中央政府の財政負担の軽減である．第二は，インフラ整備における国営企業の役割の縮小である．フィリピン議会及び政府はインフラ案件の実施・運営機能を国営企業から分離し，国営企業には規制の機能だけを残すことを目指した．第三の背景はインフラ整備における民間の資金及び経営資源の積極的な活用である．

　1990年代の東南アジアの水インフラ民営化の先駆的事例となったマニラ首都圏の水道では，MWSSが担っていたエリアは東西2つに分割され，国際金融公社の支援のもとで事業権入札を行い，外国資本含む民間との契約が2件成立した．MWSSには原水供給と規制の役割が残るのみとなった．契約成立直後に起こったアジア通貨危機に伴うペソ減価等により当初は躓きがあったが，両エリアとも民間の経営資源導入と追加投資によりサービス水準は格段に向上し，現時点で規制面や下水道整備の課題は残るものの，世界的に見てもインフラ民営化の成功事例とされている．

　電力セクターでは1990年代のラモス政権時代，深刻な電力危機を脱するため，まず発電部門において独立系発電事業者が導入される．当初は政府の買い取り保証がついたこともあり日本資本を含む多くの事業者が参入した．その後2000年代に入り，ADBの支援により更に抜本的な改革が進んだ．2001年の電力産業改革法に基づいてNPCの発送電機能分離と各々の民営化が進められたのである．最初に発電部門のNPC，送電部門のTRANSCOと分離が行われ，NPC所有の発電資産は順次入札を経て所有権が民間に移転され，送電部門は事業権が入札にかけられ，現在民間のNPGCが運営を行っている．配電部門は引き続き民間配電会社及び配電組合が担っている．その後発電部門は，政府による買い取り保証の無い「市場」となり，電力取引は発電事業者と配電会社／組合の間の個別長期契約に加えてスポット市場も稼働している．こうして首都圏水道，そして電力の分野においては国営企業の民営化が進展し，電力においては民間主導の「市場」まで実現し，財政負担の軽減，国営企業の機能縮小，民間の資金及び経営資源の活用という政府の目標は達成されたといえる．

　これに対し，1990年代前半に成立・改正されたBOT[8)]法にもとづく運輸分野の新規インフラ事業は紆余曲折をたどる．とりわけ，案件が成立し運営を始

第 2 章　東南アジアにおける日本の ODA の変遷と課題

める時期がちょうどアジア通貨危機をはさんだため，需要が計画との比較で激減した．例えば BOT の一形態である BLT[9]で成立した都市鉄道 3 号線事業（LRT3）は，事業者やファイナンス組成側からは成功事例とされているものの，リース料支払いの形で需要に対する保証を履行した政府側としては，財政において偶発債務が具現化した事例として苦い記憶が残ることとなった．

その後の 2000 年代のアロヨ政権時代は政府ブロードバンドシステムやノースレールなど政治問題化した数例を除きインフラ整備に関して大きな動きは見られなかったが，2010 年に発足したアキノ政権は，PPP によるインフラ整備を目玉政策に掲げた．まず，今まで貿易産業省の下にあった PPP センターを，国の事業選定プロセス（投資調整委員会，Investment Coordination Committee：ICC）の事務局を務める国家経済開発庁直轄とし，国の全てのインフラ事業は PPP から検討を開始するという原則を導入した．特徴は，政府が定義し入札にかける政府主導 PPP を優先し，民間提案主導型の PPP は，提案は受け付けるものの，政府からの財政支援は一切行わないというものである．制度面では，(1)政府補助金，(2)出資機能（民間主体のインフラファンドの設立），(3)バンカブルな案件形成のための事業開発基金（Project Development and Monitoring Fund：PDMF）が整備される．インドネシアとの比較では保証機能と公的信用の制度が含まれていない．現在までに高速道路から小学校校舎建設までを含む 7 案件が契約までに至り，準備中のパイプライン案件は 50 件以上となっている．

インフラ整備は PPP を基本とするアキノ政権に対し，日本は前政権のうちから準備していた高規格道路 M/P に基づく有料高速道路を手始めとして，個別案件の F/S 作成に係る技術協力を複数行い，政府主導の PPP 案件につなげた．日本が F/S を支援した政府主導 PPP 案件のうち，公設民営型として円借款が供与されたものが 2 件（高速道路，地方空港），上下分離型として円借款

8）　Build, Operation, Transfer の略．自ら資金を調達してプロジェクトを建設し，その資産を所有して運営を行い，一定の期間終了時に政府に資産の所有権を移転するもの．

9）　Build, Lease, Transfer の略．民間事業者は建設した施設を政府に貸し出して，そのリース料をもって投下資金を回収し，事業期間終了後にリースしていた資産を政府に譲渡するもの．

が供与されることになったものが1件（鉄道車両と車両修理基地）ある．しかし，最終的には純粋なBOT方式となった案件も2件あった．このうちの1件は政府からの事業採算補助金が想定されたものの，周辺開発で利益を見込む現地財閥により，入札では反対に政府に対して一定額の納付が提示される結果となった．

同時期，ADBは他ドナーとフィリピン政府からの拠出を得てPPPセンターにPDMFを設け，PPP案件のF/Sから交渉・取引までの支援を本格的に始動させていた．日本が円借款による支援を想定してF/Sを支援しても，PDMFの交渉・取引アドバイザリーの中で純粋BOTとなっていった事例もある．こうした展開の背景として，日本の技術協力の過程でヒアリングが行われる日本などの海外の民間企業と，PDMFがヒアリングを行う現地財閥を中心とする民間企業のリスク認識の違いは見逃せない（後述）．このギャップに対応していくため，インフラ整備に対する最近の日本の技術協力では，PDMFと密接に連携して対話と案件形成を行う体制を整えた．

資金調達の変化

アジア通貨危機後のフィリピンは，他の先発アセアンと比較してそれまでの民間ファイナンス流入が比較的少なかっただけに流動性の危機には至らなかった．しかし，エストラーダ政権の下で歳入がGNPの16％台から14％台へと激減し，財政バランスが悪化する．これに対して2001年からのアロヨ政権は財政再建を至上命題とし，2003年以降，ほとんどの円借款案件を含む実施中の開発プロジェクトを，プロジェクトの政府負担分が支払えないとの理由でキャンセルした．同時に，図2-3にあるように世界銀行・ADBからは，条件付き現金移転プログラムや保健制度改革の原資ともなりうるようなプログラム型支援の借り入れを大幅に増やしている．インドネシアと同じく，2000年代のフィリピンの財政はインフラ支出を抑制し，地方自治体への交付金や個人が直接裨益するプログラムへの支出を増加させているのである．また，世界銀行やADBからの政策制度改革に関わる知的支援が歓迎された面もある．

政府部門の自己資金調達も活発化した．フィリピンは2003年から2011年の間に公的債務をGDPの96％から56％にまで下げるなど財政再建を進めた結果，

第2章 東南アジアにおける日本のODAの変遷と課題

図2-3 フィリピンに対する日本，世界銀行，ADBの財政支援

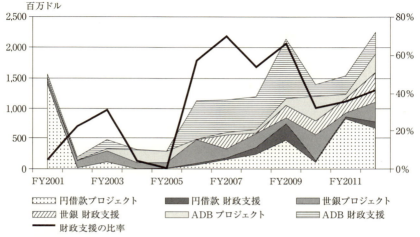

出所：各機関年次報告書より計算．会計年度は世界銀行（7〜6月），ADB（1〜12月），円借款（4〜3月）．

2013年にはインドネシアに先んじて主要格付け会社から投資適格を得た．これにより特に外国向けの債券発行が容易になり，2013年には　内外の金融市場において5500億ペソの政府債券発行が行われた．これを背景として，フィリピン財務省はODAファイナンスの譲許性（特に返済期間）を多としつつも，借り入れ計画におけるODAへの依存度を2割から1割台へと漸進的に減らしつつある．

　この借り入れ計画を着実に進めるため，フィリピン政府はICCにおいて事業の計画決定とファイナンス決定（ODAを活用するか否か，活用する場合はどのドナーとするか）の議論を分離させた．特定ドナーを前提とした事業計画は最早許容されないのである．ICCでは，自国で実施可能な事業には国内予算が充てられ，ドナーを選ぶ場合には，供与条件はもとより，当該ドナーでなければ提供できない付加価値（技術，政策分析など）が論点となっている．しかし，中央財政全体を見ると，自然災害のリスクへのエクスポージャーは依然として高く，フィリピン政府にはこれに対する危機感がある．09年のオンドイ・ペペン台風，13年のヨランダ台風の被害額は各々382億ペソ，895億ペソと推定され，復興に必要な額は財政の3％〜5％を占めた．こうした中，フィリピ

第Ⅰ部　これまでの日本の国際協力——アジアのビッグ・ドナーが果たした役割とは

ン政府は自然災害による不意の支出に対するスタンドバイとしての財政支援へのニーズを高めており，世界銀行や日本からの災害復旧スタンドバイの受入実績を増やしている．これらの自然災害リスクに対応するスタンドバイは，国家非常事態の宣言などを引出条件としており，被害額認定のための時間や事務コストを最小化するものとなっている．

地場企業の発展

　近年，サンミゲル，アヤラ，メトロパシフィック等，国内勢を中心とした民間財閥のインフラ事業への展開には目覚ましいものがある．ビール会社として日本でも知名度があるサンミゲル社は，ビール事業48％強を日本のキリンに売却し，いまや発電，鉄道，空港，橋も手がける巨大インフラ事業会社に変身している．アヤラ財閥は首都圏の水道（東エリア）を長年にわたって順調に運営し，高速道路や鉄道に進出し柱である不動産開発事業との相乗効果を狙っている．政府部門の優秀な技術者を引き抜いている背景もあり，これら地場財閥は高速道路から電力プラント，鉄道の下部構造まで実施が可能とされる段階に到達しつつあるといえる．

　地場財閥の特徴は，多くがグループに銀行を抱えていることである．現時点では米国の金融緩和にも助けられた潤沢な流動性を動員できる立場にある．それに加え果敢なリスクテイクを特徴とし，リスクの高さと収益の低さゆえに円借款でファイナンスを予定していた収益性の低い政府主導PPPインフラ案件でさえも純粋な民間インフラ事業として引き受けてしまう．日本をはじめとする外国勢力が，政府保証が不可欠とする需要リスク，土地収用リスクも地場財閥は自ら制御手段を持っており，ほとんど問題にしていないのではと受け取れることも多い．これに対し，地場財閥がPPP案件を受注することによってインフラ整備が進む時期は永続しないとの見解も出始めている．国際通貨基金（International Monetary Fund：IMF）は最近の4条協議[10]の公開文書の中で銀行部門における過度の与信集中傾向に警鐘を鳴らしている．フィリピン政府は今後中期的にはインフラ事業の資金調達の柱は，金融市場の流動性を吸収し

10）　IMFによる国別年次協議．

第 2 章　東南アジアにおける日本の ODA の変遷と課題

インフラ投資に向ける形に軸足を移すことを検討している．

新しい展開

　現下のフィリピンにおいて日本の ODA による開発への貢献を実現するという観点から，以上から得られる教訓はなにか．まず，ICC での論点でわかるとおり，インフラ整備では，自国政府でできるものは日本の支援につながらない，ということである．単純な一般道路や地方のコミュニティレベルのインフラでは，フィリピン政府は ODA を借り入れることに付加価値を見いだしていない．地場民間が単独でできること，すなわち高速道路やそれほど高度でないプラントも同様である．

　そのため自国政府，地場民間，さらに言えば世界銀行も ADB も他の二国間ファイナンスもできないような，日本の技術やノウハウが優位な分野に選択的に取り組んでいかなければならない．鉄道をはじめとしたマストランジット，河川管理や減災の歴史の長い経験を反映した洪水対策，高度な土木技術を必要とする港や橋，環境管理のノウハウを凝縮し上下水道やエコ・エアポートなどが候補に挙がる．

　これらの分野は，受取国にとって新しいだけに，必要以上に技術仕様が高く値段が高いという印象を与えがちである．そのため，先方が死活的としている事柄に対し，課題に対する最も合理的なソリューションとして示していくような方法論が重要である．例えば一般道路の延長線と思われがちな都市部の立体交差においては，急速施工という渋滞日数を減らすことのできる技術が都市部のニーズにマッチする．リゾートで有名な地方の空港の例では，エコ・エアポートのみならず立地する島の環境容量に基づいた観光客数の制限方法など，徹底的な環境保護策を提案が受け入れられ，円借款が実現している例が生まれている．また，必要な場合は，問題解決に支障の無い範囲内でスペックダウンする柔軟性も要請される．

　技術やノウハウの面だけでなく，受取国の案件形成の仕組み，プロセスに寄り添った支援も重要である．アキノ政権は，財政規律を保つため，一部なりとも財政負担を伴うインフラ案件は厳選する．その過程では，戦略的な M/P 上での個別案件の位置づけ，需要やファイナンスに鑑み PPP でできるかどうか

等のポイントが徹底的に議論される．これを受けて，日本はメトロマニラやメトロセブの運輸交通を中心としたM/Pの集大成を支援したところである．次はこのM/Pで優先とされる案件のF/Sを適切なPPP事業に仕立てるプロセスへの支援が鍵となる．これらを踏まえた，インフラ支援に関するこれからの日本の技術協力として，(1)M/PからF/Sの過程の分析の充実，(2)官民リスク分担における政策対話，(3)PPP案件形成における技術・需要の検討，ファイナンスの検討等における実施機関の能力育成を軸とする展開が始まっている．

最後に，プログラム型支援では，予算編成の背景にある大統領，議会，政府のコンセンサスニーズを読み解くことが重要である．2014年歳出計画のヒアリングを予算管理庁に対して行ったところ，資金需要の大きな部分は，条件付現金供与，幼稚園から18歳までと従来に比べ中等教育の年限を2年間伸ばすK-12政策，そして保健制度改革が含まれるなど，個人が直接裨益する施策が目立っている．また，事前の減災と災害後の対策に関する基金を設ける予定であり，その予算規模は2013年11月のヨランダ台風前の災害関連予備費と比べ激増する見込みである．PPPによるインフラ整備の用地確保や偶発債務のための予算もある程度伸ばすとのこと．こう見ると，財政支援へのニーズはまだまだ大きいと認められる．教育と社会保障関連では反景気循環的なニーズ，増えつつある減災と災害対策，更にはインフラ整備についてはリスク対応のニーズが大きいのではないか．世界銀行やADBのプログラム型支援を見てもわかる様に，先方が一番欲しているのは問題解決へと導く政策立案能力であり，ここでも日本が提供できる知的支援とのマッチングが鍵となる．

4　結び：政策含意

ODAは単に譲許性の高いだけの資金ではない．資金協力に技術協力を組み合わせることによって，日本の技術，知的ノウハウを併せて提供できるツールである．

ODAによるインフラ整備の今後の課題はどうであろうか．かつては中央政府主導で開発が進められたので，中央政府にM/P, F/Sについての技術協力を

第2章 東南アジアにおける日本のODAの変遷と課題

行えば，その延長線上として事業実施段階での円借款につながっていった．しかし，アジア通貨危機後のインドネシア，フィリピンのように地方分権が進み，PPPによる民間の活用や国営企業の役割が変化している状況においては，資金調達の多様化も進み地場の民間や国営企業などのプレイヤーだけで完結する例も多くなっている．

このような状況の中で，日本のODAはどう変化すれば，受取国のニーズに応えられるであろうか．第一に，プロジェクト型支援においては，受取国がその事業を成り立たせるにあたって死活的と思っていることについて，日本の技術やノウハウをマッチングさせ，課題の解決策を提供することである．技術水準が高い，あるいはライフサイクルコストが低いといった供給側の視点を提示していくことに加えて，受取国の問題解決のニーズに耳を傾けるという基本に立ち返り，必要な場合は問題解決に支障の無い範囲でスペックダウンを工夫することも重要である．この基盤を築くことができれば，プロジェクトがPPP[11]主流となっても，技術や運営面において日本に対して高い評価がなされる可能性が高い．

第二に，プログラム型支援ではどうであろうか．政策対話を通じ受取国の政策の変化を受け止め，それに応じた財政ニーズの変化に機敏に対応しなければならない．地方分権化を始めとする社会構造の変化や財政の調整ニーズによって生じた資金需要の変化に伴い，2000年代のインドネシアでは，円借款による財政支援が増えた．同じ頃のフィリピンでは，国際機関の財政支援は増えたが，日本は目の前のプロジェクトへの貸付のキャンセルに翻弄された．根底には，日本のODAはプロジェクト型支援が優先されるべきで，プログラム型支援は外的ショックが生じた際に一時的に投入されるもの，と考えられていたからではないだろうか．インドネシアのチームでは財政の動向への理解が深く，財政支援へのニーズを機敏に察知することができた．しかし，最近になってフィリピンを第一号として締結された災害復旧スタンドバイ貸付は，自然災害リスクへの予防的対応という意味で受取国の新しい財政ニーズを捉えることができた

---

11) PPPの枠組みでは，収益性や官民のリスク分担により，事業は公設民営からBLT，BOT等多様な形をとる．日本からの資金協力の形もODA，民間を主体としたファイナンス等選択肢が広がっている．

と言えよう.

　最後に，より根本的な資金ニーズの変化に対しては，プログラム型支援だけではなく，前述したような地方交付金やPPP向けの政府負担の原資を融資したり，あるいは地方自治体そのものを借入人としたりするような方向に取り組んでいくことが望まれる．実際，最近の円借款等の制度改革により，PPP向けの支援メニューが充実しつつある．

　日本のODAは政府との制度政策面の対話能力，日本の技術やノウハウの提案力，能力向上ための実務的な支援力をあわせもっている．それはドナーの中で優位性を発揮できる手段である．しかし，受取国のニーズをキャッチし自らを変えていくことに長けていなければ一方通行のODAに陥るリスクがある．ODAは広く受取国の政治社会の変革を理解し，世界規模の競争環境の中でもなお付加価値の高い日本の技術や知的アセットを頭に入れながら進めていくことが重要である．

引用文献

加賀隆一（2013）『実践　アジアのインフラ・ビジネス——最前線の現場から見た制度・市場・企業とファイナンス』日本評論社.
竹内卓朗（2005）「地方分権——東アジア諸国のインフラ整備に対するインパクト」『開発金融研究所報』25：43-68.
広田幸紀（2013）「インドネシア経済の復興とプログラムローンの役割について」『経済科学論究』10：53-63.
―――（2014）「東南アジア新興国の変容と我が国ODAの変遷に関する考察」埼玉大学大学院経済科学研究科博士学位請求論文, http://sucra.saitama-u.ac.jp/modules/xoonips/detail.php?id=GD0000451.
武藤めぐみ，竹内卓朗，小池訓文（2006）「開発における政策の一貫性——東アジアに関する事例研究の試み」『開発金融研究所報』29：4-40.

インドでのインフラ支援
デリーの地下鉄建設

黒崎　卓

　IT産業主導の高度成長で注目されるのが，近年のインド経済である．その玄関口ともいうべき首都ニューデリーのインディラ・ガンディー国際空港は，市内と地下鉄「デリーメトロ」でつながっている．さまざまな4輪車やバイク，オート3輪型のオートリキシャ，人力で走るサイクルリキシャなどがひしめき合う道路では，空港から市内に向かうタクシーが超渋滞に巻き込まれて，1時間以上，車の中に閉じ込められてしまうことが多いのだが，その混雑を尻目に，デリーメトロの空港快速線に乗るとたったの20分で，空港から市の中心部に到着できる．

　デリーメトロの開通は2002年12月，わずか6駅でのスタートだった．2014年6月現在，デリーメトロは主要6線と空港快速線，137駅，総路線190kmからなる首都圏最大の交通網となった．これは，世界的にも有数の規模という（Ramachandran 2012）．エスカレータでプラットフォームに降り，プリペイドカードも利用しやすく，車内には冷房が入り，電光掲示板も完備した近代的な地下鉄・郊外電車が，デリーメトロである．時間通りに通勤・通学すること，乗り降りのマナーを守って公共交通機関を利用することといったそれまでのデリーでは難しかった新しい交通文化が生まれつつある（ただし乗り降りのマナーについては，日本の基準からするとまだまだ混乱状態と言わざるを得ないが）．

　デリーメトロの建設費の一部を日本の円借款が賄った．デリーメトロのパテルチョーク駅には，「メトロ博物館」というスペースが設けられており，デリーメトロに日本のODAが果たした貢献に関する詳しい情報を，写真や解説文書から得ることができる．国際協力機構（JICA）はしばしば，日本の円借款の傑出した成功例としてデリーメトロを紹介している．単なる鉄道建設ではなく，近代的な公共都市交通の運営というソフト面でも日本のODAが重要な役割を発たしてきたのがデリーメトロであるから，上記の評

価も的外れなものではない．とりわけインドのインテリ層の間では，そのような理解が共有されているように感じられる．

　筆者は，デリーメトロが生み出した予想外の副次的効果として，サイクルリキシャ需要が増加したこと（Kurosaki 2012）などに着目した研究を行ってきた．この研究の過程でさまざまな階層のインド人にインタビューするうちに，「デリーメトロは韓国がもたらした素晴らしい発展だ」という感想も時折耳にした．その理由は，2010年3月，筆者にとっては26年ぶりの韓国訪問で明らかになった．ソウル首都圏の地下鉄の車両がデリーメトロの車両にとても似ているのだ．それもそのはず，デリーメトロの車両は，韓国企業，現代ロテム（Hyundai Rotem）社が設計したもので，初期の車両は韓国製，その後，韓国からのライセンス契約に基づいてインドのバンガロールでの製造が始まった．現代ロテム社は，韓国の代表的鉄道車両企業で，軍事産業でも名高い．すなわち，デリーメトロの地下鉄車両は，基本的に韓国由来なのである．

　デリーメトロに初めて乗って，その快適さに驚いたインドの労働者階級の多くにとって，大規模プロジェクトの融資や交通網全体の運営ソフトがどこから来たかではなく，この車両がどこの国から来たのかの方がずっとストレートな疑問であろう．したがって，デリーメトロに象徴される経済の発展を韓国と結びつけることも完全な誤りとは言い難い．円借款は，必要資材や役務を援助供与国の企業でなくても自由に入札ができる，いわゆる「アンタイド」が原則であるから，デリーメトロの基準を満たす鉄道車両の発注という市場ベースの競争において，日本企業が韓国企業に敗れただけの話である．

　とはいえ筆者は，日本人として歯がゆい思いを禁じ得ない．本書の多くで強調されているように，日本のこれまでの国際協力においてはインフラ支援が中核にあったし，今後もその重視は継続されるであろう．途上国への日本のインフラ支援，質や量の強化に加えて，日本の顔がもう少し見えるような工夫も忘れずに行う必要があるように思えてならない．

引用文献

Kurosaki, Takashi (2012) "Urban Transportation Infrastructure and Poverty Reduction: Delhi Metro's Impact on the Cycle Rickshaw Rental Market,"

PRIMCED discussion paper No. 24, Hitotsubashi University.
Ramachandran, M. (2012) Metro Rail Projects in India: A Study in Project Planning, New Delhi : Oxford University Press.

第3章 アフリカ開発援助における日本の役割
イギリスとの比較を通じて[1]

高橋基樹

1 はじめに

　近年経済成長率の上昇が見られるとはいえ，サハラ以南のアフリカ（以下，単にアフリカ）の貧困は依然として広範で，深刻である．主要援助対象国であったアジア諸国が次々とその位置づけを「卒業」する中，日本の国際協力・政府開発援助（ODA）におけるアフリカの相対的重要性は今後増していくものと考えられ，アフリカ支援のあり方について検討しておくことは避けて通れない．

　本章では，特にODAに焦点を絞って日本のアフリカ支援の長所と短所を含む特徴とその背景を探り，将来日本がアフリカに対するスマート・ドナーとして役割を果たしていくための教訓を引き出すことにしたい．ここでは，比較の対象として，1990年代後半以降，国際援助コミュニティでの議論やアフリカ援助・貧困削減支援の実践において主導的な役割を果たしてきたイギリス（西垣他 2009）を取り上げる．イギリスを比較対象とする理由は2つある．1つは，

---

[1] 本章を執筆するにあたり，両編者をはじめ，日本学術会議国際地域開発研究分科会のメンバーの方々のご意見は大変参考になった．記して感謝申し上げたい．しかし，本章にあり得る誤りは，全て筆者の責任である．また，本章の主張の一端は高橋（2003）において既に展開していたが，本章では，より詳しく，データに基づく実証的検討を加え，議論を包括的にし，かつ深めている．なお，本章における援助額に関するデータは，特に断らない限り OECD. StatExtracts（http://stats.oecd.org/）より得られたものである．

第 I 部　これまでの日本の国際協力──アジアのビッグ・ドナーが果たした役割とは

この国が果たしてきた役割は，指導的なスマート・ドナーを目指す日本が参考にすべきものだということである．もう1つは，イギリスの掲げた「貧困削減」のための営為は，日本の援助とは質的・理念的に異なっていることである．日本とイギリスとの詳しい比較をしておくことは，日本の援助のあり方と今後への教訓を考える上でも有益であろう．

　ところで，対アフリカ援助では，自国の経済成長を背景に援助を拡大する中国やインドなど新興ドナーの存在感が近年高まりつつあるが，それに関わってここで重要なことは，日本の援助のあり方が，援助と自国の経済的利益を密接に関連させ，経済成長を重視する新興ドナーの援助の原型だと欧米の論者の一部から見られていることである．日本の中にもそうした見方を共有し，経済的利益への志向をより強めようとする動きもある．しかし，そうした見方だけで日本の援助を捉えると，現実の複雑さが無視されることになる．

　自立的な経済発展のために，アフリカがなすべきなのは，経済成長の成果を貧困削減につなげ，また貧困削減を通じて経済成長を持続可能なものとする回路を創り上げていくことである．そして，ドナー国はそのために各々に何ができるのかを考え，連携の上で分業をしていくことが必要であろう．ところが，国際援助コミュニティには多くの無理解や誤解，さらには対話の不十分さがある[2]．さらに，国際援助コミュニティに属さずに活動している新興ドナーとの間の対話はほとんど成立していない．それらを超えて日本が各ドナーを結集して経済成長↔貧困削減の回路の構築に貢献する途を探ることが本章の企図の1つである．

　本章の構成は以下のとおりである．まず第2節では，本章における考察の枠組みを示す．第3節では考察枠組みに沿って，日本とイギリスそれぞれの主要援助対象国の開発実績の違いを概観し，その実績が，両者の認識や援助のあり方をどう異なるものにしたのかを検討する．次に第4節では，日本とイギリス並びにすべてのドナー，DAC加盟国との定量的・定性的な比較を通じて，日

　2）　日本についての固定観念から自由でないと思われるイギリスの論者も，西側（西欧及び北米）諸国が新興ドナーばかりでなく，同じDACの一員である日本に注意をはらっていないことを戒めている（Mawdsley 2012）．日本の論者・関係者も，自らの西側のドナー諸国に関する理解について，同じように自戒しなければならないだろう．

第 3 章　アフリカ開発援助における日本の役割 ──イギリスとの比較を通じて

本の対アフリカ ODA の特徴を明らかにする．最後に第 5 節では，以上の考察を踏まえ，日本が他のドナー国との認識の違いを乗り越え，スマート・ドナーとしてアフリカなど後発の開発途上国において主導的な役割を果たすための課題について，筆者なりの考えを示す．

2　日本のアフリカ援助の考察の枠組みと視点

2.1　援助のあり方を規定する要因

既に，日本の援助を新興国の援助の原型とみなす見方があると述べた．例えばブローティガムは，現在の中国のアフリカ援助のあり方は，過去に自国が受けた日本の援助から学び，中国自身が形成したものだと述べている．中国は，例えば資源開発の資金と技術を中国に移転する一方で，資源確保という自己利益をも実現した日本の援助の受け入れを経験して，相互の利益の追求という援助のあり方を学んだという（Brautigam 2009)[3]．またモーズレイは，早くから DAC，すなわち先進援助諸国のクラブの一員であった日本は，その ODA の多くを大規模経済インフラに配分し，また借款を多用する点で DAC の中での例外であり続けてきたとし，さらにそうした経済重視の特徴はアジアの新興ドナー国と共通だとする（Mawdsley 2012）．過去の日本とアジア新興ドナーの援助のあり方が共通しているという指摘は，日本の論者にも見られる（小林 2007，下村他編 2013）．

果たしてそうした見方をそのまま受け取ってよいのか，以下で考えていこう．そこで本章として考慮したいのは日本を含む各国の援助がよって来たるところはどこか，ということである．あるドナー国のそれぞれの受入国に対する援助の規模，形態，分野（セクター）などの特徴を「援助のあり方」と呼ぶならば，それを規定する要因は，大きく (1) ドナー国側の要因[4]，(2) 受入国側の要因[5]，

---

3)　Jerve (2007) は，貿易と投資を援助と密接に関係させドナーと受入国の相互利益にかなっていたという日本の援助の経験に基づいて，中国とインドが，自らの援助をも捉えているとしている．

67

第Ⅰ部　これまでの日本の国際協力——アジアのビッグ・ドナーが果たした役割とは

図3-1　援助のあり方の規定要因

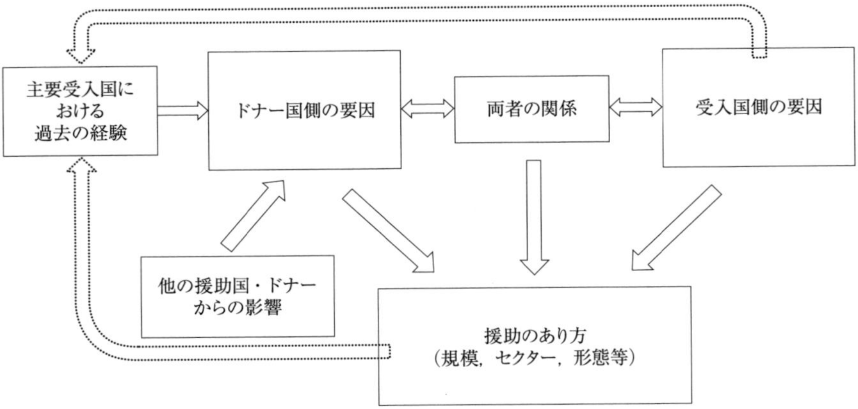

```
┌──────────┐   ┌──────────┐   ┌──────┐   ┌──────────┐
│主要受入国に│──▶│ドナー国側 │◀─▶│両者の│◀─▶│受入国側の │
│  おける   │   │  の要因  │   │ 関係 │   │  要因    │
│過去の経験 │   └──────────┘   └──────┘   └──────────┘
└──────────┘         ▲              │           │
                     │              │           │
              ┌──────────────┐      │           │
              │他の援助国・  │      ▼           │
              │ドナーからの  │   ┌──────────────┐
              │  影響       │──▶│ 援助のあり方 │
              └──────────────┘   │(規模,セクター,│
                                 │  形態等)     │
                                 └──────────────┘
```

出所：筆者作成.

(3) ドナー国と受入国の関係[6]の3つにまとめることができると考えられる（図3-1）.

　上述のように援助のあり方を規定する要因を複眼的に捉えることは，上で述べたような固定観念に修正を迫ることになる．およそすべての援助は，要請主義を掲げるか否かにかかわらず，実際の援助活動が行われる現場である受入国固有の事情を反映して行われざるを得ない．そして，あるドナー国は，ドナーとして成長を遂げ，専門的な援助実施機関を発達させて知識や情報を蓄積すればするほど，受入国の抱える開発・貧困削減上の課題に対してもより懇切に応えようとしていくだろう．したがって，そこには受入国側の事情に即し，また受入国とドナー国との関係に影響された特殊性や開発課題との固有の関係性が生まれていくと考えるべきである．

---

4) それぞれのドナー国におけるODAの動機・理念・位置づけ，ODAの制度・組織・供与の仕組み，当該ドナー国によって利用可能なリソース・知識・情報などを指す．
5) 経済財政規模，開発・貧困削減上のニーズ，受入援助の位置づけなどを指す．
6) ドナー国とそれぞれの受入国の間の政治・外交上の関係，経済関係，関係の歴史的経緯，交渉力の相互関係などを指す．

第3章 アフリカ開発援助における日本の役割 ——イギリスとの比較を通じて

2.2 過去の援助経験の重要性及び他のドナーからの影響

　以上のような要因に加えて，本章では，特にドナー側の現在の要因に対して，過去の主要な受入国における援助供与の経験が影響を与えることに注目したい．新興国が自分の受け入れた援助から学んで自国の援助を形成したというのがブローティガムの指摘であるが，自国が供与してきた過去の成功体験や反省から学ぶ余地はもっと大きいであろう．また個別のドナーのある時点での援助は，その国が過去に蓄積してきた開発・貧困削減に関する知識や技術の分野，質及び量に制約されており，またその国が過去に形成してきた援助に関わる行政的な制度や慣行によっても規定されているだろう．開発に関わる知識や技術，制度や慣行は，まずもって主要な受入国に対して援助を供与することを通じて蓄積されてきたと考えられる．そして，個別ドナーが蓄積した過去の経験は，援助の実施機関や，援助活動の実際を担うドナー国内の援助コミュニティ総体が保有していると考えるべきだろう．同時にそれは，各時点での援助のセクターや実施形態の下での経験や記憶が少しずつ積み重なることによって形成され，変化していくものでもあろう．

　過去に積み重ねられたものによる現在の援助のあり方の規定は，行財政の整合性・一貫性の要請，制度の慣性などと相まって，従来の援助の考え方，手法，形態が，援助受入国が異なり，その状況が変わっても適用される原因となるだろう．そして，援助事業に関わる既得権益構造は，過去の経験による現在の援助の規定を，より強めるものと思われる．

　もう1つ援助のあり方を考える際に重要なことは，特にDAC加盟国の場合には，イギリスにしても，日本にしても，他の援助国・ドナーとの関係性によって制約されているということである．それは既に触れたDACにおけるルールや合意事項に加えて，主要先進国首脳会議等（G8・G7）における合意，国連の諸会議における決議，相互の批判や競争による刺激からも影響を受けるだろうということである．この点についてより踏み込んで言えば，特に1990年代以降，イギリス・北西欧諸国等の主導で進んだ現場における援助協調も，DAC加盟国の具体的な援助のあり方に影響を与えた．ただ，西欧から遠い日

69

第 I 部 これまでの日本の国際協力──アジアのビッグ・ドナーが果たした役割とは

本にとって北西欧諸国を中心とした DAC 諸国から受ける影響は比較的弱かったと見るべきであろう．

 3 日本とイギリスの主要援助対象国の違い

3.1　日本とイギリスの主要援助対象国

　ここで，1997年という時点に着目し，日本とイギリスの主要対象国のあり方を比較してみたい．1997年はイギリスで労働党政権が成立し，援助政策について鮮明な政策転換が行われ，同国が援助改革における国際的リーダーシップの発揮に向けて積極的に乗り出した年である．他方，日本では1960年代から拡大を続けてきた ODA 予算がピークに達し，その後急激な削減が始まった年に当たり，ODA のあり方が転換点を迎えていた[7]．

　ある年までの主要援助対象国について見てみることは，上で述べたように，その時点でのドナー国の援助のあり方に影響を与えた過去の経験がどのような状況の中で蓄積されたのかを知るのに役立つと考えられる．そこで，1960年から1997年までの ODA 累計額をめやすとして，両国の援助対象国上位10か国を見てみると，日本の主要援助対象国上位10か国はエジプトを除きすべてアジアにあって，6か国（中国，インドネシア，フィリピン，タイ，韓国，マレーシア）が東アジアに属している．他方，イギリスの主要援助対象国10か国のうち，7か国（ケニア，ザンビア，タンザニア，マラウイ，ウガンダ，スーダン，ガーナ）はアフリカ諸国である．注意しておくべきはイギリスの主要援助対象国はすべて旧植民地である一方，日本の主要援助対象国のうち6か国は，第二次世界大戦後，賠償，準賠償，その他の補償が問題となった国だということである[8]．日英どちらも，それぞれの主要援助対象国に対して ODA を供与すべき外交的・道義的理由を生じさせる二国間の歴史的関係があった訳である．また日本の上位10か国への ODA 累積額は全体の59.9％を占めるのに対して，イ

---

7)　またアジア諸国への大量の民間資金の流入が通貨危機に結び付き，日本の主要な援助対象国が新しい段階に入っていることが示された画期の年でもあった．

70

第3章　アフリカ開発援助における日本の役割——イギリスとの比較を通じて

ギリスの場合は41.8%であって，日本にとって，限られたアジアの国での経験が比較的大きな比重を占めていることが窺える[9]．日本とイギリスの主要援助対象国について検討する際にまず踏まえなければならないのは，こうした両者の間の違いである．

3.2 主要援助対象国の開発実績

表3-1には，両国それぞれの主要援助対象国上位10か国から，共通している南アジアの3か国（インド，バングラデシュ，パキスタン）[10]を除く他の7か国について，その開発の実績と経済指標を示した．

まず，1980年の時点で，日本の主要援助対象国は，イギリスのそれに比較して，製造業比率，人間開発指数，都市人口比率が相対的に高かったことが見てとれる．そのことは，かなり早くから工業化や人間開発（Human Development）が進んでおり，日本の援助が応えるべき受入国側のニーズが，イギリスの主要対象国に比べて工業部門・都市地域に関連するインフラ，そして教育

---

[8] 植民地支配，侵略等の歴史は，賠償等が援助の起源になったというだけでなく，日本の援助にさまざまな直接，間接の影響を与えた．後段で見るように日本は援助受入国の内政に関与する欧米のアプローチとは距離を置いてきた．1973年の東南アジア諸国における反日暴動によって，賠償や補償にも拘らず続いている敵対感情の根強さを実感した日本政府は，77年の福田ドクトリンによって，軍事大国化の否定と工業化の支援を打ち出し，ODAをその手段とすることを明らかにし，改めて同諸国との関係強化に取り組み始めたのである．

[9] 97年の時点で，日本の過去のODA累積額における東アジアの比率は49.0%に及ぶ．他方，イギリスにとって過去のODA累積額におけるアフリカの比率は41.1%で，両者それぞれにとっての東アジアとアフリカの重要性が見てとれる．ただしこれは各案件の規模の大小を問わず（したがって各案件の金額の大きい借款と比較的小さい無償協力とを合わせて）計算したものであり，累積額の割合や順位が，過去の経験における重要性を示すものかどうかについては一定の留保が必要であろう．

[10] インドは日本にとって第5位のODA対象国（累計額86億9030万米ドル，同比率6.1%），イギリスにとっては群を抜いて首位の対象国（同じく55億9910万ドル，14.4%）である．バングラデシュは日本にとって第6位（同54億9431万ドル，3.8%），イギリスにとって第3位（同16億1697万ドル，4.2%），パキスタンは日本にとって第9位（同48億0347万ドル，3.4%）イギリスにとって第4位（同12億9828万ドル，3.3%）である．イギリスの方が，旧植民地でもあった南アジアに重点を置いていることがわかる．

71

第Ⅰ部　これまでの日本の国際協力──アジアのビッグ・ドナーが果たした役割とは

表3-1-①：日本とイギリスの主要援助対象国[1]へのODA額と開発実績

		総ODA供与額累計 (1960年〜97年)		1人当たりGNI (米ドル,1997年)	年平均GDP成長率		人間開発指数			製造業の対GDP比		
		(100万米ドル)	全体に占める比率		〜1997年	1997〜2012年	1980年	2000年	2012年	1980年	1997年	2012年
日本	インドネシア	19,348.6	13.5%	1,110	6.3%	3.7%	0.42	0.54	0.63	13.0%	26.8%	23.9%
	中国	13,241.1	9.2%	750	7.3%	9.7%	0.41	0.59	0.70	40.2%	33.2%	—
	フィリピン	10,976.2	7.7%	1,230	4.0%	4.3%	0.56	0.61	0.65	25.7%	22.3%	20.5%
	タイ	8,818.3	6.2%	2,740	7.5%	3.2%	0.49	0.63	0.69	21.5%	30.2%	34.0%
	エジプト	5,347.1	3.7%	1,160	5.5%	4.5%	0.41	0.59	0.66	12.2%	17.6%	14.7%
	韓国	4,847.7	3.4%	12,190	7.9%	3.8%	0.64	0.84	0.91	24.4%	28.3%	31.1%
	マレーシア	4,292.2	3.0%	4,570	7.2%	4.2%	0.56	0.71	0.42	21.6%	28.4%	24.2%
イギリス	ケニア	1,726.0	4.5%	390	4.8%	3.8%	0.42	0.43	0.52	12.8%	12.9%	10.4%
	ザンビア	1,257.9	3.2%	370	1.7%	4.9%	0.41	0.38	0.45	18.3%	13.2%	8.5%
	タンザニア	1,186.2	3.1%	210	3.1%	6.4%	—	0.37	0.48	—	6.9%	10.2%
	マラウイ	1,126.8	2.9%	200	4.2%	2.8%	0.27	0.35	0.42	13.7%	13.5%	—
	ウガンダ	856.9	2.2%	290	5.1%	6.7%	—	0.38	0.46	4.3%	8.6%	9.1%
	スーダン	770.3	2.0%	370	3.2%	4.1%	0.27	0.36	0.41	7.5%	8.8%	6.1%
	ガーナ	748.0	1.9%	400	2.3%	6.2%	0.39	0.46	0.56	8.1%	10.1%	6.9%

(次ページに続く)

第３章　アフリカ開発援助における日本の役割　──イギリスとの比較を通じて

表3-1-②：日本とイギリスの主要援助対象国の経済指標

	国	国内総貯蓄の対GDP比			対外公的債務残高の対GNI比			ODAの対GNI比			政府能力指数[2] (−2.5〜2.5)			都市人口比率		
		1980年	1997年	2012年		1997年	2012年		1997年	2012年		1996年	2012年	1980年	1997年	2012年
日本	インドネシア	38.0%	31.5%	34.5%		77.9%	69.6%		0.4%	0.8%		−0.42	−0.29	22.1%	38.1%	51.4%
	中国	34.8%	42.4%	51.6%		41.4%	5.2%		0.2%	−0.2%		−0.25	0.01	19.4%	32.9%	51.8%
	フィリピン	24.2%	14.4%	15.3%		82.1%	53.1%		0.8%	0.2%		−0.18	0.08	37.5%	48.2%	49.1%
	タイ	22.9%	35.1%	30.9%		44.9%	26.6%		0.4%	−3.8%		0.27	0.21	26.8%	30.6%	34.5%
	エジプト	15.2%	11.5%	8.0%		67.0%	36.0%		2.5%	0.7%		−0.21	−0.77	43.9%	42.8%	43.7%
	韓国	23.9%	33.4%	30.6%		—	—		0.0%	—		0.63	1.20	56.7%	78.8%	83.5%
	マレーシア	29.8%	43.9%	37.6%		55.6%	24.0%		−0.3%	0.5%		0.75	1.01	42.0%	58.2%	73.4%
イギリス	ケニア	18.1%	6.5%	2.9%		66.2%	67.8%		3.5%	6.5%		−0.34	−0.55	15.6%	18.9%	24.4%
	ザンビア	19.3%	10.7%	27.9%		270.8%	88.9%		16.7%	4.9%		−1.06	−0.50	39.8%	36.2%	39.6%
	タンザニア		5.4%	21.6%		68.9%			12.5%	10.1%		−0.73	−0.69	14.6%	21.2%	27.2%
	マラウイ	10.8%	−0.6%	—		185.8%	39.0%		13.1%	28.4%		−0.51	−0.50	9.1%	13.8%	39.6%
	ウガンダ	−0.4%	10.7%	8.9%		54.2%	57.3%		13.0%	8.5%		−0.73	−0.57	7.5%	11.8%	16.0%
	スーダン	2.1%	8.6%	12.5%		47.5%	113.6%		1.2%	1.7%		−1.12	−1.46	20.0%	32.3%	33.4%
	ガーナ	4.9%	4.2%	20.5%		89.7%	142.6%		7.3%	4.7%		−0.11	−0.07	31.2%	41.7%	52.5%

注：1）主要援助対象国は日本、イギリスそれぞれのODA累計額（1960〜97年）の上位10か国から、両国に共通の南アジア3か国（インド、パキスタン、バングラデシュ）を除いたもの。
2）「政府能力（Government Effectiveness）指数」は政府の政策決定実施能力や公共サービス・行政サービスの質等についての認識を指標化したものである。
3）表の網掛けはサハラ以南アフリカの国であることを示す。

出所：ODA（供与額累計）OECD StatExtracts；1人当たりGNI（国民総所得）、年平均GDP（国内総生産）成長率、製造業の対GDP比、国内総貯蓄の対GDP比、債務残高の対GNI比、ODAの対GNI比、政府能力指数、都市人口比率）World Data Bank；Human Development Reports.

や保健医療ではより高い水準にあったことを示唆している．さらに都市人口の多さはそれを支える食糧供給力がそれぞれの国で発達していたことをも意味していよう．他方，イギリスがより基礎的な教育・保健を中心とする人間開発を重視してきたことも，同じように従来の主要対象国の状況を反映したものだと説明することができる．次に，1997年の時点で，日本の主要援助対象国には，韓国をはじめ過去の経済成長率が良好で所得の目覚ましく向上した国が多い．また，1980年と2000年の人間開発指数を見比べると，その間にこれら7か国において教育や保健医療でさらに大きな進捗があったことが推測できる．

　これらのうち，特に東アジアの国は円借款を継続的にまた年を追うごとに多く受け入れ，それは，上記のような工業，都市及び高度な人的資源の開発に用いられてきた．円借款の継続的な拡大を可能にしたのは，1980年の時点で既に相当に高かった国内貯蓄率に象徴される受入国側の資金的余裕がいっそう大きくなっていったことである．加えて，日本のODAのもう1つの特徴は，技術協力の大きさ，活発さであり，そのことにも，東アジア地域の工業化，都市化，人的資源開発によって，技術協力に対するニーズが増加し，また高度化していったことが寄与している．

　これに対して，イギリスの主要援助対象国の97年までの経済成長率はおしなべて低く，ザンビアやガーナの場合は人口増加率を下回っている[11]．また人間開発状況も，日本の主要援助対象国に比べて立ち遅れており，2000年に人間開発指数が0.5に達している国は1つもない．ザンビアの場合には同指標が低下さえしている．

　日本の主要援助対象国の開発における良好な実績と密接に関連しながら進んできたのが，工業化である．1980年以前から速やかな工業化が進んでいた韓国はもちろんとして，インドネシア，タイ，マレーシアなど，1990年代後半までに急速に工業化を遂げた国が含まれており，そのことは，1980年から2000年にかけての製造業のGDPに占める比率の上昇に示されている．中国では製造業の比率は下がってはいるが，この間に世界の工場としての地歩を固めつつあったことは言うまでもない．そのようにアジア諸国で工業化が順調に進展する時

---

11)　またウガンダは経済成長率が比較的高くなっているが，これについては経済が著しく低迷した1970年代が計算に含まれていないことに注意が必要である．

代に日本のODAは供与された．特筆すべきことは，こうした工業化の過程で日本企業が大きな役割を果たし，日本とそれぞれの国との間で貿易と投資の密接な関係が結ばれたことである[12]．他方で，イギリスの南アジアを除く主要援助対象国では，目覚ましい工業化は起こっていない．おしなべて製造業の比率は低く，ザンビアやマラウイのように同比率が下がっている例もある．

さらに異なるのは，それぞれの主要援助対象国における債務負担であった．1997年はアジア通貨危機が発生した年であり，アジア・アフリカ双方の国々の債務問題が表面化した．アジアで大きな問題となったのは民間債務で，日本も二国間支援を通じて資金繰りを支援した．イギリスの主要援助対象国では，特にザンビアやマラウイに見られるように，ODAの借款を含む政府公共部門の債務が相対的に大きな規模に上った．これらの国は，援助等の公的借款の返済さえ滞る深刻な状況になり[13]，この後イギリスは，G8などにおいて，「重債務貧困国」の救済スキームの構築に積極的な役割を果たしていった．これらの国を主要援助対象国としないが，債権国である日本は，債務救済に不承不承ながら従うことになった（Short 2004）．

3.3　主要援助対象国における経験と日英両国の認識の違い

こうした過去の主要援助対象国における開発実績の差が，日英両国において，途上国における問題状況，また援助が抱える課題についての認識の大きな違いをもたらしたものと思われる．

日本にとって，主要対象国である東アジア諸国への援助供与の経験は，東アジアの高い経済成長，人間開発の進展，工業化に伴走した歴史であり，また，日本と対象国との間で貿易と投資が急速に拡大した過程に並行した歴史でもあった．援助のプロジェクトごとの反省はあっても，援助の全体的な効果に疑問

---

[12] 日本の政府周辺では，こうしたプロセスの機動力となったことに日本のODAの積極的な役割と見なす「ジャパンODAモデル」の主張が見られた（産構審小委員会 2005）．
[13] 援助を含む公的対外債務はおしなべて借り手にとって有利な条件のものであり，民間資金にアクセスできない低所得国の最後の資金的なよりどころ（無償援助を除く）であって，その返済が滞る事態はきわめて深刻だと言わなければならない．

第Ⅰ部　これまでの日本の国際協力――アジアのビッグ・ドナーが果たした役割とは

を差し挟む余地は少なかった．むしろ，日本の関係者はその経験に肯定的な価値を見いだしていったと考えられる．それを象徴するものが，「自助努力の支援」の理念である．これは，1992年に政府開発援助大綱に掲げられ，1990年代以降日本なりの援助アプローチとして有力な論者たちが挙げるようになった理念でもある（西垣・下村 1993, 西垣他 2009, 小浜 2013参照）．社会経済発展の過程で発揮される途上国側の様々な主体的な努力を支援することに援助の中心的な役割を認めるものであり，そうした認識は1990年代までの東アジアとの伴走のなかで日本が累積的に形成してきたものだと言ってよいだろう[14]．そして，全体として高い開発成果を挙げた主要対象国での経験を通じて，日本の援助のあり方が形成された．その，他のドナーと比べての特徴は，援助プロジェクトを次々と供与して，円借款による経済インフラの整備を進め，無償資金援助や技術協力を活用して，工業ほかの生産部門を重視しつつ，都市化し，人的資源を高度化させていく受入国を支援するというものであった．そうしたところから，欧米の論者の日本の援助のイメージも形成されたのであろう．

この時期の日本にとっては，イギリスなど北西欧諸国を苦しめていた「援助疲れ」は相当程度対岸の火事だった．ただ，1990年代後半には財政逼迫を背景に，既往の主要援助対象国が卒業を遂げる中，日本の援助予算の長期にわたる削減の開始という転換が生じた．その後，日本の援助予算が急激に削減されていったのは，東アジアの対象国の経済成長を，ODAを通じて支援するという役割に一定の区切りがついたことをも意味しているだろう．それはまた，日本の援助が東アジアにおける過去の経験に強く制約されていたことの証左と言ってもよい．

他方，イギリスにとって，アフリカの主要援助対象国の過去の劣悪な開発実績は失望を生み，その失望が援助疲れを生んだ．冷戦の終焉後の1990年代，援助の外交的重要性が低下すると，援助はその存在理由をさえ揺るがされるよう

---

[14] 「自助努力の支援」が1990年代以降の日本の援助の中心的な理念となったことは，援助のあり方が，援助対象国との関係を含む過去の援助経験の中で形成されるものであることを典型的に示す例だと考えられる．主唱者の渡辺がいうようにこの理念は，元々先験的に掲げられてはおらず，日本の援助経験の中で時間をかけて形成されたからこそ，日本のアプローチの特徴をよく表す理念と捉えられているのだろう（渡辺 1991）．

第3章　アフリカ開発援助における日本の役割　──イギリスとの比較を通じて

になった．援助疲れの原因は何か，言い換えれば，貧困の削減になぜ援助は役に立たなかったのか，そして，援助の効果を上げるためには何をしなければならないのかという問いがイギリスの援助関係者に突き付けられた．援助の開発・貧困削減への低い効果の原因と考えられたのは，第一に援助受入国側のガバナンス・行財政の劣悪さであり，第二に援助の供与の拙劣さであり，その2つは連関したものと捉えられていた．これらの問題意識は，1990年代半ば以降，イギリスに限らず北西欧諸国あるいは世銀周辺でさかんとなった援助の効果と改革をめぐる議論の底流をなすものとなった（Carlsson et al. eds. 1997, World Bank 1998, Burnside and Dollar 2000）．

　自らの主要援助対象国において経済成長・工業化が停滞し，教育や保健における遅れ，すなわち人間貧困（Human Poverty）が打ち続いていることは同時に，経済成長・工業化を経由することなく，人間貧困の削減を重点的に実現しようとする発想を，イギリスを含む北西欧諸国や世銀の関係者の間で強めた[15]．1999年に債務救済の条件として策定が義務付けられた文書の名称が「貧困削減戦略」とされ，ミレニアム開発目標が人間貧困の削減を主要項目として掲げるようになったのは，その発想が具体化したものと言ってもよいだろう．

　そこには1970年代にベーシック・ヒューマン・ニーズ（Basic Human Needs：BHN）支援を促進したのと類似した，経済成長の成果は貧困層には均霑（トリックル・ダウン）し難いという悲観論（西垣他 2009）が混入していた[16]．市場を通じた産業連関の拡大をトリックル・ダウンの主因と考えるのな

---

[15]　OECD（1996）参照．この文書は，冷戦後の援助の役割を再定義したものとして知られているが，途上国開発における民間の主体の役割が拡大するなかで，教育と保健を援助の最も重要な役割として位置づけ直す考えが打ち出されている．なお，西垣・下村（1993）はイギリスの援助が一貫して貧困削減を目的として明確に掲げてきたと指摘しているが，それはこの国の社会の持つ価値観や理念ばかりではなく，主要援助対象にし続けなければならない国々において貧困が最大の問題である状況が変わらず，その課題を重視する他なかったことの結果でもあったということができよう．

[16]　Mawdsley（2012）．モーズレイ自身は，人間貧困削減及びガバナンス改革を支援の直接対象とすることを肯定的に捉えつつ，その偏重が経済成長の必要性への関心を弱めることへの懸念には理解を示している．いずれにせよ，こうした人間貧困削減への直接支援を推奨する考え方は，日本の一部論者にある「BHN（中略）は経済成長の達成によって，国内的に充足すればよい」（小浜 2013）という発想とは大きく異なっている．

第Ⅰ部　これまでの日本の国際協力——アジアのビッグ・ドナーが果たした役割とは

ら，BHN 支援は市場の機能を悲観し，政府の社会開発政策を通じて直接的に貧困を削減しようとするものだった．こうした1970年代と1990年代後半以降とで問題意識が異なっていたのは，上で触れたような援助対象国のガバナンス・行財政の弱さの認識により，政府の機能についても悲観的な見方が欧米ドナーの間に広がっていたことであろう．表3－1に示したように，政策の策定・実施を担う政府の能力は，1990年代半ばにはおしなべてイギリスの主要援助対象国の方が低かったと見られている．アフリカでの援助疲れの経験を通じて，受入国の政府が資金を確保し，公共財の供給を行い，その便益を国民に広く浸透させる能力への厳しい見方が強まり，途上国政府の改革が北西欧諸国や世銀による援助の主要な対象となっていったのである．この点でも，日本とイギリスが直面していた状況は異なっていた．

　受入国政府の問題に加えて援助のあり方にもメスが入れられた．受入国政府の管理コストを過剰に増やして政策の運営実施を困難にし，他方で政府の行財政と連結しないために個々のプロジェクトの効果，ひいては全体の開発効果も低くとどまる「援助プロジェクトの氾濫」（Cassen et al. 1994），また，一度資金を受入国に供与すると資金の代替可能性（ファンジビリティ）のために，全体の資金の使途が供与側の意図とは異なりかねないという問題（World Bank 1998）などが，援助の失敗として論じられるようになった．

　ここで強調しておくべきことは，1990年代後半のイギリスの援助改革及び貧困削減の直接的支援に関する強い問題意識は，広く他のドナーに共有されていた，ということである．労働党政権下のイギリスが貧困削減を理念的主軸とする国際援助潮流を主導し得たのは，1つには，他の DAC 諸国，特に北西欧諸国及び世銀と過去の累積的経験を共有していたことだろう．すなわち，開発・貧困削減が停滞したアフリカ諸国を主要な援助対象として，援助効果向上のために試行錯誤を重ね，「援助疲れ」を覚えたという経験である．逆にそれは日本が深く共有しない経験でもあり，上述のように日本が DAC 加盟国において特異と見られていることの背景にある．

　さて，本章にとっての問題は，イギリスとは異なるかたちで援助経験を積み重ねてきた日本のアフリカ向け援助は，一体イギリス等とどのように異なり，また同じであるのか，そして，それは開発・貧困削減の支援，そして援助効果

第3章　アフリカ開発援助における日本の役割 ――イギリスとの比較を通じて

の向上の観点からどのように評価されるべきなのか，ということであろう．

4　日本，イギリス及びその他のドナーのアフリカ向けODAにおける違い

4.1　日本とイギリスの対アフリカ支援における比較

　日本とイギリスの援助のあり方はアフリカで具体的にどのように展開されているのかを，他のドナーとの比較も交えながら，以下で検討することにしよう．日本とイギリスの対アフリカ支援はその履歴と同様に大きく異なるのか．それとも，両国の過去の経験等の要因は異なるとしても，同じアフリカを支援しているために，アフリカの抱える課題に応えてきたことによる何らかの共通点があるのか，検討に当たってこれらのことを念頭に置くこととしたい．

　また，ここでの比較検討で踏まえるべきことは，イギリスが1990年代の末から最近まで援助改革の議論と実践で果たしてきた積極的な役割である．その柱となったのが，貧困削減戦略の策定から実施を経てその成果のモニタリングに至る政策的関与，一般財政支援導入を中心とする援助手法の改編，そしてそれらを通じた援助対象国の行財政改革である．そこには，援助の効果向上のためには援助側による関与が重要であり，また効果が低くなりがちなプロジェクト型援助を脱却して財政支援を重んずるべきだという発想があった．また新しい援助を通じて実現するべきなのは，人間貧困の削減であり，それは2000年の国連特別総会決議に基づく「ミレニアム開発目標」の主要部分として掲げられた．こうした議論と実践を通じて，実際に対アフリカ援助は大きく変化を遂げてきた．その変化に日本はどのように対応してきたのか，それもイギリスとの比較の上で重要であろう．

4.2　援助対象国・地域の比較

　表3-2は，すべてのドナー[17]，DAC加盟国全体，日本，及びイギリスにつ

79

第Ⅰ部　これまでの日本の国際協力──アジアのビッグ・ドナーが果たした役割とは

表3-2-① 2012年の全ODA地域別配分（コミットメントベース、単位：100万米ドル）

	合計		サハラ以南アフリカ		東アジア		その他のアジア		後発途上国		重債務貧困国	
全ドナー	142,904.9	100.0%	51,794.8	36.2%	13,035.6	7.6%	37,566.4	21.9%	47,791.6	33.4%	45,123.0	31.6%
DAC加盟国	80,525.6	100.0%	27,469.5	34.1%	9,838.9	12.2%	23,018.2	28.6%	27,303.6	33.9%	25,548.7	31.7%
日本	15,710.1	100.0%	2,144.5	13.7%	3,982.9	25.4%	6,879.9	43.8%	3,274.5	20.8%	2,293.6	14.6%
うち無償	5,406.6	100.0%	1,574.5	29.1%	1,093.1	20.2%	1,784.6	33.0%	2,905.2	53.7%	2,257.5	41.8%
うち借款	10,300.8	100.0%	569.9	5.5%	2,889.8	28.1%	5,092.5	49.4%	369.3	3.6%	36.0	0.3%
イギリス	3,436.8	100.0%	1,783.0	51.9%	115.1	3.3%	987.7	28.7%	1,540.8	44.8%	1,373.6	40.0%

表3-2-② 1997年の全ODA地域別配分（コミットメントベース、単位：100万米ドル）

	合計		サハラ以南アフリカ		東アジア		その他のアジア		後発途上国		重債務貧困国	
全ドナー	40,687.7	100.0%	10,985.4	27.0%	8,185.9	20.1%	11,018.7	27.1%	11,192.6	27.5%	10,475.8	25.7%
DAC加盟国	28,595.1	100.0%	6,689.8	23.4%	6,574.1	23.0%	6,956.0	24.3%	6,398.1	22.4%	6,369.5	22.3%
日本	11,307.6	100.0%	762.1	6.7%	4,698.8	41.6%	3,804.4	33.6%	1,144.6	10.1%	898.1	7.9%
うち無償	2,146.4	100.0%	630.2	29.4%	394.6	18.4%	535.6	25.0%	1,009.2	47.0%	621.2	28.9%
うち借款	9,161.2	100.0%	132.0	1.4%	4,304.2	47.0%	3,268.7	35.7%	135.3	1.5%	276.9	3.0%
イギリス	1,563.6	100.0%	606.7	38.8%	89.2	5.7%	498.1	31.9%	586.1	37.5%	644.8	41.2%

注：対象国が特定されていないODA額を除く。
出所：OECD.StatExtracts Creditor Reporting System（http://stats.oecd.org/Index.aspx?datasetcode=CRS1）．

第3章 アフリカ開発援助における日本の役割 ——イギリスとの比較を通じて

いて，OECD の公開されたデータ（CRS：Creditor Reporting System）に基づき ODA 額の地域別配分を見たものである[18]．直近の2012年に加えて，上で述べたような日英両国 ODA の画期であった1997年についても示している．

さて，表3-2-①に見るように，2012年における日本の ODA 額の地域別配分には明らかな特徴が見られる．それはアフリカへの相対的に少ない ODA 額の配分（13.7％）である．半分以上（51.9％）をアフリカに配分しているイギリスとは対照的であり，また全ドナー（36.2％），あるいは DAC 加盟国全体（34.1％）からもかなり乖離している．同じ傾向は，後発途上国及び重債務貧困国それぞれへの ODA についてもある程度認めることができる．つまり，日本は，ODA の国別の配分においてイギリスに代表されるアフリカ・貧困国支援重視の方向性からは距離を置いてきた．それは，既に述べたアジアを主要援助対象としてきたことの裏返しであり，それが2012年にも当てはまるということである．

ただ，ここで2つのことに注意する必要がある．第一に，日本の ODA を無償資金協力と借款（円借款）に分けてみると，上のこととは少し異なる傾向が浮かび上がる．2012年の日本の無償協力において，アフリカへの配分比率（29.1％）は，イギリスにははるかに届かないものの，DAC 加盟国全体とそれほど変わらない．後発途上国，重債務貧困国向けについてはむしろ，イギリスをも上回っている．つまり，無償についてはアフリカ・貧困国支援重視と呼んでもよい配分となっている．

他方，円借款については，アフリカが5.5％などドナー国全体の配分のあり方からは乖離している．ちなみに，イギリスは現在では借款による ODA は供与していない．日本の ODA 額の国・地域別配分をイギリスはじめ他のドナーと異なるものにしているのは円借款であり，前の節で見たように円借款は，日本の東アジアなどの主要援助対象国における経済インフラ等のニーズに応えるための手段だった．そのことが，日本の援助全体の国・地域別配分をも現在に至るまで特徴づけていると考えられる．ただし，重債務貧困国の多いアフリカ

---

17) DAC 加盟国以外にも OECD にデータを申告したドナー国と国際機関を含んでいる．
18) ここでの額は約束額（コミットメント）ベースのものであり，借款の返済額が差し引かれていないので，純粋なリソースの移転を示すものではないことに注意が必要である．

に対しては先に述べたように債務救済が行われたため，円借款の供与はしばらく限られるようになった．

注意すべき第二の点は，過去からの変化である．日本は，1997年（表3-2-②）に比べ2012年（表3-2-①）には，最大の援助対象であった東アジア諸国の「卒業」に伴い，それらへの配分の比率を大きく減らしている．日本はその一方でアフリカ，そして後発途上国，重債務貧困国の比率を増やしている．これはイギリスも含め，他のドナーにも共通の現象である．

4.3　ODAのセクター別配分における特徴

次に，ODAのセクターごとの配分を見てみよう．

表3-3は，CRSによって2012年のODAのセクターごとの配分を，すべての地域（表3-3-①）とアフリカ向け（表3-3-②）について見たものである．これらによれば，日本の全地域向け及びアフリカ向けともに，社会開発への配分比率は，他のドナーよりも低くなっている．しかし，地域別の配分と同じく，これを無償と借款に分けてみると，異なる傾向が見える．全地域向けの無償協力の社会開発への配分比率は，33.8％と他に比べてそれほど小さくはなく，またアフリカ向けについては，49.0％とイギリス（47.2％）をも上回っている．これは，アフリカ開発における主要課題とされてきた人間貧困削減という方向性に沿ったものだと言ってよい．

他方，日本の無償は他のドナーに比べると生産部門に向けられた比率がやや高く，アフリカ向け円借款が特化しているセクターが経済開発であることともに，これらに限られた配分しかしていないイギリスとは異なっている．無償資金協力においても経済開発と生産部門の支援を重視するのは，東アジアを中心とした過去の累積的経験のなかで形成された日本のアプローチと通底していると言ってよいだろう[19]．

しかし，1997年のアフリカ向けの無償における経済開発と生産部門の比率は，

---

[19] OECD.StatExtractsで最も遡れる1995年の無償協力総体においては，経済開発と生産部門はそれぞれ18.5％，22.5％となっている．1995年の東アジア向けの無償において経済開発と生産部門重視はより顕著で，配分比率はそれぞれ27.0％と28.8％となっている．

第3章　アフリカ開発援助における日本の役割 ――イギリスとの比較を通じて

表3-3-①　2012年の全地域向けODAセクター別配分（コミットメントベース、単位：100万米ドル）

	合計		社会開発		教育		保健		経済開発		生産部門		一般部門		一般財政支援		人道援助	
全ドナー	171,705.3	100.0%	63,966.8	37.3%	12,250.4	7.1%	9,954.9	5.8%	37,167.5	21.6%	17,534.5	10.2%	6,627.9	3.9%	4,472.6	2.6%	11,702.2	6.8%
DAC加盟国	104,543.3	100.0%	41,882.5	40.1%	8,546.8	8.2%	5,448.2	5.2%	18,316.9	17.5%	8,173.5	7.8%	3,039.0	2.9%	1,184.6	1.1%	8,730.9	8.4%
日本	17,269.6	100.0%	4,470.0	25.9%	787.9	4.6%	819.4	4.7%	6,991.8	40.5%	1,675.4	9.7%	518.5	3.0%	165.1	1.0%	740.2	4.3%
うち無償	6,966.0	100.0%	2,354.0	33.8%	787.9	11.3%	532.9	7.6%	727.8	10.4%	765.1	11.0%	357.8	5.1%	4.4	0.1%	740.2	10.6%
うち借款	10,300.8	100.0%	2,116.1	20.5%	0.0	0.0%	286.6	2.8%	6,261.3	60.8%	910.3	8.8%	160.7	1.6%	160.7	1.6%	—	
イギリス	5,785.3	100.0%	2,113.0	36.5%	658.3	11.4%	454.9	7.9%	766.6	13.3%	316.3	5.5%	227.9	3.9%	197.8	3.4%	645.6	11.2%

表3-3-②　2012年のアフリカ向けODAセクター別配分（コミットメントベース、単位：100万米ドル）

	合計		社会開発		教育		保健		経済開発		生産部門		一般部門		一般財政支援		人道援助	
全ドナー	51,794.8	100.0%	21,849.9	42.2%	2,912.1	5.6%	4,660.2	9.0%	9,377.6	18.1%	5,383.8	10.4%	4,329.4	8.4%	3,002.5	5.8%	4,632.0	8.9%
DAC加盟国	27,469.5	100.0%	12,314.1	44.8%	2,160.8	7.9%	2,321.2	8.5%	2,420.8	8.8%	2,322.8	8.5%	1,767.7	6.4%	728.8	2.7%	3,997.8	14.6%
日本	2,144.5	100.0%	771.2	36.0%	233.3	10.9%	162.2	7.6%	715.6	33.4%	221.1	10.3%	132.3	6.2%	4.4	0.2%	227.6	10.6%
うち無償	1,574.5	100.0%	771.2	49.0%	233.3	14.8%	162.2	10.3%	145.7	9.3%	221.1	14.0%	132.3	8.4%	—		227.6	14.5%
うち借款	569.9	100.0%	—		—		—		569.9	100.0%	—		—		—		—	
イギリス	1,783.0	100.0%	841.3	47.2%	262.6	14.7%	186.7	10.5%	119.1	6.7%	84.0	4.7%	204.5	11.5%	197.8	11.1%	442.5	24.8%

出所：OECD.StatExtracts Creditor Reporting System (http://stats.oecd.org/Index.aspx?datasetcode=CRS1)．

それぞれ18.2%と22.5%であり，それは15年後には表3-3-②に示したように大きく低下している．また，現在日本を含めほとんどのドナーがアフリカの生産部門支援で重視しているのは，工業・製造業ではなく農業である．表3-1の低い製造業比率や都市人口率が示すように，アフリカにおいては農業・農村の相対的重要性が大きい．日本の対アフリカの生産部門向け無償協力では他のDAC諸国とほぼ同等の比率が農業に向けられており，それはイギリスよりも高い[20]．特に日本は，アフリカでのコメ増産プログラムを促進しようと注力している（ボックス2（大塚）参照）．

このように日本のアフリカ支援のセクター別配分は，過去の東アジア型の累積的経験の影響を残しながらも，同時にアフリカの状況に合わせて相当程度調整されていると言ってよい．両国のアフリカにおけるさらなる違いは，人道援助の配分比率に加えて，一般部門，特に一般財政支援への配分比率について日本が小さく，イギリスが大きいことである．イギリスの一般財政支援重視の持つ意味については後段で論ずることとしよう．

4.4　ODAの形態別の配分における特徴

ODAは，どのようなかたちをとるかで，財政支援，プロジェクト型支援，基金・国際機関・NGOへの拠出等に分けることができる．このような援助の形態は，ドナー間で異なっている．既に述べたような1990年代末以降の援助改革の試みの中で，この点は大きな意味を持った．とりわけ鍵となるのは，財政支援とプロジェクト型支援の配分であろう．

イギリスをはじめとする北西欧諸国は，既に述べたようにプロジェクトを「氾濫」させる状況を問題視して，できる限り援助協調を進めるとともに，プロジェクトの件数を抑制して，援助全体をプログラム型の支援[21]，その中でも

---

20) 2012年の日本の対アフリカ生産部門向け無償協力のうち88.7%が農林水産業向けとなっており，DAC諸国全体の89.1%と遜色なく，全ドナーの83.6%やイギリスの70.7%を上回っている．ちなみに，日本の対東アジア向け無償協力では，農林水産業の占める比率は49.7%となっている．

21) 後段で見るパリ宣言では，援助の3分の2を，プログラムを通じて供与することが目標とされた．

第3章　アフリカ開発援助における日本の役割 ——イギリスとの比較を通じて

財政支援に置き換えていくことを企図した．

またアフリカをはじめとする途上国で広範に財政逼迫状況がある中，教育や保健での開発政策を進めるために投資費用ばかりでなく経常費用[22]をも手当てすることの必要性が強く認識されるようになった（ICAI 2012）．財政支援は，個別のプロジェクトと異なり，受入国政府の国庫を直接支援するものでドナーはその使途について発言権を持つようになるため，受入国の開発政策にドナー側の意見を反映させるための手段として有効なものと考えられたのである．そこで問題となったのは，人間貧困の削減に向けて，ドナー側と受入国側のリソースを集中して投入することであった．一般財政支援以外に個別セクターでの財政支援，また教育や保健などのセクターや活動ごとに設けられるコモン・バスケットなども細部に違いはあるが，同様の発想に立つものと言ってよいだろう．

2005年には，イギリスをはじめとする北西欧諸国の主導で，「援助効果向上に関するパリ宣言」が採択されたが，そこでは，(1)援助受入国の主体性，(2)受入国の開発政策へのアラインメント（整合化），(3)援助手続きの調和化，(4)結果重視のマネジメント，(5)関係主体相互の説明責任が謳われた．特に重視されたのは主体性とアラインメントであり（OECD n.d.），一般財政支援は，プロジェクトの氾濫を抑えて受入国政府の開発政策での主体性を回復させ，同時にドナーの拠出した資金をその政策に整合化させるという意味で，最も適した援助の手段だと考えられたのである．

上述のような考えに基づき，イギリス政府は世銀等と連携して，一般財政支援のアフリカの国々等への供与を積極的に推し進め，プロジェクト型支援の抑制につとめたのである．表3－3や表3－4に見られるように，2012年のイギリスの一般財政支援のODA全体に占める比率は3.4％と小さいが，一般財政支援が最も大きくなった2009年には25.2％を占めた．同国のアフリカ向けの支援では，一般財政支援は11.1％と日本よりはるかに大きい．

日本はこうした動きに必ずしも同調せず，プロジェクト型支援を多数維持した．その結果，表3－4に見られるように，他のドナーとの形態別配分の差が

22）　給与，光熱費，交通費など行政活動で日々費やされる支出．施設の建設などの投資費用と区別され，伝統的には外国援助の対象とはされていなかった．

第Ⅰ部　これまでの日本の国際協力──アジアのビッグ・ドナーが果たした役割とは

表3-4-①　2012年のODA全体・形態別配分（コミットメントベース，単位:100万米ドル）

	合計		財政支援		うちサハラ以南アフリカ		うち一般財政支援		プロジェクト型支援	
全ドナー	171,705.3	100.0%	12,606.4	7.3%	5,482.0	3.2%	4,286.3	2.5%	118,416.8	69.0%
（上記のうちの借款）	53,958.6	31.4%	3,451.4	2.0%	2,352.9	1.4%	2,168.4	1.3%	50,366.8	29.3%
DAC加盟国	104,543.3	100.0%	5,783.1	5.5%	1,621.4	1.6%	1,026.8	1.0%	63,610.8	60.8%
（上記のうちの借款）	21,082.8	20.2%	377.1	0.4%	186.4	0.2%	347.1	0.3%	20,516.4	19.6%
日本	17,269.6	100.0%	178.9	1.0%	10.6	0.1%	165.1	1.0%	14,444.6	83.6%
（上記のうちの借款）	10,300.8	59.6%	160.7	0.9%	0.0	0.0%	160.7	0.9%	10,140.1	58.7%
イギリス	5,785.3	100.0%	567.0	9.8%	280.9	4.9%	197.8	3.4%	2,327.2	40.2%
（上記のうちの借款）	0.0	0.0%	0.0	0.0%					0.0	0.0%

表3-4-②　2012年のアフリカ向けODA・形態別配分（コミットメントベース，単位:100万米ドル）

	合計		財政支援		うち一般財政支援		プロジェクト型支援	
全ドナー	51,794.8	100.0%	5,482.0	10.6%	3,000.9	5.8%	36,558.8	70.6%
（上記のうちの借款）	16,438.8	31.7%	2,352.9	4.5%	1,564.7	3.0%	13,945.7	26.9%
DAC加盟国	27,469.5	100.0%	1,621.4	5.9%	728.2	2.7%	17,257.0	62.8%
（上記のうちの借款）	2,986.2	10.9%	186.4	0.7%	186.4	0.7%	2,659.6	9.7%
日本	2,144.5	100.0%	10.6	0.5%	4.4	0.2%	1,706.8	79.6%
（上記のうちの借款）	569.9	26.6%	0.0	0.0%			569.9	26.6%
イギリス	1,783.0	100.0%	280.9	15.8%	197.8	11.1%	1,013.1	56.8%

注：財政支援にはコモン・バスケット（共通基金）への拠出も含む．
出　所：OECD.StatExtracts Creditor Reporting System (http://stats.oecd.org/Index.aspx?datasetcode=CRS1)

生まれた．同表が示すように2012年，日本のODA総体に占めるプロジェクト型支援の比率は，全ドナー，DAC加盟国全体と比べて相当高く，特にイギリスとは対照をなしている．これは部分的には過半を占める借款のほとんどがプロジェクト型支援であることによっている．無償だけで形態別の分類を見ると，よりプロジェクト型支援の比率は下がるが，依然として他よりも高い[23]．この点はすべての途上国についても，アフリカについても言えることである．

[23] 日本の無償全体に占めるプロジェクト型支援の比率は61.8%で，DACの支援平均の51.6%よりも高く，また対アフリカ無償協力に占めるプロジェクト型の比率は72.2%で，DACの支援平均の59.6%よりもやはり高い．

第3章 アフリカ開発援助における日本の役割 ——イギリスとの比較を通じて

　紙幅の関係から詳述はできないが，経済開発支援はインフラの施工を内容とすることが多く，プロジェクトが多くなる傾向があるため，それが日本のプロジェクト支援の比率を高くしている一因である．が，日本の援助においては，社会開発支援でもプロジェクトが多い．また，援助プロジェクトの氾濫に関しては，プロジェクト型支援の占める比率だけが問題なのではなく，プロジェクトの件数も問題であるが，アフリカにおける日本の援助案件件数は抑制されず，イギリスよりもかなり多くなっているのである[24]．

　プロジェクト型支援の比率が高い反面，表3-4-①に見られるように，日本の財政支援及びそのうちのアフリカ向け，また一般財政支援の額・比率ともにわずかである．また表3-4-②によりアフリカ向け ODA についてだけ見ても，財政支援と一般財政支援それぞれの額・比率はわずかであり，イギリスとの間の大きな違いとなっている[25]．

　こうした対アフリカ ODA におけるプロジェクト型支援の比率の差，また財政支援並びに一般財政支援への重点の置き方の違いは，アフリカにおける日本とイギリスの援助アプローチの根底にある質的な相違に関係していると考えられる．次項ではそのことを考えてみよう．

4.5　日英の対アフリカ援助におけるアプローチの質的な違い

　日本とイギリスの対アフリカ援助の質的な違いを大きく規定しているのは，前の節で見た対象国の政治・行政についての関与のあり方であろう．

　パリ宣言は，援助受入国に対して政策を実施し，説明するための行財政システムの強化・改革を求めており，それと同時にドナーに対しては，できる限り受入国側の行財政システムを用いるかたちで援助を供与することを求めた．一般財政支援は，この要請に照らして，最もパリ宣言の理想的な援助のあり方を

---

[24]　2012年のアフリカにおける援助案件数は，イギリスは2276件，日本は4430件となっている．

[25]　日本の ODA における財政支援は，2006年に創設された貧困削減戦略支援無償というスキームと，世界銀行・IMF との協調融資（借款）を通じて主に行われている．アフリカよりも，むしろ，東アジアにおいて，借款を通じてより多くの一般財政支援を供与している．

87

第 I 部　これまでの日本の国際協力——アジアのビッグ・ドナーが果たした役割とは

実現する形態だと考えられたのである．

　パリ宣言の骨子は，それ以前のイギリス政府の文書などと引き比べてみるとわかるように，イギリスの考え方を大きく反映している[26]．そうしたイギリスの影響力を支えていたのが，上で述べたような政府の能力への不信がドナー間で広範に共有されていたことであった．1990年代後半以降，イギリスはじめ北西欧諸国，並びに世銀等の問題意識は，援助が意図する効果＝人間貧困の削減は，少なくともアフリカにおいては，受入国政府の行政能力を上げることなくして達成はできないという点で同じであった．

　他方，日本は，過去の経験において，自らの主要援助対象国において貧困削減が経済成長とともに達成されていったこともあり，政府の能力に対する不信を必ずしも共有していなかった．だからこそ，1993年以降5回にわたって主催してきたアフリカ開発会議では，アジアの経験の移転を掲げて，日本及び受入国の政府の役割の重視をにじませてきたし，「経済成長を通じた貧困削減」を主張し続けてもきた（高橋 2009）．他方で，イギリスの一般財政支援増額の呼びかけに対しては懐疑的で，財政支援の創設など一定の対応はしつつも，その供与額も限られることになったと考えられる．

　イギリスや世銀のアフリカ諸国等の政府の能力への不信は，ファンジビリティについての問題意識を生み，自らの開発課題，例えば貧困削減志向を，援助を「レベレージ（てこ）」として援助対象国の政府に受け入れさせるという考え方を生んだ．その手段として，受入国の国庫に直接の資金投入を行い，政策決定過程に影響を与えられる一般財政支援は強力な手段と考えられたのである．そうした政策の決定や実施への関与はドナーの相互連携の下，政策や歳出のレビュー，モニタリングを通じて進められたが，それらの過程でイギリスは中心的な役割を担ったのである（ICAI 2012）．そして，イギリスは，一般財政支援の供与先の国々における浪費的財政支出，腐敗や人権問題においては，強い批判も辞さずに関与した[27]．東アジア諸国への援助において政府の甚だしい失敗を経験していない日本にとって，イギリスの上述のような直接的な関与のあり方は，違和感のあるものであった．

---

26)　パリ宣言以前のイギリス国際開発省の年報等（例えば，DFID（2001））にはパリ宣言の原型とも言える考え方が既に記されている．

第3章 アフリカ開発援助における日本の役割 ——イギリスとの比較を通じて

　反対にイギリス等は日本が経済成長を重視する一方で，政府への不信を共有していない理由を理解せず，またその背景に想像が十分には及ばなかったと考えられる．少なくとも，ブレア政権が援助に関わる国際的リーダーシップを発揮し始めた当初は，両者の間に互いを理解した上での対話はほとんどなされていなかったと言ってよい[28]．

　しかし，その後日本は，孤立したまま，アフリカにおいて従来どおりのアプローチをとり続けたのではないことも強調しておかなければならない．アフリカ諸国では，行政機構や制度が十分に整っていないことは，特に技術協力の分野で強く認識されるようになり，物資の供与や施設の建設，ハードの技術の移転だけではなく，制度構築・能力開発などを進める必要性が，広く認識されるようになった．日本の「自助努力支援」の理念から言っても，パリ宣言で言われるように援助受入国側の政策を尊重し，それに整合する形の援助を供与することは望ましいことであり，2000年代になって重点国で策定されるようになった日本の援助計画・援助方針も受入国の開発計画を尊重することが掲げられ，また日本なりに相互に連動しないプロジェクトの弊害を乗り越えることが掲げられた[29]．また援助協調の枠組みから逸脱した活動は抑制され，一部では，日本が積極的に援助協調の中心的なドナーとしての役割を果たす試みも行われた[30]．

---

27) 2002年，ショート英国際開発相は，タンザニア政府の航空レーダーの購入について，それがイギリスからの輸出であるにもかかわらず，その巨額さと汚職の疑いのために，強硬に反対した（IRIN 2002）．2005年にはエチオピアでの政府の反政府勢力弾圧によって多数の死傷者が出たことに対して，イギリス政府は一般財政支援を含む援助を停止した（IRIN 2005）．

28) 例えば，重債務貧困国の救済スキームの発足にあたり，日本はモラルハザードや信用の失墜など債務の減免が途上国に及ぼす負の影響を指摘して反対した．それは，円借款が東アジアの発展の過程で用いられてきた過去の経験からすれば，自然な発想であった．しかし，同スキーム発足に指導的な役割を果たしたショート英国際開発大臣の回顧録では，日本のそうした主張は一顧だにされておらず，日本は政治的に孤立して最後に反対を取り下げたと述べられているだけである（Short 2004）．

29) そうした方向性を集約したと考えられる外務省（2010）では，政策対話を通じて，相手国の「姿勢」や「開発目標」に対応した，日本なりのプログラム・アプローチをとることが掲げられた．しかし，他のドナーと協調・協議した上でのプログラム・アプローチの展開は方針とはされなかった．

イギリスのように，一般財政支援をてことし，受入国政府の中枢に影響力を及ぼして，開発政策全体を人間貧困削減の方向へ誘導し，行財政改革を推進させようとするのとは異なり，日本の場合には，技術協力を核とした政策対話を通じて，より具体的に能力構築を図ろうとした．援助の態様・アプローチは異なっても，政府の行財政能力の脆弱性についての認識は日本のアフリカ援助においても内在化されるようになったと言ってよいだろう．

5　結び：今後のアフリカ支援に向けて

　この節ではこれまでの考察を踏まえ，日本が今後，本書のテーマである「国際社会における経済開発・貧困削減をリードし，国際援助潮流を創り出すようなスマート・ドナー」として役割を発揮していく道を探ることとしたい．今後の開発援助では，最も貧困が深刻なアフリカが中心的な舞台となるであろうし，スマート・ドナーとしてのリーダーシップはそこでこそ発揮されなければならない．

　ここまでの議論をまとめるなら，日本のアフリカ援助は，過去の主要援助対象国であるアジアにおける累積的経験を通じて形成された日本の援助の全体的あり方を反映している側面と，アフリカの状況に対応した側面とを持っている，ということになろう．そして，援助協調にも参加しつつ，次第にアフリカ諸国の政府の能力不足への認識を深め，制度構築・能力開発への支援を強化してきた．

　以上のような多面性が，現在までの対アフリカ支援における日本の特徴だとすれば，本章で最後に考察すべき論点は，その多面性を踏まえて，主導的なスマート・ドナーとなるためには，どのようなことが必要か，ということであろう．鍵となるのは，日本及び援助コミュニティは，経済成長と貧困削減の相互連関の回路を切り開くために，今後援助を通じて何をなすべきかという観点である．

　これらの点の考察において認識すべきことは，同じ二国間ドナーとして主導

---

30)　その一例として，日本がドナーの取りまとめを担ったタンザニア農業セクター開発プログラムが挙げられる．

第 3 章　アフリカ開発援助における日本の役割 ——イギリスとの比較を通じて

的立場にあったイギリスのアプローチが何を達成し，どのような問題点を抱えていたか，という点であろう．イギリスは貧困削減に関心を集中してきた．そしてそのリーダーシップの結晶とも言えるパリ宣言の主眼は，経済成長が起こらず貧困削減が援助依存なしに達成できない状況を前提として，援助の効果を即効的に向上させることに焦点を当てたものであった．他方で，そこには，どのように途上国を自立的な発展プロセスに乗せ，援助依存から脱却させるのか，ということについての観点は希薄であった．それは，イギリスなどパリ宣言策定の中心となったドナーの問題意識の中では，東アジア等の卒業国での経験をどのように援助アプローチの中に組み込むかという発想が弱かったことを反映していよう．そのことにはイギリスと日本の間の密接な対話の欠如が関係していると見ることも可能であろう．

　2011年，釜山で開かれた援助効果向上に関する会合では，「援助効果から開発効果へ」を掲げ，パリ宣言の位置づけを実質的に相対化する決議が行われた．その背景には，アフリカ経済の好転がある．表 3 - 1 に見るように，近年アフリカ諸国の経済成長率はアジアを上回るほど好転し，また一部の国では貯蓄率の急激な上昇が起こっている．資源，一次産品向けなどを中心に直接投資も増加しつつある．他方で，現在のアフリカ諸国の多くにおいてGDPに占める製造業の比率は1980年前後の東アジアよりも低く，経済実績の好転は主に資源・一次産品等の輸出収入の増加によることが窺われる（高橋 2014）．外貨収入の増大，そして新興国ドナーからの援助の拡大は，一般財政支援のてことしての効力を弱めつつある．

　もともと，一般財政支援をてことして，途上国の政策を貧困削減と政府の改革へと誘導しようとすることと，主体性を尊重することとの間には矛盾が潜んでいる（高橋 2005）．途上国の主体性は途上国の国民が参加する国内政治に本来根ざすべきものだが，そこで生まれる方向性とドナー国の志向とが一致するとは限らない．さらに途上国の政府の脆弱さや腐敗も本来は国内的な努力によって是正されるべきもので，ドナー国の強い関与はそうした努力の芽を摘みかねない．主体性の尊重とドナーの強い関与がはらむ緊張は，北西欧諸国の一部が一般財政支援を近年抑制し始める一因にもなっている（ICAI 2012）．

　パリ宣言の援助効果の即効的向上志向や，一般財政支援優先のアプローチの

第Ⅰ部 これまでの日本の国際協力──アジアのビッグ・ドナーが果たした役割とは

前提は揺るがされている．中国をはじめとする新興ドナーの活動も，無視できない規模に拡大しつつある．対アフリカ援助は，大きな曲がり角を迎えていると言ってよい．

そうした中で，日本は自らの対アフリカ援助の多面性に足をとられるのではなく，積極的にそれを長所として活かしていくべきだろう．仮にアフリカの経済成長と輸出の増加が今後も続くとするならば，アフリカの自立的な開発のための課題は，まず第一に輸出収入を貧困削減につなげる回路を拓くことであろう．日本が掲げた「経済成長を通じた貧困削減」の真価が問われている．と同時に，経済成長を資源・一次産品や援助に依存するものからより持続的なものへと改善していくことが必要であり，そこで要諦の1つとなるのは，教育や保健などの人間貧困の削減と表裏をなす人的資本の形成である．

こうした包括的な開発の方向性に向けて，ますます多様化してきたドナーの力を結集していく枠組みとリーダーシップが求められている．その点で援助協調の発想は未だに重要であり，また受入国の政府を支えるスマート・ドナーに期待されるところも大きいと言わなければならない．日本がその役割を担うために考慮すべきことは，主に次の3つの観点から語ることができる．

第一に，アジアの累積的経験を通じて培ってきた経済開発支援をどのようにアフリカで展開するか，ということである．2000年代後半から経済実績の好転に対応して日本は，アフリカに対する円借款の供与を増やすべく舵を切り始めた[31]．それは，日本のアフリカ支援の多面性のうち，アジアでの累積的経験に沿った経済成長支援の側面をより強化することになるだろう．しかし，ここで注意を払うべきは，過去のアジアと現在のアフリカの違いである．現在のアフリカには，既に工業化が緒に就いていた1980年代のアジアのような状況は存在しない．表3-1を見ると，アフリカ諸国の製造業のGDP比は低迷しており，2012年でも1980年のアジア諸国の水準に及んでいない．

---

31) 2008年の第4回アフリカ開発会議において5年間で40億米ドルの円借款供与を表明して以降，13年の第5回会議を経て，日本はモザンビーク，ナイジェリアなどに次々と巨額の円借款を供与するようになっている．その背景には，中国等の新興国によるアフリカ援助の急増をにらみつつも，無償や技術協力を急激に増加させられないという日本側の事情もある．こうした援助のあり方の変化は，正にドナー側の要因と受入国側の要因の相互作用によって生じている．

第 3 章　アフリカ開発援助における日本の役割 ——イギリスとの比較を通じて

　現在のアフリカに必要なのは，工業化等の産業発展の起動であり，そのためには流入する資源・一次産品の収入を産業発展のために用いていく回路を構築しなければならない．より具体的には効率的な要素市場（資本市場，労働市場）とともに，税収基盤を拡充し，広くすぐれた人的資本や公共財を供給する政府の機能が必要となる．こうしたことは援助依存脱却のためにも踏むべき重要なステップだろう．

　ただし，そうした産業発展の初期条件を整えることは，日本の援助にとってもほとんど未踏の分野である．アジアの国々でどのような営為が工業化のための促進要因となり，どのような要素がとり除かれるべき阻害要因がだったのかについての知識は，未だ日本のアフリカ支援において体系化されたものにはなっていない．この点において新興ドナーとその過去の経験の探求において協力し，アフリカの工業化支援に役立てていくことはきわめて重要である．

　第二に，アフリカの経済成長のかたわら，格差は拡大し，人間貧困は根強く広がっている（高橋 2014）．日本のアフリカ援助にとって教育や保健などの社会開発分野は紛れもない重点分野であったし，生産部門での支援も貧困人口をかかえる農村・農業部門の開発に注力してきた．経済成長に目を奪われて，こうした分野を等閑視していくことは厳に戒められなければならない．人間貧困の削減は人的資本の形成と表裏一体であり，また農業部門の開発は，需要の拡大，貯蓄の形成，食料供給の安定などによって工業化・産業発展をも後押しすることになる．重要なことは，アフリカ諸国の政府自身が，教育や保健を推し進める政策策定・実行能力を構築することであり，その点の経験では，イギリスや北西欧諸国の関与に一日の長がある．日本はイギリス等との連携を今後も崩さずに，政策支援の経験を自らのものとして取り入れていくことが必要であろう．同時に，受入国政府の主体性発揮をサポートする最良の方法を探っていくべきである．

　第三に考慮すべきは，アジア型の経済開発支援の経験を蓄積するとともに，DAC の一員としてアフリカ支援に臨み，援助協調や援助改革にも参加してきた，日本の立ち位置と多面性を活用することである．日本はアフリカが今後必要とするであろう経済開発支援においては，北西欧諸国や経済インフラに注力している中国など新興ドナーに比べてはるかに厚い経験を有している．また社

第Ⅰ部　これまでの日本の国際協力——アジアのビッグ・ドナーが果たした役割とは

会開発においてはアジア新興国の追随を許さない．そうした優位性は，日本がスマート・ドナーとして新旧のドナーの間を架橋し，調整する役割を果たす上で最大限活かされるべきであろう．

　既に見たようにイギリスが北西欧諸国のなかで大きな影響力を発揮しえた背景は，他のドナーとのアフリカにおける援助経験や認識の共有にあった．主導的なスマート・ドナーとしてリーダーシップを発揮していくためには，他ドナーのアフリカ支援の背景や認識を深く理解し，共有する必要がある．そうした対話を重ねることが，スマート・ドナーとして成長していくための最も重要な出発点である．

引用文献

■英語文献

Brautigam, Deborah (2009) *Dragon's Gift : Real Story of China in Africa*, Oxford : Oxford University Press.
Burnside, Craig, and David Dollar (2000) "Aid, Policies, and Growth," *American Economic Review*, 90(4) : 847-868.
Carlsson, Jerker, Gloria Somolekae and Nicolas Van de Walle (1997) *Foreign Aid in Africa: Learning from Country Experiences* Nordiska Afrikainstitutet
Cassen, Robert and Associates (1994) *Does Aid Work?: Report to an Intergovernmental Task Force* (2nd ed.) Oxford University Press.
Department for International Development (DFID) (2001) *Departmental Report 2001 : The Government's Expenditure Plans 2001/2002 to 2003/2004 and Main Estimates*.
Independent Commission for Aid Impact (ICAI) (2012) *The Management of UK Budget Support Operations*.
IRIN (a service of the UN Office for the Coordination of Humanitarian Affairs) various issues
Jerve, Alf Morten (2007) Asian Models for Aid : Is there a Non-Western Approach to Development Assistance? (Summary record of seminar held in Oslo, December 2006). Christian Michelson Institute.

第3章　アフリカ開発援助における日本の役割 ──イギリスとの比較を通じて

Mawdsley, Emma（2012）*From Recipients to Donors : Emerging Powers and the Changing Development Landscape*. Zed Books（佐藤眞理子・加藤佳代訳『国際開発援助の変貌と新興台頭──被援助国から援助国への転換』明石書店，2013年）

Organisation for Economic Cooperation and Development（OECD）（1996）"Shaping the 21st Century : The Contribution of Development Co-operation."

OECD（n.d.）"The Paris Declaration on Aid Effectiveness and the Accra Agenda for Action."

Short, Clare（2004）*An Honourable Deception?: New Labour, Iraq and the Misuse of Power*. London : Free Press.

World Bank（1998）*Assessing Aid : What Works, What Doesn't, and Why* Oxford University Press.

World Bank（2014）World Databank.

■日本語文献

外務省（2010）「開かれた国益の増進──世界の人々とともに生き，平和と繁栄をつくる」．

小浜裕久（2013）『ODAの経済学（第3版）』日本評論社．

小林誉明（2007）「中国の援助政策──対外援助改革の展開」『開発金融研究所報』35：109-147．

産業構造審議会貿易経済協力分科会経済協力小委員会（産構審小委員会）（2005）「我が国経済協力の成功経験を踏まえた『ジャパン・ODAモデル』の推進」．

下村恭民・大橋英夫・日本国際問題研究所編（2013）『中国の対外援助』日本経済評論社．

高橋基樹（2003）「援助協調──日本の国際協力への問い」『IDCJ Forum』23：29-43．

───（2005）「ファンジビリティと開発援助──貧困国家に対する一般財政支援の課題」『国民経済雑誌』191(6)：68-86．

───（2009）「日本の貧困国援助の比較論的考察──援助レジームの変遷をめぐって」『国際開発研究』18(2)：111-128．

───（2014）「アフリカの経済の現状とその『質』」北川勝彦・高橋基樹編『現代アフリカ経済論』ミネルヴァ書房．

西垣昭・下村恭民（1993）『開発援助の経済学──「共生の世界」と日本のODA（初版）』有斐閣．

西垣昭・下村恭民・辻一人（2009）『開発援助の経済学──「共生の世界」と日本のODA（第4版）』有斐閣．

渡辺利夫（1991）「自助努力支援の理念を高く掲げよ」『中央公論』10月号：85-96．

Box 2 アフリカの緑の革命の可能性

大塚啓二郎

　過去20年くらいのサブサハラ・アフリカ（サハラ以南のアフリカ，以下，単にアフリカと記す）の食糧と人口のバランスの危うさは，1960年代の熱帯アジア（以下，単にアジアと記す）の状況によく似ている（大塚 2014）．図Aは，人口，穀物の生産量，作付面積を，アジアについては1961年を100とする指数として，アフリカについては1990年を100とする指数で示したものである．まずわかることは，最近のアフリカも1960年代中ごろのアジアも，人口の伸びが穀物生産の伸びよりも高いことである．したがって，伸び続ける人口を養うためには，作付面積当たりの穀物の収量を増大させなければならない．アジアにおいては，1960年代末から収量が増大を開始し，1970年代になると穀物生産の伸びが人口の伸びを確実に上回るようになった．他方，

図A　熱帯アジアとアフリカの人口，穀物収穫量，作付面積の推移の比較（指数）

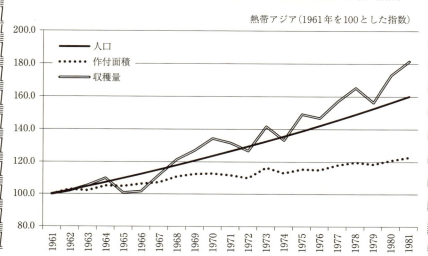

97

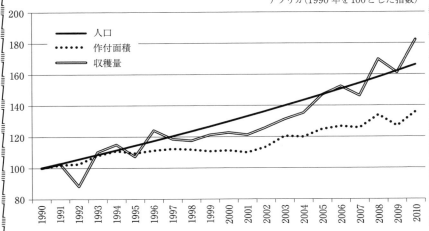

出所:FAOstat に基づき筆者作成.

　1990年以降のアフリカでは，穀物生産と人口の伸びが一進一退を繰り返している．

　アジアの食糧問題を解決したのが，背が低く，肥料を多投して穂が重くなっても倒れない水稲と小麦の高収量型の近代品種の開発と普及であった（David and Otsuka 1994）．これが，1960年代後半から開始されたいわゆる「緑の革命」である．水稲の近代品種は，灌漑のある地域や，洪水や干ばつの少ない良好な天水田地帯で高収量を発揮し，アジア全域に急速に普及した．また近代品種は早生で生産期間が短く，かつ非感光性のために一年中いつでも栽培することが可能であり，2期作が可能になった[1]．そのため，1960年代に比較して水稲の土地当たりの収量は倍増し[2]，総生産量は3倍増にまで増加した．これは人口の増加をはるかに上回っており，実質米価は2008年の世界的「食糧危機」の前までは継続的に減少していった．

　アフリカにおける食糧危機を回避するためには，「緑の革命」の実現が絶対に必要である．しかしながら，小規模な農家が支配的なアフリカで緑の革命が実現できるかどうか，疑問視する声がある．しかしアジアでも，アフリカと同じように農業の主体は家族労働に依存する小規模農家である．アジアではこうした小規模農家が近代品種を採用し，肥料を増投し，緑の革命を実現したのである．同じように，アフリカでも優れた技術を開発すれば，小規

模農家が積極的にそれを採用し，緑の革命を実現する公算は高い．そもそも機械化が進んでいない開発途上国では，家族労働に依存する小規模農業が最も効率的な農業の姿である（大塚 2014）．なぜならば，耕作面積が少ないだけに，小農のほうがより多くの家族労働を投入できるからである[3]．そのために，アジアでもアフリカでも小規模農家のほうが大規模農家より収量が高いという現象が見られるのである．

　最近の Otsuka and Larson（2013）のアフリカの「緑の革命」に関する研究によれば，アフリカにおいて増収が見込まれる最も有望な作物は水稲である．なぜならば，品種を含めてアジアで開発された技術やアジアで一般的に採用されている栽培方法が，アフリカにほぼそのまま移転できるからである．事実，アフリカでも灌漑さえあれば，アジアで開発された高収量品種やその系統の品種が栽培され，アジアに匹敵する収量を実現している．

　アフリカで最も重要な主食はトウモロコシであるが，コメの重要性が急激に高まっている．アフリカの1人当たりのコメの年間平均消費量は，現在25kgであるが，過去30年間で倍増している．日本では1960年代に120kgのコメが消費されたが，今では60kg以下に落ちている．おそらく，次の20－30年で日本人とアフリカの人々の平均消費量はともに40〜50kgの水準になるであろう．日本ではあまり知られていないが，アフリカの人々はコメが大好きであり，冠婚葬祭等にコメを食べる習慣がある国が多い．

　日本は，アジアにおいて水稲の緑の革命の実現を強力に推進したという経験がある．その経験を生かして，日本はアフリカの水稲の緑の革命を支援すべきである．実際に，国際協力機構（JICA）は2008年に10年間でアフリカのコメ生産の倍増を目指す CARD（Coalition for African Rice Development：アフリカ稲作振興のための共同体）を立ち上げ，世界銀行や国連食糧農業機構などの国際機関や先進各国の援助機関の参加を得て，活発な支援活動を展開している．CARD は，日本がリーダーとなって知恵をだし，国際的支援を引き出すことに成功した初めてのプロジェクトであると言われている．

　では，CARD は必ず成功するであろうか．問題は，アフリカの水田の80％以上が天水田であり，多くの天水田では粗放な栽培が行われていることである．信じられないかもしれないが，アフリカには畔のない水田や，平らでない水田がいくらでもある．畔がないと水がたまらず，雑草の成長を許すこ

とになる．また化学肥料を投入しても，畔がないと周りの水田に流れていってしまうから，そもそも化学肥料は投入されないことになる．水田が平らでないと，発育の不揃いばかりでなく発育不良が起こりやすい．そうした水田では，収量が1トン程度にとどまる．これはアフリカの平均の半分，アジアの平均の4分の1である．要するに，アジアでは当たり前の基本的な栽培方法が普及していないのである．また，それを熟知している技術普及員の数はきわめて少ない．

したがって，アフリカで水稲の緑の革命を実現するためには，普及員の育成を含めた普及システムの強化が急務である．ところが，これまでのところこの死活的に重要な分野に，充分な資金が投入されていない．ここに充分な資金が投下されるか否かが，アフリカにおいて水稲の緑の革命が実現されるかどうかの鍵である．

注

1) 近代品種の生育期間は110日間程度であるので，原理的には3期作も可能である．しかし，土地が痛むためにそれは滅多に行われていない．
2) 以下「収量」とは，1ヘクタール当たりの生産量を指すことにする．
3) 農業では雇用労働の監視が難しく，田植え，草取り，収穫のような単純な作業を除いて，雇用労働に依存することは効率的ではない（Hayami and Otsuka 1993）．

引用文献

David, Cristina C. and Keijiro Otsuka (1994) *Modern Rice Technology and Income Distribution in Asia*, Boulder, Col. : Lynne Rienner.
Hayami, Yujiro and Keijiro Otsuka (1993) *The Economics of Contract Choice: An Agrarian Perspective*, Oxford : Clarendon Press.
Otsuka, K. and Donald F. Larson (2013) *An African Green Revolution: Boosting Productivity on Small Farms*, Amsterdam : Springer.
大塚啓二郎（2014）『なぜ貧しい国はなくならないのか――正しい開発戦略を考える』日本経済新聞出版社．

第II部

かつての途上国，現在の途上国から見た日本の国際協力

第4章 韓国
開発経験とODA戦略

深川由起子

1 はじめに

　第二次世界大戦後，植民地から独立した多くの途上国が開発援助を受け，経済建設に取り組んだ．その中で，OECD加盟を果たし（1996年），かつ，開発援助委員会（DAC）の正式メンバーとなって（2010年），名実共に「先進国」入りを果たせた国は未だ韓国しかない[1]．所得水準や社会保障といった点ではまだOECD下位圏にあり，韓国の政府開発援助（ODA）はその絶対規模がまだ小さい．しかしながら，朝鮮戦争という激烈な破壊を経験し，急速なグローバル化の中で工業化を成し遂げ，現世代がまだ貧困や被援助の実体験を有するユニークな新興ドナーとして，また経済学の理論の枠組みの中で，かつ英語で体験を発信できる国として，その存在感は増している．加えて韓国は，いずれは北朝鮮の国際社会復帰・経済開発支援に取り組まねばならないという，分断国家としての宿命を背負う．援助国としての理念の確立や体制整備，援助コミュニティとのネットワーク形成には韓国自身にとって特殊な戦略的意義が存在する．
　さらに韓国の工業化過程では日本の経済協力が大きな役割を果たした事実もある．韓国が伝統的な反日感情の一方でその体験をどう整理・評価するかは，

---

[1] アジアで韓国より所得の高いシンガポールや香港，それに競合国の台湾はいずれもOCED自体に加盟していない．また，韓国より先にOECD入りしたトルコとメキシコはまだDACに未加盟のままである．

日本にとっては欧米とは違った視点を共有する初めての本格的なドナー・パートナーの誕生を左右し，グローバルに見ても注目されるべき意義があろう[2]．日本が，今後スマート・ドナーとして，国際社会における経済開発・貧困削減をリードし，援助の潮流を創り出す上では，東アジア型産業発展の経験を最も濃密に共有する韓国との協調は重要な鍵であり，韓国にとっても同様である．

以上の問題意識に鑑み，本章では韓国の政府開発援助（ODA）にその開発体験がどう反映されようとしているか，について分析を試みたい．まず，第2節で韓国のODAの特徴を概観した後，第3節では体験反映の事例として，セマウル運動と，知識共有プログラム（Knowledge Sharing Program：KSP）の2つを取り上げ，検討する．これを受けて第4節では体験共有への志向が韓国のODA体制整備とどういう関係を持つのかに言及し，結論につなげることとしたい．

2 韓国のODA概観

2.1 被援助国から援助国へ

韓国はアジア最貧国から出発し，きわめて短期間の間に被援助国から援助国への転換を果たした．表4-1はその主たる転機を示す．日本の植民地から独立した韓国はその帰属資産などを基礎に経済建設を始めたが，そもそも主たる産業基盤は北朝鮮側にあった．しかも間もなく始まった朝鮮戦争の傷跡は大きく，1950年代はアメリカ及び国連からの軍事援助と，小麦粉・砂糖・綿花といった食糧や原材料の贈与が経済活動の支えであった．50年代後半に米国からの援助が減少し，輸入代替型の工業化が行き詰まりを見せると，1961年のクーデ

---

[2] 未だ植民地時代の清算が済んでおらず，いずれかの段階で北朝鮮への経済的関与が避けられない日本にとっては，韓国とのドナー・パートナーシップ，それが無理でも開発援助をめぐる基本的な相互理解の重要性は大きい．澤田（2012），Fukagawa（2000）はドナーとしての日韓の思考に多くの共通点が存在することに注目し，協力の可能性に言及している．

第4章 韓国──開発経験とODA戦略

表4-1 援助をめぐる韓国の歩み

1945～1962	軍事援助，朝鮮戦争後の食糧・消費財援助受け取り（ほとんどが米国及び国連贈与）
1963～1979	社会間接資本建設，輸出事業，中間財・資本財輸入代替の推進（日本による経済協力）
1980～1992	一部にセクターローン残るもODA借款から卒業，一般借款導入へ
1983～	技術協力開始（建設技術者等業務訓練研修）
1987	対外経済協力基金（EDCF）創設，ナイジェリアに初借款供与
1988～	技術協力拡大（通信その他）
1991	韓国国際協力団（KOICA）創設，1995年から派遣事業開始
1992	世銀との協調融資協約締結
1995	公債協力研修センター創設，NGO事業認定，EDCF-KOICA連携援助開始（初の対象国はベトナム）
1996	OECD加盟
2004	財政経済部，Knowledge Sharing Program（KSP）を開始
2006	国務総理室傘下に国際開発協力委員会創設
2007	「国際貧困退治」基金導入
2010	OECDのDAC加盟，国際開発協力基本法制定　G20でソウル開発コンセンサスを採択，国際開発協力基本計画（5か年）を樹立
2011	釜山にてOECD等共催による「世界開発援助総会」開催

出所：国際開発協力委員会資料，ODAKorea（http://www.odakorea.go.kr/）などに基づき筆者作成．

ターで軍事政権を樹立した朴正煕(パクチョンヒ)大統領は日本との国交回復を推進した．無償3億ドル，有償2億ドル，民間借款3億ドルで決着をみた対日請求権資金を韓国は高速道路やダム，工業団地など経済インフラに集中投資し，輸出志向型の工業化戦略に乗り出した．このインフラを土台に，1960年代から70年代まで，「漢江の奇跡」と言われる高度成長が実現し，1980年代中盤には円借款の返済を終えて被援助国から卒業した．この間，産業構造は当初の繊維や雑貨といった労働集約型産業から70年代の重化学工業化，80年代の半導体などの電子産業振興を経て激しく変化し，製造業を中心に高付加価値化が進んだ．

1980年代は製造業に加えて中東への建設輸出が重要な外貨獲得源となり，現地建設技術者の訓練が韓国のODAを活用して初めて開始され，1987年には資金協力を提供する対外経済協力基金（Economic Development Cooperation Fund：EDCF）が創設された．1991年には日本の国際協力事業団（JICA）（現在の国際協力機構）に相当する韓国国際協力団（Korea International Cooperation Agency：KOICA）が発足し，EDCFとKOICAの連繋による対外援助が開始された．1996年のOECD加盟後からは総理を委員長とし，援助事業を総括する国際開発協力委員会の設立など援助の体制が徐々に準備された．

第Ⅱ部　かつての途上国，現在の途上国から見た日本の国際協力

図4-1　韓国のODA関連組織

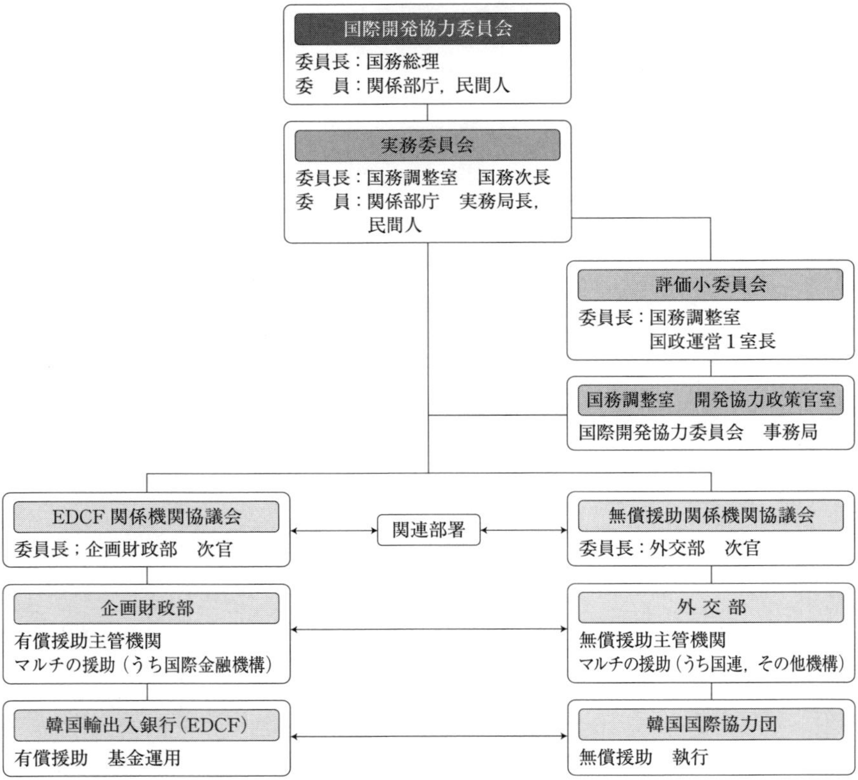

```
                    ┌─────────────────────┐
                    │   国際開発協力委員会      │
                    │ 委員長：国務総理         │
                    │ 委　員：関係部庁，民間人  │
                    └─────────────────────┘
                              │
                    ┌─────────────────────┐
                    │     実務委員会           │
                    │ 委員長：国務調整室 国務次長│
                    │ 委　員：関係部庁 実務局長，│
                    │        民間人            │
                    └─────────────────────┘
                              │
                    ┌─────────────────────┐
                    │    評価小委員会          │
                    │ 委員長：国務調整室       │
                    │        国政運営1室長     │
                    └─────────────────────┘
                    ┌─────────────────────┐
                    │ 国務調整室 開発協力政策官室│
                    │ 国際開発協力委員会　事務局│
                    └─────────────────────┘

┌──────────────────┐              ┌──────────────────┐
│ EDCF関係機関協議会  │── 関連部署 ──│ 無償援助関係機関協議会│
│ 委員長；企画財政部 次官│              │ 委員長：外交部 次官 │
└──────────────────┘              └──────────────────┘
┌──────────────────┐              ┌──────────────────┐
│   企画財政部        │              │     外 交 部        │
│ 有償援助主管機関    │              │ 無償援助主管機関    │
│ マルチの援助(うち国際金融機構)│        │ マルチの援助(うち国連，その他機構)│
└──────────────────┘              └──────────────────┘
┌──────────────────┐              ┌──────────────────┐
│ 韓国輸出入銀行(EDCF) │              │   韓国国際協力団    │
│ 有償援助　基金運用   │              │ 無償援助　執行     │
└──────────────────┘              └──────────────────┘
```

出所：国際開発協力委員会．

2010年にはDACの正式メンバーとなることが決まり，「国際開発協力基本法」の制定を契機に体制整備が加速した．同時にG20のメンバーとして，途上国と先進国との架け橋になることが模索され，2011年にはOECDと共催で「世界開発援助総会」をホストするに至った．

基本法の成立を受けての組織整備は図4-1のようなものとなった．国際開発協力委員会の下で有償・国際機関関連はEDCFを管轄する企画財政部が，無償・国連関連はKOICAを管轄する外交部が担当し，今日に至っている．

2.2　「国際開発協力先進化方案」（2011～15年）と支援の拡大

韓国のODA政策は上記の基本法に続く，「国際開発協力先進化方案」，「分野別国際開発基本計画」，「年間分野別総合施行計画」などを骨子として展開されてきている．まず，「先進化方案」は文字通り，DACの国際規範に合わせて体制整備を図るもので，多分にキャッチアップ型で，総花的であった．この計画では2015年までにODA総額を対GNI比で0.25％に引き上げ，有償と無償の比を4対6程度とすること，アンタイド[3]比率を2015年までに75％までに引き上げること，さらには国際機関への拠出など二国間以外の援助（以下，マルチの援助）を30％程度に引き上げることなどが盛り込まれた．地域別ではアジア（55％），アフリカ（20％）が重視されたが，分野別では教育・保健，農業，経済・通信行政，産業エネルギー，環境，女性などの各分野が羅列された．ODAの「基本精神」としては貧困の撲滅と自立基盤の構築，人道主義・人権などへの貢献と共に，自国民の自矜心充足が挙げられ，独自の援助理念に基づくものというより，国威発揚的な側面があった．

この「先進化方案」に基づき，図4-2が示すように，2009年には8億ドル水準に過ぎなかったODAの規模は，2012年には15億9000万ドル，13年（速報値）では17億4000万ドルと，比較的早いピッチで増大した．OECD諸国の財政難が続く中で，韓国のODAは2013年には24か国中16位まで上昇した．ただし，対GNI比では0.14％水準に止まり，日本には接近したが，2015年の目標達成はほぼ不可能とみられる．マルチの比重は目標の3割を切り，他方でタイド比率はむしろ増大傾向を辿るなど，計画達成に困難が目立ち，計画通りなのは有償・無償の比率，並びに地域別の配分程度である．「先進化方案」が野心的だったこともあるが，政策立案から実行，検証まで，ODAは依然として多くが試行錯誤の段階にあることが大きく影響している．

3）　タイド援助は，物資やサービスの調達が援助供与国に限定されるなどの条件が付くものを指す．日本語では，「ひもつき」援助と訳されることが多い．これに対し，アンタイド援助では調達は国際入札によって決定される．DAC委員会は後発途上国（LDC）向け援助のアンタイド化を勧告している．

図4-2 韓国のODA規模推移

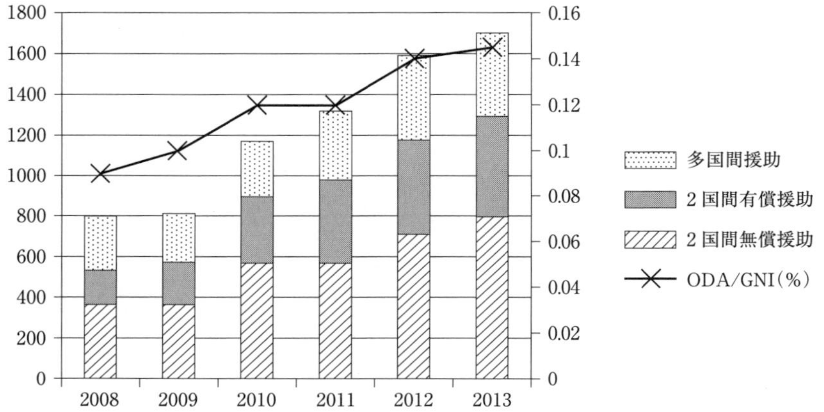

出所：ODA Korea資料並びにOECD記者発表に基づき筆者作成．

2.3 分野別進捗と特徴（2010～12年）

「先進化方案」を受けて実際のODA推進は「分野別国際開発基本計画」によってきた．韓国の特徴の1つは借款の比重がまだ小さく，結果として有償援助が日本などに比べて少なく，無償の比率が比較的高いことである．このため，ODA予算が飛躍的に拡大した2010~12年について図4-3の分野別で確認すると，無償の多い教育（17.3％）や保健（11.2％），それに水資源や衛生，人口政策などの社会インフラが全体の44.6％を占めて最も大きい．社会インフラに続くシェアは経済インフラ・インフラサービス（交通，通信，エネルギー，金融など）だが，28.2％に過ぎず，農業など生産部門への支援や，環境関連は1割にも満たない．社会インフラについては二国間援助の3割程度は弾力的運用とされており，ここにイラク（2008~11年），アフガニスタン（2009~11年）に向けた特殊な支援が影響している可能性がある．ただし，外務部は「分野別」の中で，ミレニアム開発目標（MDGs）への貢献優先と紛争・災害関連の人道的支援を6大目標の中で強く打ち出しており，社会インフラ重視の姿勢はもとより強かったとみられる．韓国は自身の朝鮮戦争経験が援助アイデンティティ

第4章 韓国——開発経験とODA戦略

図4-3 韓国の分野別ODA実績（2010～12年）

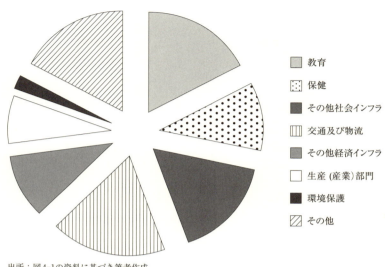

出所：図4-1の資料に基づき筆者作成．

となっている面があり，また，国内でNGO活動が活発な国であることも関心を社会インフラに向ける背景となっている．さらに日米のような巨額援助国よりも欧州やカナダ，豪州などをモデルとしており，無償支援についてはその影響が強いとみられる．

形態別に見ると，図4-4が示すように，二国間のプロジェクト援助が51.5％と圧倒的で，世界銀行などマルチの援助全体の2倍以上となっている．社会・経済インフラの大半はプロジェクト援助の形で実施されている．これに次ぐのは専門家派遣や留学生の受け入れで，経済発展への教育の寄与に強い自信を持つ韓国では「人作り」がもう1つの重点となっている．

以上のように，韓国の本格的ODAはまだ初期段階だが，中国のような国益追求型の援助とは一線を画し，DACの枠組み内で自国の独自貢献を模索している．分野別では植民地被害の告発[4]や北朝鮮問題が外交政策に大きな比重を

4） 自国の軍事政権時代の人権抑圧告発を含めて韓国は人権団体の活動が活発で，従軍慰安婦問題のみならず，近年では植民地時代の徴用工に対する補償問題までが提起されている．

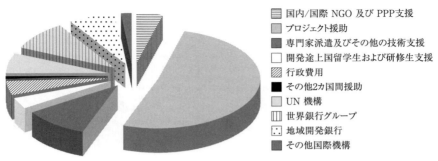

図4-4　韓国の支援形態別ODA実績（2010～12年）

出所：図4-1の資料に基づき筆者作成.

占めるため，無償援助では今後とも人権を視野に入れた教育や保健，女性などが重視される可能性が大きい．だが，国際社会や被援助国における韓国への関心は当然，その急速な経済発展にあり，ODA規模の拡大につれて経済インフラの比重は拡大するだろう．ただし，かつての日本や，近年の中国のような大規模な借款によるインフラ建設を推進できないマクロ制約もあり，経済インフラの面でもハードより，体験や知識の共有といったソフト面の支援志向がある．さらに韓国は早くから韓国開発研究院（Korea Development Institute：KDI）などの政府シンクタンクを整備して積極的に先進国や国際機関に学んできたが，他方で外国からの政策の押しつけは必ずしも機能しない，という体験的信念を有する．このため，ソフト中心の支援ではシンクタンクという自らの体験プラットフォームを活かし，以下で紹介するように，「体験を共有する」というアプローチを積極的に打ち出している[5]．

---

5)　近年ではKDIが援助の効果分析のみならず，経済政策の助言や付属大学院への留学生受け入れまでを一貫して行っている．

3 開発体験の共有

3.1 農業：セマウル運動の国際化

　体験共有アプローチの典型は，まずは自身の農業・農村近代化に大きく寄与したとして内外で評価の高いセマウル運動の世界普及事業から始まった．セマウル（「新しい村」を意味する）運動は農民の「勤勉，自助，協同」を強調して1970年に開始され，短期間の間に所得を大きく向上させた農村近代化政策である[6]．軍事政権であった朴正熙政権の強い政府主導で推進されたことから，国内では政治的に否定的な評価が存在し，冷戦当時の韓国の体験を援助に活用することには懐疑的な見解が現在に至るまである．しかしながら，韓国がOECD加盟を果たした1990年代後半からは輸出主導型工業化とセットで農工間の所得格差是正に成功した体験の共有を希望する途上国が増え，2000年代に入ると，年間50件程度の開発協力がセマウル運動中央会などを母体に推進されるようになった．2007年には中国やモンゴルへの案件が増え，86件に急増した（河ジェフン 2009）．

　韓国のセマウル運動は村への進入路の拡張，橋の架設，井戸の改善，河川の土手改修，農村住宅の改善，共同風呂や洗濯場の設置，公民館や集会場の建設等にセメントを配分し，これらの案件を農民に自ら管理させ，教育を通じて指導者を育て，共同体を形成し，増産意欲につなげようとした．また，次年度の政府資源配分は成果主義に基づいて行われ，運動への参加は急速に増大した．副業機会の増大による農民の所得の向上，貯蓄増大はセマウル金庫を中心とした農村金融基盤の強化を通じて近代的な会計の導入にもつながり，伝統的農村に市場メカニズムが導入されたことが大きな意味を持った．

　しかしながら，2000年代まではまだ，対外協力事業のうち，人的交流（研修，専門家派遣など）が全体の40％，農具など物的支援が28％で，被支援地域との

---

6) 1971年にわずか36万ウォン程度だった農家所得は1981年には369万ウォンと，名目では10年で10倍となり，勤労者所得を100とした農家所得は同89.1から109.4に上昇した．

協同部分（32%）はインフラ開発に伴う財政制約などからアドホックなものが多かった．そもそもセマウル運動の核心は政府が補助金をばらまくのではなく，地域が自ら資金を集め，政府と協力しながら改善案件を推進することで自助と開発のオーナーシップを促した点にあった．この自助やオーナーシップをODAでどう推進するのか，2000年代のセマウル運動国際化事業は韓国自身が行っていたときのような体系性や包括性にはまだ欠けていた．さらに韓国自身の考え方も貧困地域の多様性認識に立脚しており，「勤勉，自助，協同」という意識革命の形成過程をどう一般化し，また比較的相性のよい支援相手，案件をどう発掘するか，悩みを抱えてもいた．2010年以降はセマウル運動当時の関係者が引退し，直接に指導できる専門人材の不足や，援助体制全体の中で地方行政や農村振興庁，セマウル運動中央会など農村開発協力の推進母体をどう有機的，効率的に連繋させるか，といった問題も浮上した．

セマウル運動は先進国からの援助や国際機関の指導ではなく，「韓国独自の」開発体験であり，MDGsにおける国連の最貧国支援要請や，2010年のG20開催を契機としたソウル開発イニシアチブでも注目を集めた．しかしながら「独自の」体験であればこそ，その体験の体系化や，効果的な対外移転と維持の支援体制，効果の検証方法などを韓国自身が構築しなければならない．セマウル運動の国際化事業は体制整備と共に，援助の理念など，ドナーとしてのアイデンティティを迫る機会となった．

3.2　経験と知識の共有：Knowledge Sharing Program (KSP)

セマウル運動国際化事業を通じた韓国の体験共有は，援助コミュニティにおける南南協力推進の潮流と共に，近年ではKnowledge Sharing Program (KSP) に発展した．

セマウル運動についても自身による整理が進んだ．セマウル運動中央会・行政安全部 (2012) は，セマウル運動体験について，以下のような整理を行った．(1) 単純な政府主導ではなく，地方行政と指導者を含む農民の3者パートナーシップであり，作業賃金についても技術学習度の高い農民に手厚く報いるなど，わかりやすいインセンティブが存在したこと，(2) 政府が村の個別支援ではな

第4章　韓国──開発経験とODA戦略

く，穀物の流通制度や品種改良，政策資料となる農家所得統計の整備など，共通分野に投資しつつ，運動の成果を村毎に競わせたこと，が挙げられた．また，(3)全国3400の村に男女1名ずつの運動指導者を置いたが，必ずしも手厚い待遇ではなく，現場主義に優れ，村の調整能力に優れた者が奉仕者として働いた．(4)初期の段階から農民の側だけで可能な所得改善努力は時には政府を無視しても進める自助重視で，必然的に各村の事情が反映された．さらに(5)事業推進日誌や設計図，賃金支給台帳，支出決議書など，事業記録をキチンと残すことで，リスクの高い農業で失敗した場合でも共同体の分裂を防げたことも大きかった．

　MDGsの時代にドナーとして登場した新興の韓国は既に従来型援助が必ずしも開発に役立たなかった，という認識から出発している．実際，1991～2003年について，韓国自身のODAが被援助国の1人当たり所得に与えた影響を実証した李・朴（2007）でも有意な影響はほとんどなかった．この時期は韓国のODA絶対額があまりに小さく，分散したことが大きな理由であろう．DAC未加盟のメキシコと並んで韓国の社会福祉水準は低く，しかも急速に高齢化が進むことから，現行計画の2015年以降もODA予算の絶対額を増やせる財政状況にはない．また，国内世論の上でもODAには強く効率（つまり一義的にはセマウル運動と同様，相手国の所得の向上効果）が求められる傾向がある．前述のように，ODA規模が小中規模の供与国から学んでいることもあり，「効率」は今後とも強く追求されるだろう．そもそも，セマウル運動の成功は前述のように政府の資源配分をめぐる成果主義によって，ある村の成功事例やベスト・プラクティスが急速に拡散した点にある．韓国はこの経験や，あるいは1970年代の産業政策の経験からも資源を有望な案件に集中配分して支援し，その成功を普及させて「効率」化を図る志向を持ち，後述するKSPにもこうした志向が存在する．ただし，他方でKSPは相手国からの要請に伴う「要請主義」の面もある．多様な要請が支援拡散につながりやすい矛盾をも内包している．

　KSPは2004年，財務省に当たる企画財政部のイニシアチブで誕生した．プログラムは政策立案，モジュール化プロジェクト，国際機関との合同イニシアチブの3つから構成され，長年，韓国の開発政策立案を担ってきた韓国開発研

第Ⅱ部　かつての途上国，現在の途上国から見た日本の国際協力

究院（KDI）が政策研究やコンサル機能を担い，付属のKDI大学院が関連した人材育成を担当する形で実施されている．2004年当初は9億7000万ウォンに過ぎなかった予算は2012年には17億ウォン（約1億7000万ドル）水準に増え，支援国も2か国から33か国に増大した（Kim and Tcha 2012）．KSPは，途上国が抱える問題に実践的に取り組むこと，政策立案プロセスに被支援国政府や関係者を取り込み，相手の立案能力自体を高めること，韓国自身も自分の発展モデルをよりよく理解し，ドナーとして学ぶことを目的としている．KSPは案件の企画，需要検証，政策研究，中間報告会，最終報告会と上級政策対話，最終報告書までが一貫したプロセスで，発展ポテンシャル，政府の能力などで構成されるKSP指標を元に相手国が選定される．プロセスの中では相手国の政策担当者レベルのみならず，上級者を必ず対話に入れて，「実際に」政策が実施に移されるよう，コミットメントを引き出すことも重視されている．

重点国の1つであるベトナムについては22ものテーマが取り上げられ，社会経済発展計画（2011~20年）に反映された．全体に政策関連の制度構築にはニーズが多く，輸出入銀行の設立（ドミニカ）や開発機関の創設（ミャンマー）などが行われた．

2010年からは，KSPの案件増加と共に，韓国の開発体験を次第に一般化し，システムとして整理し，政策実施に関わるモジュール化を進める事業が開始され，2012年までに100の案件がKDI及びKDI政策大学院によって実施された．韓国が比較優位を持つ分野として，産業政策，教育，医療・保健，輸出振興などが主なトピックだが，医療保険，労災制度，廃棄物処理なども出てきている．さらに輸出入銀行が実施機関となり，世銀，アジア開銀，米州開銀，アフリカ開銀，欧州復興銀行などとの合同でKSPの成果を発信し，インフラ開発，中小企業支援，官民パートナーシップ（PPP），職業訓練，都市開発，電子政府などのテーマで韓国の経験を具体的に反映させた支援が推進されている．

KSP事業はいくつかの点で日本を含めた先進ドナーの支援に対し，韓国固有の強みを追求している．1つはまさに先進国では簡単なこと，当然なことがなぜ，途上国にとっては困難なのか，例え理論的ではなくても，あるいは細部に至ることではなくても，まだ実体験として語れる世代が残っている点である．例えばセマウル運動は開発主義イデオロギーというより，ストレートかつ「実

用的」に農民の所得向上を目指した．ここには途上国ではわかりやすく，そして「すぐ結果が出ない」ようでは政策の持続性は担保できない，といった体験が反映されている．他方で，途上国側の事情に配慮し，単年度主義によらない柔軟性確保が意図されてきた点も同じ文脈で理解できる．

2つ目の強みは，セマウル運動同様，韓国はさまざまな政策資料を比較的キチンと整理しており，IT 化が早かったこともあってアーカイブやデータベース化が進んでいるという点である．特に1962年の最初の経済計画立案以来，開発政策の大枠は KDI が集中して担ってきたため，重要な資料や統計の部署間散逸が比較的少ない．ODA 予算が行政や開発機関に分散し，政策資料のアーカイブ化が遅れてきた日本などに比べて知的支援のプラットフォームでは利点があると言える．また，人材育成という点でも基礎教育は大学，実務は行政機関や大企業といったアドホックなやり方ではなく，KSP の人材育成は KDI 大学院に一元化するなど，集中的な支援が可能となっている．

第三の点は，英語による政策説明能力が高いことである．韓国の発展は一貫してグローバル化の中で続き，朝鮮戦争後の援助消化から，輸出振興，輸入自由化，エネルギー危機，累積債務危機，労働争議や外資の撤退，金融・資本の自由化と通貨危機など，現代の途上国の対外危機をおよそ「フルセットで」体験してきた．しかも危機の度に韓国の政策担当者には英語で迅速に支援者と交渉し，他方で国内の反発や混乱を抑え込む政策説明能力，スキルが要請された．KDI をはじめ，韓国のエコノミストのほとんど全てはアメリカで学位を得ており，英語により，また標準的な経済政策の考え方の中での対話スキルは高い．他方で自由貿易協定（Free Trade Agreement：FTA）推進でも活かされたように，地方や草の根レベルの政策対話の伝統を有しており，KSP にもこうした点が活用されつつある．

3.3 経験・知識共有型援助の限界

KDI-World Bank（2011）はこれまでの先進国ドナーや国際機関による知的支援の限界を認めた上で，KSP の新しい可能性を評価した．従来型の知的支援は典型的には，(1)専門家派遣による技術支援，(2)先進国の現場視察，(3)

第Ⅱ部　かつての途上国，現在の途上国から見た日本の国際協力

政策対話などであった．しかしながら，(1)では専門家の改善提案が出ても，問題は実行されるか，にある．また(2)では視察する途上国側の能力・意欲にはバラつきがあり，またそこで得た知識を活用しようにも環境があまりに違い過ぎる場合が多い．(3)政策対話は政策担当者の理解を高めるには役立つが，中長期課題の指摘や1回限りのイベントに終始しがちだ．これに対し，KSPは制度構築とキャパシティ・ビルディングに集中し，具体的な案件について担当者間で協力する．また前述のように政策対話では上級意思決定者が言質を与えるため，実行性が高い．中小企業育成なら中小企業団地，科学技術政策なら尖端研究団地など，キメ細かなサイト選択も考慮されている（KDI-World Bank 2011）．

　従来型知的支援の限界は南北間についてのものであり，このレポートはKSPを南南間の知識共有として扱っている．技術協力においてはかねてから途上国の環境に沿った「適正技術の移転」という考え方があった．先進国にとっても未経験な面が多いグローバル化の中では，北の体験そのものがむしろ乏しく，むしろ南の成功体験が他の南に生かされる「適正知識の共有」の実用性が注目されている．韓国自身も自らを完全な北側として位置付けてはおらず，新興ドナーとして比較優位のある事業を求めるうちにKSPに至った，というのが実情であろう．

　しかしながら，国威発揚，あるいは国際社会の応分負担といったレベルを超えて韓国が本格的なドナーとなり，「実用性のある」協力を超えた大規模な二国間援助やプログラム援助，公共財提供，国際機関で主導的な役割を望むのであれば，今後は体験や知識共有をより整理し，独自の援助「理念」に結びつける作業が待たれている．

　1つの点は，モジュール化は進んできたが，体験の体系化にはなお改善すべき面があることである．実は韓国型開発がまだ負の面を引きずっていることは途上国にもよく知られている．例えば「財閥」系大企業への経済力集中や，これと表裏を成す中小企業基盤の弱さ，伝統的な政府の金融支配と金融機関の仲介能力の遅れ，公営企業の民営化遅滞，社会保障制度の未整備などを学びたい途上国はあるまい．正の遺産と負の遺産の切り分けが不十分なままでの知識共有には負の遺産が混入しかねない．

もう1つの点は経済発展とリーダーシップをめぐる議論の整理である．韓国では冷戦下で北朝鮮との経済開発競争があまりに自明な国家目標であり，説明の必要がなかった．このため，そもそも貧困の悪循環や援助漬けに慣れきった社会がどのように経済開発に関心を持つか，という基本的な問いに答えることがかえって容易ではない．セマウル運動を推進した軍事政権への評価は国内で未だ激しい政治対立の根源である．途上国の開発オーナーシップを強調し，他方で軍事政権当時の開発独裁を否定すれば，そもそもオーナーシップを持てない国をどう変えられるかについて，答えを持てないまま援助を継続することとなる．

さらに自助の重視であれ，要請主義であれ，オーダーメイドの案件であれ，これまでのところの体験に基づく援助政策は少なくとも有償に関する限り，日本と類似した考え方が多い．軍事政権以来の韓国の工業化の出発点が大規模な対日請求権資金であったこと，日本語教育世代の存在によって日本との知識共有が容易であったことは，アセアンなど他のアジアの国からも国際機関からも長らく，「韓国の体験は特殊で例外」と片付けられる大きな要因であった．しかしながら，他方で反日教育，反日感情が相変わらず存在しているため，政府は極力，日本からの被援助体験を曖昧にし[7]，むしろODA政策を巡って対抗心を燃やすばかりだった．これではドナー協調も進まない．体験共有を以て成熟した本格的ドナーとなるためにはこうした矛盾も自ら整理する必要がある．

4 ODA体制整備の課題

4.1 ODA運用体制の整備

長年，ODAを展開してきた先進国とは異なり，韓国は2011年から一気にODA拡大を決めた．このため，量的拡大と体制整備を同時に図らねばならな

---

7) KSP事業の1つ，企画財政部・KDI（2012）は韓国の被援助体験の活用を論じた数少ない報告書の1つだが，KSPの大半を占める工業化に深く関わった日本の援助の受け止め方，韓国の援助思想への影響にはほとんど言及がない．

い局面が続き，知識共有の成功も運用体制の整備と不可分の関係にある．

これまで最大の問題は明確な支援基準や厳格運用に乏しく，予算の割に二国間援助の対象国が増えすぎ，選択と集中による効率的な配分に限界が生じたことであった．2010年以前にはKOICAの無償援助が120か国以上にバラまかれたり，重点国の顔ぶれが頻繁に入れ替わったり，なぜか非重点国の支援が重点国を上回ったり，有償支援が最貧国や重債務国に無償より多く配分されたり，といった多くの混乱が指摘された（朴ボクヨン他 2013）．2010年には国際開発協力委員会の下でやっと無償・有償を総合し，定量・定性基準により，4段階を経て重点国26か国が選定された（アジア11か国，アフリカ8か国など）．しかしながら，朴ボクヨン他（2013）がシュミレーションした結果では地域別の比重は大きく変わらなかったが，適正規模は20か国程度で，まだ過剰気味だった．重点国の選定基準や過程の情報開示，重点援助機関，部署間の協議など，まだ多くの改善が必要となっている．

さらに国数のみならず，プロジェクト数も乱立し，援助に行政コストがかかりすぎているのも韓国の特徴で，第2節の図4-4が示すように，2010年の抜本改革後も依然として研修生受け入れよりも行政コストの方が大きいといった異常な状態が続いている．頻繁な方針変更や案件の事前妥当性調査不足，調査に関わる専門人材の不足などが行政コストをDAC平均の1.5倍以上に引き上げているという調査もあり（KOICA統計），全体の整理に伴う効率化が強く要請されている．

4.2 マルチの援助拡大

ODA行政の非効率性は恐らく，予算を関連部署で使用することばかりが優先され，国際機関との協調援助（マルチ支援）や自国の民間企業との連携が遅れてきたこととも関連している．韓国が急激に予算を拡大しても絶対金額で米国など上位援助国に追いつくわけでもなく，また，国内の関連人材育成にもまだ相当な時間がかかる．こうした中では次第に援助国として評価の高いデンマークなど欧州小国の援助に学び，マルチの援助で国際機関に蓄積された人材や知識を戦略的に使い，自国の存在感を高めることに関心が移るのは当然であっ

た．政治的な限界，あるいは単年度予算の制約を受けやすい二国間援助に対し，近年では自然災害や難民救済，紛争関連などではマルチの援助がより効果的と考えられ，世銀などが推進する信託基金や国連のマルチパートナー信託基金への関心が高まりつつある．

韓国のマルチの援助比率は第2節で見たように2010年以降，概ね25％内外で，DAC平均に近い．しかし内訳では開発金融機関が7割弱と多く，国連機関やファンドなどへの出資はまだ少ない．近年では，二国間援助の重点国絞り込みに伴って二国間援助と補完性の高いマルチ支援の推進が叫ばれ，2020年までにマルチと二国間―マルチの連携型を全体の40％程度とすることが議論されている（権ヨル他 2013）．特に信託基金方式は案件発掘から評価まで実際の事業は国際機関が行うとしても，そこに韓国人が加わることで経験と人材の蓄積を図れるとして，戦略的意義が見いだされている．また，韓国の特殊性としていずれかの段階での朝鮮半島統一が想定されているため，二国間援助による特定国の影響を排除し，マルチの援助枠組みの中で自分がイニシアチブをとる，という発想も伝統的に存在する．韓国にとって究極の援助は統一費用の負担であり，戦略的にマルチの増大が模索されても不思議ではない．

ただし，そもそも少なくとも韓国内でそれなりに監督される二国間援助よりマルチの援助のガバナンスの方が優れている保証はなく，マルチの拡大が援助効率の拡大に直結するとは考えにくい．むしろ，マルチの援助が増えれば増えるほど，2010年に確立した体制の外にあった保健，教育，環境，通信など，それぞれの所掌を持つあらゆる国内官庁が援助の協議に加わって省庁間の情報共有は複雑にならざるを得ない．さらにマルチ案件は中長期的な性格のものが多く，多くの官庁が加って予算獲得競争が起きればさらに情報共有が困難になる，といった可能性も排除できない．マルチの拡大はODA効率化の部分解かもしれないが，これまでの経緯をみる限りは，決定的な解になるとは思われない．

4.3　評価体系の確立

2010年の先進化方案に基づくODAは2015年でいったん区切りを迎えるが，この方案では実は拡大する予算の配分方式から執行までをカバーするのが精一

第Ⅱ部 かつての途上国,現在の途上国から見た日本の国際協力

杯だった.ドナー・コミュニティの近年の一大関心であるモニタリングと評価（Monitoring and Evaluation：M&E）まではほとんどカバーされていない.急増した案件やODA全体をどう評価するかは2016〜20年の次段階を設計する上で当然のことながら重要な作業だが,評価体系そのものにはまだ大きな課題が残されていることが指摘されている.

現状の事業評価には(1)ODAの統合評価,(2)ECDF事業の評価（有償）,(3)KOICA事業評価の評価（無償）の3つの体系がある.(1)は事業実施機関による自主評価と開発協力委員会の任命による評価小委員会の評価でなされ,(2)は事業部から独立した評価チームからの報告（事前,中間,完工,事後評価）,(3)は事業評価室とここから独立したKOICA評価委員会の2つの評価を総合することでなされている.

しかしながら,(1)についてはそもそも評価の指針となる明確な指針や,ガイドラインそのものが不備で,(2)や(3)についても事業評価はともかく,政策評価はほとんどなされていない.これが困難な理由の1つはEDCFやKOICA以外のODA事業参加組織,特に行政部署などの評価がほとんど何もなされていないことによる.こうした構造ではEDCFやKOICAが一応の評価作業を行っても,これを次の事業選定や政策協議に反映させる環境には乏しく,評価作業の公表やその時期についても不透明さが残る.

KOICA（2009）は(1)事業計画から執行,評価まで一貫し,独立した部署による評価,(2)ドナー間の評価・教訓情報の共有,(3)被支援国側との共同評価,(4)個別事業のインパクトや持続性評価の他に特定分野,対象国,キャパシティ・ビルディングなどプログラム別の評価の追加,(5)評価手法・体系の洗練,(6)評価のフィードバック,などを課題として挙げているが,(1)や(4)さえまだ完成されておらず,(5)や(6)にも多くの課題を抱えており,(2)や(3)の実施にはほど遠いのが現状と言える.

特に評価という観点からみれば,KSPの急速な拡大や,マルチ援助の増大はある種のリスクを孕むものである.KSPは体験や知識共有によって被支援国のキャパシティ・ビルティングを図るという性格上,他のプロジェクト評価のような定量化が難しく,そこにプログラム評価の経験を持つ人材の乏しさなどが追い打ちをかけている.KSPについては学習や知識共有,イノベーショ

ンなどを通じたローカル・エージェントのキャパシティ向上が制度構築や政策・組織の効率化にどうつながったかを分析する，世銀の CDRF（Capacity Development Results Framework）手法の採用などが提起されたこともある（金デヨン他 2012）．しかしながら，CDRF は知識共有プログラムがどういうキャパシティ・ビルディングを目的に企画されたのかから出発するが，これまでの KSP はむしろ逆で，韓国の体験と知識共有からどういうキャパシティ・ビルディングが可能となるかを問う展開となっており，そのまま活用することができない．他方，オーダーメイド型の援助を掲げてはみたが，韓国には途上国の地域専門家の層はきわめて薄く，制度変化やその経路，評価のフィードバックにまで大きな予算をかける余裕もない．その意味ではマルチを増やし，KSP の評価についても国際機関を利用するというという選択は現実的性を持つ．ただし，そのためには近年の一般化作業を加速し，CDRF 型の枠組みに合わせたプログラム設計に改善する必要があろう．

　マルチの援助拡大に進むのであれば，二国間援助よりさらに未整備な，その評価体制も急務だ．巨大な援助機関が効率的に韓国の ODA 政策に役立っているか[8]，を評価するのは非現実的であり，とりあえずは，国連機関など，国際機関のパフォーマンスを評価する MOPAN（The Multilateral Organization Performance Assessment Network, 日本は未加盟）や欧米の評価を元に，韓国の寄与度，韓国の ODA 政策に沿った活動であるかを点数化してスコアを作って評価する方法，年度別に 3 ～ 4 機関をサンプリングして評価するなどが議論されている．また，信託基金についても二国間援助レベルでの M&E を実施するというよりは，世銀のような多国組織の評価をうまく利用してオブザーバーのレベルで評価をすることから出発しようとしている．反面，ODA の10%程度にしようとしているマルチ—バイの連携援助などについては国内への説明責任から，より予算とマンパワーを投入した評価体制構築を試みるとみられる．

8）　韓国の国際機関の評価基準として重視されているのは政策・事業分野では優先順位，重点分野の一致（スコア10点），二国間援助との補完性（5点），MDGs との関連性（5点），協力関係としては人材派遣などを通じた韓国の寄与度（10点），組織における韓国の相対的地位及び上昇の可能性（5点）などがある．

第Ⅱ部　かつての途上国，現在の途上国から見た日本の国際協力

5　結び

　韓国は最貧途上国から出発した唯一のDAC加盟国であり，DACのコードを遵守しつつ，その開発経験を生かすことでユニークなドナーになることを志向している．援助機関などに指導されない，オリジナルな開発経験としてセマウル運動があり，国外からの移転要請に応えるうちに，自らの経験から援助を考える発想が生まれ，経験と知識を途上国とシェアするKSP事業が始まった．しかし，2010年以降の急激なODA拡大は主体的というより，DAC加盟とG20の開催，釜山ハイレベル・フォーラムなど外交イベントが続いたことに押された面が強く，ODA拡大の持続は必ずしも楽観視できない．政策面でも多くの試行錯誤が続いており，体制面では運用の効率化，マルチの拡大，評価体系の整備など課題が多い．体験共有という点では体験の一般化・体系化が今ひとつ成熟していない弱味もあり，国際機関との共同も十分に円滑とは言えない．
　それでもセマウル運動からKSPに至るまで，ピンポイントでわかりやすい問題設定，知識共有から人材育成までの一貫した集中的努力，経験のアーカイブ化やデータの整理・蓄積，グローバル危機の経験，英語による発信力といったユニークな強みもあり，ドナーとしての韓国のプレゼンスは着実に増大していくとみられる．スマート・ドナーを目指す日本にとり，きわめて似た工業化体験を有しつつ，他方では強味，弱味の補完性のある韓国のODAと協調することの便益は実はおおいに期待できるはずである．しかしながら，そのためには本章で分析した韓国の経済発展の経緯と，ODA供与国としての特徴を日本が十分に理解すると共に，韓国との棲み分けや，協調の便益を戦略的に捉えられるような対話が欠かせないであろう．

引用文献

■英語文献

Fukagawa, Yukiko (2000) "Japan's Economic Assistance for the Democratic People's Republic of Korea : The Expected Policy and the Tasks for the Coordination with the Republic of Korea," Paper presented at the conference on the 9th anniversary of the foundation of Korea Institute for National Unification, (KINU), Seoul.

Kang, Sung Jin, Hong Shik Lee and Bokyeong Park (2011) "Does Korea Follow Japan in Foreign Aid? Relationship between Aid and Foreign Investment," *Japan and the World Economy*, 23(1) : 19-27.

KDI-World Bank Institute (2011) *Using Knowledge Exchange for Capacity Development: What Works in Global Practice?* Washington, DC : World Bank.

KDI and OECD (2011) "Joint Workshop on Knowledge Sharing for Development : Taking Stock of Best Practices Synthesis Report," Seoul : Korea Development Institute.

Kim, Yulhan and Moonjoong Tcha (2012) "Introduction to the Knowledge Sharing Program (KSP) of Korea," *Koreacompass*, Nov. 2012, Seoul : Korea Economic Institute (http://keia.org/publication/introduction-knowledge-sharing-program-ksp-korea).

■韓国語文献

権ヨル・鄭チウォン・鄭チソン・李ジヨン・柳エラ（2013）「多者援助の効果的実行に向けた統合推進戦略」，対外経済研究院（KIEP）研究報告書13-29，ソウル

金ソウォン・金ジョンソプ・李ヨンソプ「主要先進供与国の重点協力国運営及び管理事例研究」，対外経済研究院（KIEP）研究報告書13-04，ソウル

金デヨン・金ジファン・千セビョル（2012）「韓国開発協力の評価システム及び方法論改善に関する事例分析(2)」，KDI『開発協力動向』2012年2／4期，ソウル

金ナヨン（2012）「懸案分析：我が国政府開発援助（ODA）の現状と課題」，KDI『開発協力動向』2012年1／4期，ソウル

朴ボクヨン・李ホンシク・具ジョンウ（2013）「重点協力国選定基準及び方法に関する研究」，対外経済研究院（KIEP）『ODA 政策研究』13-03，ソウル

第Ⅱ部　かつての途上国，現在の途上国から見た日本の国際協力

李ゲウ・朴ジンフン（2007）「韓国の公的開発援助20年の評価」，KDI『韓国開発研究』29(2)，ソウル．
河ジェフン（2009）『援助モデルとしてのセマウル運動に対する検討と課題』，セマウル・アカデミー，ソウル（http://www.kw-sa.org/research/public_01.php?page=2&board_code=yun3）．
国際開発協力評価小委員会（2010）『セマウル運動ODA事業の評価結果』，ソウル（http://www.odakorea.go.kr/）．
KOICA（2009）『他援助機関のODA評価制度』，ソウル（http://lib.koica.go.kr/search/media/img/CAT000000030706?metsno=000000011116&fileid=M000000011116_FILE000002）．
企画財政部・KDI（2012）『韓国の援助受恵経験と活用』，Knowledge Sharing Program，（http://www.ksp.go.kr/）．
セマウル運動中央会（2011）『セマウル運動世界化事業白書』，ソウル．
セマウル運動中央会・行政安全部（2012）『セマウル運動模範事例』，ソウル（http://www.ksp.go.kr/common/attdown_kr.jsp?fidx=123&pag=0000700003&pid=52）．
韓国政府（2010）「国際開発協力先進化方案」，韓国政策評価研究院（KIPE）（http://www.kipe.re.kr/board/download）．
行政安全部・セマウル運動中央会（2012）『セマウル運動模範事例』，Knowledge Sharing Program，（http://www.ksp.go.kr/）．
外交通商部・企画財政部（2010）「分野別国際開発協力計画（2011~2015年）」（http://www.odakorea.go.kr/oz.main.ODAMain.do）．

■日本語文献

大塚啓二郎（2014）『なぜ貧しい国はなくならないのか――正しい開発戦略を考える』，日本経済新聞出版社．
澤田康幸（2012）「世界の貧困削減における日韓協力――現状と展望」，小此木政夫・河英善編『日韓新時代と経済協力』，慶応大学出版会．
野副伸一（2007）「朴正熙のセマウル運動――セマウル運動の光と影」，亜細亜大学「アジア研究所紀要」34：251-276．
深川由起子（2009）「日本の地域主義（リージョナリズム）と『東アジア共同体』の形成」，小此木政夫・文正仁編『東アジア地域秩序と共同体構想』，慶応大学出版会．

第5章 インドネシア
経済発展における対外債務と日本のODA

水野広祐

1 はじめに

　インドネシアは，日本のODAの展開において特別な意味を持つ．まずその金額が大きく，日本がODA政策を積極的に実施した1960年代以来，多くの年でインドネシアへの援助が無償・有償の援助，さらに，技術協力においても国別に見て第1位であったという点である．例えば，2011年までの円借款の累積で見たインドネシアへの援助は4兆6242億円，無償資金協力の累計が2702億円，さらに技術協力3213億円で，いずれもアセアンを含む東アジア諸国全体の中で最も多く，これら全体への援助に対して各々，27.9%，16.7%，23.0%を占めた．また，世界への日本の援助に対して，各々，23.7%，3.6%，9.1%を占め，円借款で見ればやはりインドネシアは日本の最大の被援助国であった（外務省国際協力局編　2012）．また，同時にインドネシアから見ても日本からの援助が他国と比べて断然多い．すなわち，2012年時点のインドネシア政府の抱える対外累積債務残高588億ドルのうち，対日分は実に40.5%も占め，その額は238億7000万ドルに及んでいる（Bank Indonesia 2014）．この額は，世界銀行（以下，世銀）やアジア開発銀行などの国際機関全体のインドネシアへの累積債権額をも上回る．このように多額の援助がなされたため，日本の援助が一国の政治経済に対して大きな意味合いを持ったという点からも特筆される．

　かくも多くの援助がなされた理由として，マラッカ海峡に面し，アセアン最大の人口と面積，さらに豊富な天然資源を有し，東南アジア政治に対する大き

第Ⅱ部　かつての途上国，現在の途上国から見た日本の国際協力

な影響力を持つというインドネシアの地政学的重要性が挙げられる．しかし具体的には，後述するようにスハルト政権下のインドネシアに対する継続的な援助流入を規定したインドネシア債権国会議（Inter-Governmental Group on Indonesia：IGGI）の枠組みの下，日本が重要な資金供給国となった経緯のゆえである．

　1960年代，インドネシアは経常収支が恒常的に赤字で外貨制約に悩まされ，また国内貯蓄が不足するため財政も恒常的に赤字であった．すなわち，途上国の開発が，外貨不足（輸出力不足ゆえの経常収支の赤字として現れる）や国内貯蓄の不足によって制約されているとするツーギャップモデル，ないしその2つに財政赤字も加えた3つの不足によって制約されているとするスリーギャップモデルに典型的に該当する国であった[1]．しかし，今日のインドネシアは成長著しく，毎年，インドネシアへの援助額をインドネシアからの返済額がかなり上回り，また，長年インドネシアへの援助を国際的に調整してきたIGGIや1992年からのインドネシア支援国会議（Consultative Group for Indonesia：CGI）は，既に2007年までに解散されている．2000年以降のインドネシアは，ほとんどの年で経常収支が黒字になって外貨制約問題はもう事実上解消した．2012年以降，投資の過熱などを理由として一時的な経常収支の赤字となっているが，豊富な外貨準備や直接投資の流入の下，外貨制約は全く問題になっていない．今日，ほとんどの年で貯蓄が投資を上回り，貯蓄不足は今は問題にならず，GDPに比して少ない財政赤字幅は，今日，国債発行を主体とする国内資金調達で賄っており，対外債務をみると日本ODAを含め債務返済額の方が新規借入よりもかなり多い．

　このようなインドネシアに対する日本のODAについては，多くの既存研究がある．ODAの前史となったインドネシアへの戦後賠償について，倉沢（2011）が詳しく述べている．円による戦後賠償は，日本の製品を日本企業がインドネシアに輸出することによって果たされたので，事実上のタイド援助であり，日本企業のインドネシアビジネス展開の先鞭になったこと，またその際，

1）　ツーギャップモデルについてはChenery and Allan（1966），スリーギャップモデルについては，Bach（1990）およびTaylor（1993）参照．日本における紹介として白井（2005）および小浜（1998）参照．

第5章 インドネシア——経済発展における対外債務と日本のODA

汚職や賄賂の支払いが横行したことは多くの論者によって論じられた（村井編 2006，倉沢 2011，福家・藤林 1999）．その後，スハルト体制の成立とともにODAが展開したこと，そこにおける援助は当初インフラなど経済開発が主体で，権威主義開発体制であるスハルト政権の下で民主的なコントロールに欠け，多くの汚職が横行し（村井他 1999），援助プログラムの実施にともなう土地問題（久保 2003）や人権抑圧の問題（佐伯 2002）が発生した．スハルト体制が終焉した際には，世銀スタッフによって開発資金の少なくとも30％が，汚職によって消えたとの指摘もなされた（井上 2006）．これらの事実から，援助に関わるガバナンスの問題が論じられた（黒岩 2006）．あるいは，インドネシア側の日本の援助依存傾向を特にインフラの維持管理について述べた谷口（2006）の議論や，また援助の無力感を述べたものとして飯田（1974）がある．他方，従来の経済主義に基づくインフラ開発民間企業の投資という方策に対して，保健衛生，教育，村落開発などの社会事業も1990年代には重要な援助対象となり，それにかかわる参加型の援助に関する研究も多く行われてきた（川井 2002，小国 2003）．さらに，援助と投資の間のインドネシアの経済成長に対する貢献の比較が行われ，直接投資の方が生産・雇用・資本面における効果が大きいことが実証されている（伊賀・朝日 1995，徳永 1995）．

　本章は，これらの既存研究を踏まえ，インドネシアに対する日本のODAが，特にスハルト期前半において財政収入の重要部分を占めていたことに注目し，そのようになった経緯をまず述べる．続いて，その後も日本のODAをはじめとする外国援助が開発歳入として財政の重要な役割を担ったことに注目し，インドネシアの経済発展に果たした日本のODAや外国援助の役割を検討する．そして，どのようにして今日のような，外貨制約も貯蓄制約もない，いわばODAを卒業する国になったのかについて，援助供与のみならず，債務返済の進行にも注目し，貯蓄や投資，財政赤字などの他のマクロ指標と合わせて論じる．本章は，上記のツーギャップモデルないしスリーギャップモデルに注目し，外貨制約や貯蓄の過少，あるいは財政赤字という途上国経済の問題点との関係で，ODAの役割やその必要性について1950年代から通して論じる点，債務返済についても一貫して述べる点，さらに，今日の経済発展を踏まえて述べる点で従来の研究にはない新規性を持つ．本書の中の位置づけとしては，日本の

ODA が東アジアの経済発展に果たした役割を具体的に示すこと,先発アセアンとして従来の ODA を卒業した現在,どのような協力の方策があるのかをインドネシア―日本関係の文脈で検討し,より一般的にこの問題を議論している第2章（武藤・広田）の分析を補足することが,本章の役割である．

以下第2節では,IGGI 体制の成立を中心に,その前史としての日本の戦後賠償,そして IGGI 体制の中における日本の ODA について述べる．第3節では,1980年代以降の民間部門主導の経済開発とそこにおける ODA について述べる．第4節では,アジア通貨危機と ODA について議論する．さらに第5節では今日の発展したインドネシア経済における ODA の役割について述べる．最後にまとめを行う．

2 インドネシアにおける ODA の開始：債権国会議の形成

2.1 インドネシアの ODA 前史：戦後賠償

日本によるインドネシアへの援助の先駆けとなったのが,1958年の賠償条約の締結であった．この条約は,現金による賠償ではなく,日本の商品および日本人の約務を,円貨による支払が可能な対象に限り行おうとするもので,インドネシアに対して,総額803億円（2億2300万ドル）の賠償を12年間にわたって実施すると規定した．また,この賠償支払いを担保にした経済開発借款を総額4億ドル,20年間にわたって実施するとした．この賠償およびこれに伴う経済開発借款により,船舶,繊維,機械,陶磁器などの商品が日本からインドネシアに輸出され,留学生（賠償留学生と呼ばれた）や研修生も日本に送られた．ビル建設や工場の建設には日本企業が当たった．これらの賠償は当初より経済協力の性格が強調され,これらの取引関連で,1960年に北スマトラ油田開発のための借款が成立し,また3河川のダム建設なども進められた．これらはそれまで日本との間で滞っていた日本の投資や,政府開発援助の先駆けとなるものであった（通商産業省編 1960）．

第 5 章　インドネシア——経済発展における対外債務と日本の ODA

　この賠償の取り決めでは，賠償物資や約務は，求償国の要請に基づき，両国間で合意した実施計画により，求償国政府が直接買い付けるという直接調達方式をとっていた．商品を販売しかつ約務の提供を行えるのは日本の企業に限られ，日本政府の確実な財源を見込めるために，日本企業の間に熾烈な取引獲得競争が生じた．当時，スカルノ大統領にコミッション（手数料）を支払うのは当然とみなされており，賠償案件としてジャカルタの独立記念塔やサリナ・デパートを受注した東日貿易は，サリナ・デパートの受注額1100万ドルに対し，100万ドルを支払ったという（村井他 2013）．このような日本企業のネットワークを利用したビジネス展開，そこに見られる賄賂の介在は，その後の日本のODAにおいても陰に陽に顔を出していく．

2.2　戦後賠償のインドネシア財政・国際収支における意味合い

　このように，日本の対インドネシア ODA 形成史においては重要な意味のある戦後賠償は，当時のインドネシア国民経済からすると必ずしも大きな意味があるとは言えなかった．例えば，1960年のインドネシアの輸入は7億4900万ドル，経常収支の赤字が8400万ドルであったが，一方，資本収支は1億8800万ドルの黒字で，うち民間部門の資本収支は2000万ドルの，政府部門のそれは1億6600万ドルの黒字であった．この中で日本の賠償は800万ドルの資本流入を意味し，後述のスハルト体制下の日本 ODA に比べ国民経済に果たす役割は小さかった．

　1950年代からのインドネシアは，経常収支が黒字のことも赤字のこともあり，民間資本の流入は少なかった．59年，60年と東西両陣営からの援助が増えたものの必ずしも外国からの借り入れに恒常的に依存していたわけではなく，経常収支の赤字による外貨の不足は外貨準備の取り崩しで賄った．財政は恒常的に赤字であったが，この赤字は主として中央銀行（以下，中銀）からの借り入れによって埋め合わせた．そのために常にインフレになっていたが，それはインフレによる強制貯蓄という性格も持っていた．これらの構造から，政府による意欲的な投資は輸入の増大をもたらし，経常収支の赤字からくる外貨制約によりその展開が阻まれていた．そして，インフレが昂進すると，通貨供給を抑え

て赤字財政幅も投資も抑制せざるを得なかった．これらの制約の背景には，オランダ資本国有化を推し進め，華人の活動の場を大幅に制限しようとするインドネシア化政策により，外国民間資本の流入のみならずその国内投資も少なかったという事情があった．

このようなインドネシア化政策を一層強化したのが，1959年8月のスカルノ大統領による議会制民主主義の廃止と，「指導される民主主義体制」[2]への移行であった．さらに，1963年にマレーシア粉砕闘争が開始されると，この政策に反対するアメリカやイギリスの企業まで国有化対象として，ブルディカリと呼ばれる自力更生路線をとり，IMFや国連の諸機関から脱退した．こうして，投資の低迷と輸出の停滞による経常収支赤字，マレーシア粉砕闘争のための軍事費の膨張を中銀借入で賄ったことから来る財政赤字拡大と，これによる特に1964年以降のハイパーインフレに陥っていった．

このような中で，65年9月30日から10月1日未明に左派系兵士による陸軍高官の殺害事件である9.30事件が起こり，以降，この事件の首謀者と考えられたインドネシア共産党およびそのシンパと思われる人々に対する大規模な殺害が行われた．この事件に対する関与を問われたスカルノ大統領は徐々に権力を失い，スハルト少将が1966年3月11日以降実権を握った．そして1967年3月には，スハルトが大統領代行となり，その政策を本格化させた．

2.3　スハルト政権とインドネシア債権国会議

スハルト政権は，それまでの政権やその下にあった制度あるいはイデオロギーを旧秩序（オルデ・ラマ），自らの政権を新秩序（オルデ・バル）とよんで，経済社会政策を一変させた．大きな変化は外資と援助政策に現れた．1967年法律第一号は外資法であり，利潤送金の自由や法律によらない国有化や経営権の侵害を行わないことを規定し，5年までの会社税利潤税の免除などの優遇措置をとるとして外国資本の積極的利用姿勢を示した．

西側との関係改善と同時に取り組まれたのが，債務支払い繰り延べ交渉であ

2）　大統領の強大な権限を規定した1945年憲法に復帰して「インドネシア式社会主義」を実施．インドネシアにおける権威主義体制の始まりであった．

第5章　インドネシア——経済発展における対外債務と日本のODA

り，これは新たな援助を受けるための試みでもあった．スハルトによる実権の掌握が確実となった直後より，西側諸国は援助を開始する（日本が先陣を切って66年4月に日赤を通じて250万ドル相当の贈与をおこなった）が，より重要なのは，IGGI（インドネシア債権国会議）体制が確立し，以降のインドネシア経済の政策立案と同国への援助政策決定の枠組みができあがったことであった．

1966年9月時点のインドネシアの債務総額は26億9000万ドルで，年間利子平均3億ドル，66年中の返済額5億3000ドルであるのに対し，66年の輸出目標は3億6000万ドル（石油を除く），外貨保有額は2000万ドルに過ぎなかった．日本は，このスカルノ体制下で生まれた累積債務全体の約10%を供与していた（外務省経済協力局　1969）．

この債務支払いの繰り延べ要請に対し，債権国は，66年9月に東京に集まり第1回インドネシア債権国会議が開かれた（東京会議と呼ばれた）．この会議にはインドネシアの他，アメリカ，イギリス，フランス，西ドイツ，イタリア，オランダ，日本の7債権国にオーストラリアを加えた8か国，およびIMFが出席した．この西側諸国分12億3000万ドルの債務について交渉されたが，繰り延べ条件や新規援助額は合意できなかった．ただし，ハメンクブオノ使節団は各国を回り，各国政府は2億6480万ドルの援助を約束した．

以降，第2回債権国会議は66年12月にパリで開催，第3回債権国会議は67年2月にアムステルダムで開かれた．インドネシアは，歳入813億ルピアの3分の1に相当する約2億1200万ドルの新規借款を要請し，償還期限20年以上，金利3%を希望した．金利についてアメリカ，オランダは1%を主張したのに対し，日本は5～6%を主張し，インドネシア国内で日本の態度に批判がでた．その後，日本とインドネシアとの二国間交渉により，日本の援助は6000万ドル（借款が5000万ドル，贈与が1000万ドル）で償還期間は7年間据置後13年間で金利は5%，またこれまでの債務の支払遅延のために4500万ドルの借款を供与することとし，これは3年据置後8年間払い金利4%でまとまった．そして，67年6月第4回債権国会議はオランダのスヘベニンゲンで，同年11月の第5回の債権国会議はアムステルダムで開かれ，総額3億2500万ドルがインドネシアより要請されて，アメリカがその3分の1を負担する意向を示した．第6回債

権国会議が68年4月アムステルダムで開かれ,総額3億2500万ドル(日本の援助は8000万ドル)が約束される.68年3月にスハルト大統領が日本に訪問した際,インドネシアへの援助総額の3分の1を日本が負担するよう要請,アメリカも第6回債権国会議でこれを日本に要請し,これが緩い国際的合意となっていった.この毎年の巨額援助の要請に応えるため,日本政府は,海外経済協力基金の設立目的を,「産業の開発」から「産業の開発または経済の安定」に拡大したほどであった[3].

2.4 予算とIGGI体制

このように,インドネシア政府は毎年の予算額に対応した援助額(当初予算額の3分の1)を債権国会議に要請し,債権国会議は予算の必要性や過去の予算の執行状況を検討して,援助額を決定するというシステムができあがっていった.

この債権国会議の援助に対応したのが,新政権が「均衡予算」と名づけた予算構造であった.66年11月に提出された67年度予算案は,歳出892億ルピアに対し歳入842億ルピアが予定され,歳出額に占める赤字予算の割合が5.7%とこれまでに比べ大幅に減じた.この赤字分は基本的に中銀からの政府貸付によって賄われる点はこれまでと同様であったが,このように赤字幅が減少したのは256億ルピアの外国援助があったために他ならない(外国援助を赤字幅に含めれば歳出額に占める赤字割合は36.5%であった).これに続く68年度予算は,1949年の主権回復後初めての「均衡予算」として国会に提出された.この年は実行額も収支が均衡し,歳出1853億ルピアに対し歳入も同額の1853億ルピアで,歳出は経常歳出1497億ルピアと開発歳出355億ルピアにより構成され,一方,歳入は経常歳入1497億ルピア,開発歳入355億ルピアで,開発歳入はすべて外国援助で賄われた.この年は,開発歳出と開発歳入の額が等しかったが,これはむしろ例外で,通常は経常歳入から経常歳出を引いた額を政府貯蓄とよび,開発歳出はこの政府貯蓄と開発歳入=外国援助によって構成された.68年以降

---

3) アジア経済研究所,『アジアの動向 インドネシア』各年版より.

第 5 章　インドネシア——経済発展における対外債務と日本の ODA

この「均衡予算」が継続し，開発歳出の多くは外国援助によって賄われた．
　このシステムは，インドネシア経済に大きな意味合いを持った．まず，それまでのインフレ要因であった中銀の政府貸出による赤字財政が基本的になくなり，インフレがある程度押さえられたという点である．ただし，歳出を国内の税収で賄えないという点では赤字財政には違いなく，その赤字（68年の援助額の歳出に占める割合は19％，以降この比率は10〜30％のレベルを保った）が国債発行によってではなく外国援助によって賄われ，またこの構造が続く限り援助額は増大し続けることになり，今日に至る多額の対外公的債務を政府は抱えることになった．さらに，70年代初めからプロジェクト援助が主体となっていったため，債権国会議は予算の使途について厳しい査定や注文を行い，予算の審議やその認定は事実上，債権国会議が行うという構造ができあがっていく．債権国会議の注文は，個々のプロジェクトの採否や使途にとどまらず予算や経済社会政策全体，ときに人権問題にまでおよんでいった．債権国会議の議長はオランダであり，また毎年，債権国会議の前にインドネシア経済の年刊レポートが世銀から出され，世銀と IMF の評価に基づいて援助方針を決定することになることから，この両者，特に世銀は，インドネシア経済政策の立案に深くコミットすることとなっていく．あるいは，予算審議をする事実上の国会が債権国会議となったため，国会は本来の機能を著しく弱めざるを得なかったという事実も存在した．

2.5　日本からの ODA とインドネシア経済

　以上の結果，日本の ODA はインドネシア経済において決定的に重要な意味を持つようになった．ただし，援助額はまず毎年11月に開催される IGGI の会議において決定されその約3分の1が日本の負担なので，日本の援助額が日本とインドネシアの二国間交渉だけで決まっているわけではなかった．また債権国会議における議論においても，議長国オランダなどに比べその存在感は必ずしも大きなものではなかった．
　図5-1は，1967年以降の毎年の財政支出対する援助の額を，国内債務も含めた政府債務の財政支出に対する比率（………線），および毎年の対外債務支払

図5-1 インドネシア財政における対外借入の比率と債務返済負担

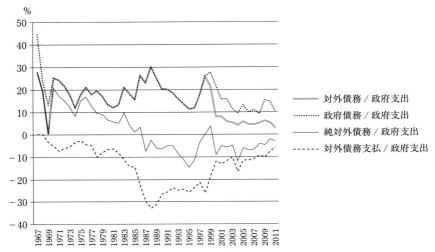

出所：Bank Indonesia, *Laporan Tahunan Bank Indonesia*, 各年版，Bank Indonesia, *Statistik Ekonomi Keuangan Indonesia*, 各年月版，OECD, *Geographical Distribution of Financial Flows to Developing Countries* の各年版，Biro Pusat Statistik, *Indikator Ekonomi Indonesia* 各年月版に基づき筆者作成．

い（元本支払いプラス利払い）（------線），さらに受け入れ対外債務から対外債務支払いを差し引いた純対外借入額（――線）の推移を示している．

この図で，1998年までは対外債務（――線）と政府債務（………線）の2つの折れ線が重なっているのは，それまで国債発行がなかったため，対外借入の財政支出に対する比率が政府債務の財政支出に対する比率と等しかったためである．

図5-1より，スハルト体制成立直後の1967年からいかに多くの援助がなされていたのか，あるいは政府支出に対する比率が高かったのかがわかる．予算を見ると，1969年からの第一次五か年計画では，5年間の政府開発歳出予算合計額1兆590億ルピアのうちの78％である8330億ルピア（開発歳入の全体）は援助によって賄われた．また，この期間の経済全体の投資予定額1兆4200億ルピアの58.7％は，やはり援助を財源（外国直接投資予定額は2660億ルピアで投資予定総額の18.7％）とする予定であった．この援助は貿易にとってもきわめて重要で，例えば1967年の輸入額5億6900万ドルのうち1億7780万ドル（31.2

第 5 章　インドネシア——経済発展における対外債務と日本の ODA

図5-2　インドネシア政府支出に対する日本 ODA の比率

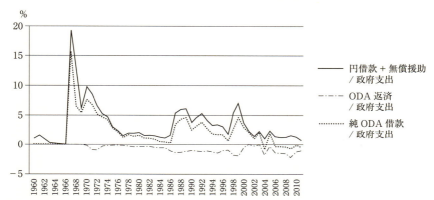

出所）：通商産業省編,『経済協力の現状と問題点』,各年版, 外務省編　『政府開発援助（ODA）白書 国別データブック』各年版,および図5-1と同じ資料に基づき筆者作成.

%）は，援助外貨によって支払い可能になったのであった.

　以上のような1960年代後半の著しい援助へ依存はその後徐々に軽減されていったが，それでも例えば第三次五か年計画（1979年度から1984年度）の政府開発歳出実績33兆5330億ルピアのうち9兆2660億ルピア（27.6％）は援助に依存した．あるいは，1976年の輸入額44億4160万ドル支払いのうち11億4100ドルは援助外貨を充てた[4]．

　このような援助は開発歳入に等しく，開発歳出にあてられ，その額は政府歳出の約10～30％を占める状況は，スハルト大統領が退陣する1998年まで続いた．援助が政府歳出に占める比率が最も高かった年は1988年の30.3％，最も少なかった年はオイルショックで財政収入が一時的に急増した1974年の11.7％であった．

　このような文脈の中に日本からのODAも位置づけられた．上で述べたように，日本は毎年の債権国会議で決定される対インドネシア援助の約3分の1を負担したわけだから当然日本の援助もインドネシアの財政にとって，さらにインドネシア経済にとって重要な意味を持った．このような日本からの援助を示

4）　Bank Indonesia, *Statistik Ekonomi Keuangan Indonesia* の各年月版より.

したのが図5-2である.

この図からも明らかなように,特にスハルト体制成立直後の1967年には政府歳出の19.3%が日本からの借款と無償援助の合計（———線）よって賄われ,図にはない借款だけの数字では15.6%であった.

援助依存体制の転換と民間主導経済

3.1　構造調整政策と民間資本の流入

以上のような,スハルト体制下の援助依存体制を変化させたのが,1980年代に推進された一連の構造調整政策,あるいは市場重視ないし民間部門重視の政策であった.まず,援助についてみると重要な変化は援助返済額の増加であった.すなわち,図5-1の------線および図5-2の-・-・-線で示した債務返済は1960年代末に既に開始され,その返済額は徐々に増加し,1987年には債務返済額の方がその年の借入額を上回った.すなわち図5-1の———線が0を下回るようになったことにわかるように,純借入額はマイナスになったのである.このような債務返済額の増加は,1985年に始まる円高が重要な背景にあると考えられる.日本からの援助は円借款という形をとっているので,日本からの累積債務はそのドル表示においては1985年以降急増したと考えられる.累積債務の急増は,累積債務・GDP比率などを増加させ,これらの指標の悪化を避けるために債務返済を急いだと考えられる（ただし1980年代後半には日本のODAは増加した.図5-2の———線と………線を参照）

経常収支は,1980年代を通じて赤字であった.この経常収支の赤字は資本収支黒字によって埋め合わせなければならない.インドネシアが継続して援助を受けていても今や純借入額でみればマイナスになりつつあったが,それは政府部門資本収支から多くのプラスを望めないことを意味する.では経常収支の赤字をどのように埋め合わせしたのであろうか.

それはもちろん民間資本収支の黒字であった.この事情を示したものが図5-3である.この図に示すように,経常収支（———線）は,1980年前後の第

第5章 インドネシア——経済発展における対外債務と日本のODA

図5-3 インドネシアの経常収支・政府資本収支・民間資本収支

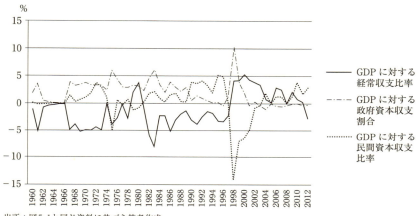

出所：図5-1と同じ資料に基づき筆者作成．

2次オイルショック後から1998年以前は押しなべて赤字であった．これに対し，政府資本収支勘定（—・—・線）は1983年をピークに徐々に，アジア通貨危機時まで黒字幅が低下していった．これに対し，1981年にプラスに転じた民間資本勘定（………線）は以降，黒字幅が増大し続けていった．この上昇を後押しする政策が，この時期に次々と出された．

1980年代初めより構造調整政策を主唱した世銀は，これをインドネシアに適応し，その第一歩として，1983年のルピア切り下げ・金利自由化などの第一次金融改革が実施された．

世銀のコンディショナリティのついた援助という圧力の下，農業以外の分野では自由化が進行していった．86年は輸入許可制度対象品目が大幅削減され，外国投資規制が大幅緩和された．87年には資本市場の規制緩和が行われ，外国人の株式購入が自由化された．

さらに，88年には第二次金融改革が実施され，銀行設立，支店開設がきわめて容易になり，外国銀行の設立も容易になる．89年には，金融機関による対外借り入れ規制が原則解除された[5]．直接投資では，1970年代初めから外国投資

---

5) 90年までの経済開発について，Woo et al.（1994）等を参照のこと．

額の多くを占めた日本に加え，1980年代中ごろには韓国，台湾，シンガポール，香港などの投資が増加していった．

以上の政策転換から，外国民間ポートフォリオ資金がインドネシアに流入し始める．90年の景気過熱の後にとられた高金利政策（スマルリンショックと呼ばれた）のため，特に92年以降，国内金利（15～18％前後）がシンガポールオフショア市場の金利（7％，インドネシアに貸し出すための取引費用を含めると9～11％）を大きく上回ったことから，海外のポートフォリオ短期資金がインドネシアに流入（インドネシア企業にとっても低利の外国資金は高利の国内資金よりも有利）した．各企業グループは，各々銀行をもち，外国資金導入の窓口にしていく（水野 2002）[6]．

3.2 アジア通貨危機と債務問題

タイの信用不安に端を発したアジア通貨危機において，それまで経常収支が恒常的に赤字で，その赤字を民間部門の資本流入，特に民間銀行や企業による短期借り入れで帳尻を合わせていたタイ，韓国，インドネシアのいずれもが通貨売り攻撃にあい，通貨の下落→信用不安→民間資本流出→中銀によるドル買いの限界→一層の通貨の下落→一層の民間資本流出とスパイラルが続いた．そして，ルピアの急落は輸入のストップ，工場の生産中止，大量の一時解雇をもたらした．

実際にはインドネシアは，このような破局に至る前の1997年9月にむしろ予防的措置としてIMFの救済を求めた．97年10月末には，IMFとの間でLOI（Letter of Intent：覚え書）が交わされて，今後，IMFとの覚え書きの枠組みで融資可能な資金であるスタンドバイ融資が約101億ドル用意された．そして，同時に発表された16の銀行の清算措置は，健全な銀行をも巻き込む猛烈な銀行取り付け騒ぎに発展し，かえって危機が深まり，1997年7月には1ドル2500ルピア前後であった通貨価値は1998年1月には1ドル16000ルピアまで下落した．以降の危機の進行に対し，IMFは数次にわたって覚書を締結し，スタンドバ

---

6) 金融自由化について，武田（2000）も参照のこと．

第5章　インドネシア——経済発展における対外債務と日本のODA

イ融資を増額し，覚書内容実施と引き換えに融資を実行していき，1997年11月から危機を脱した2003年12月までにIMFは151億ドルの融資を実施した．

ルピア価値の暴落は，インドネシアの銀行や企業の持っている対外債務額のルピア表示価格の急増を意味し，インドネシアの企業はその持つ債務が軒並み不良債権化することを意味した．また，1997年11月からの銀行の対する取り付け騒ぎのなか，各銀行に膨大な中銀流動性信用が供与され，これが各銀行の債務となっていった．さらに，ルピアの暴落に対処するために実施された超高金利政策は，銀行に深刻な貸し出し金利との逆ザヤ問題を生み，これも銀行の債務を一層増大した．

これらの問題に対処するため，政府は，スハルト体制成立後，手を付けていなかった国内借り入れ，すなわち国債の発行による資金調達を実施し，2000年10月にその額は，670億ドルの巨額に達した．この資金をもって，政府は債務が膨れ上がった銀行を営業停止・清算されるものと，公的資金注入ののち国有化されるものに分けた．

この国債発行の結果，政府債務は，2000年10月時点における対外債務748億ドルに加えて国内債務が686億ドルに達し，合計1434億ドルにもおよぶ異常事態となり，この債務額は2000年のGDP（1290兆ルピア，約1350億ドル）をも上回った（水野 2002）．

3.3 アジア通貨危機とODA

インドネシアはスハルト退陣によって生まれたハビビ政権によって，団結権の承認など民主化政策を次々と実施し，1999年には地方分権化にも大きく踏み出した．対外援助との関係では，従来の「均衡予算」という虚構を廃止し，毎年の予算不足額を赤字として認め，その赤字が援助などによる海外資金調達と国債などによる国内資金調達で補てんされるという形で，資金の流れを明確化した．

インドネシア政府は，1998年，CGI（インドネシア支援国会議，1992年にIGGIから転換）に対し債務返済の繰り延べを要請した．また，政府は二国間交渉により，債務の帳消しを求めた．CGIは三次にわたる繰り延べを認めた．

第Ⅱ部 かつての途上国，現在の途上国から見た日本の国際協力

それは，1997年7月1日以前に供与され，1998年8月6日から2003年12月31日までに元本償還期限を迎える中央政府債務（ODAとOOF）のうちの155億9000万ドル分であった．1998年第3四半期時点のインドネシア政府の対外債務は673億ドルであったので，その23.2%が繰り延べ対象となった．

1997年第4四半期時点のインドネシア政府の対外累積債務は，538億6000万ドルであり，うち日本のODA分は，133億6000万ドルと24.8%を占めていた（2国間援助の68.5%）．CGIでは，1998年9月23日合意により，43億8000万ドルのODAについては5年間据え置き20年間支払いへと繰り延べが合意された（OOFは，3年間据え置き11年払い）．この43億8000万ドルのうちの約半分である21億8000万ドルは日本の援助分であった．しかし，日本はこの繰り延べ措置を取らず，かわりに同額の新規プログラム援助を行った．梅﨑（2005）は，この新規融資が日本への債務返済のための融資であるとする性格を色濃く持っていると述べている．

CGIは，さらに2000年4月12日，および2002年4月22日に合意を行い，各々58億ドル，および54.1億ドルの債務について繰り延べに合意した．日本のODAは今度は，各々30億ドル（51.7%），27億ドル（49.9%）について繰り延べに合意した．梅﨑によると，この繰り延べによって対外債務支払い／政府財政支出の比率は39.4%減少，この繰り延べがなかった場合の対外債務支払いの負担の対GDP比率は3.8%であったが，この繰り延べによって負担は1.9%になった（梅﨑 2005）．また，2004年に発生したインドネシア・スマトラ島沖大規模地震災害の復興を支援するために，約1608億円の公的債務の2005年中の支払いを猶予した[7]．

---

7) http://www.mofa.go.jp/mofaj/gaiko/oda/shiryo/hyouka/kunibetu/gai/indonesia/pdfs/kn07_02.pdf より．

第 5 章　インドネシア——経済発展における対外債務と日本の ODA

 2000年代のインドネシア経済発展におけるインドネシア対外債務・ODA および政府国内債務

4.1　インドネシアの対外債務とその GDP 比の激減

　このような繰り延べがあったものの，インドネシアの累積債務は額面では増額していった．2012年のインドネシアの政府部門の対外債務残高は1261億2000万ドル，そのうち ODA は588億2000万ドル，民間部門の対外債務は，1262億5000万ドル，対外債務合計は2523億6000万ドル，一方，国債などの政府債権の発行残高は757億2000万ドルで，政府債務合計は2029億7000万ドルと，先に挙げた2000年の数値と比べて相当増加したことがわかる[8]．しかし，この間のインドネシア経済の成長はこれらの内外の債務の増加率をはるかに上回るものであった．

　図5-4は，1996年から2012年までのインドネシア政府（——線）と民間（----線）の累積対外債務（政府・民間合計は-·-·-線），累積 ODA（——線）および国債などの政府債権（………線）の累積額の GDP に対する比率の推移を見たものである．この表から，インドネシアの対外債務および国債などの政府債権の累積発行額は，GDP に比べて確実に低下してきたことがわかる．

　ODA 累積残高について見れば，対 GDP 比が，1998年の41.3％が2012年には6.7％にまで低下した．政府対外債務全体でも1998年の68.2％が2012年には14.4％にまで低下した（ODA 以外の政府対外債務として OOF や，1998年時点の IMF からの借り入れが含まれ，1999年以降の数値には，国債など政府債権の外国人所有額が含まれる）．

　このように，対外債務が増加しても GDP 比でみれば顕著に減少した理由として，まずこの間の政府による対外債務への元本と利払いが確実に実行されてきたことがあげられる．例えばユドヨノ政権は，債務返済を国家の自尊心の問題だとして優先してきた[9]．図5-1で示したように，1999年こそはインドネシア財政における対外債務が大幅に増加したが，それ以降の年は，債務返済額

---

8)　Bank Indonesia, *Statistik Ekonomi Keuangan Indonesia* の各年月版より．
9)　2014年8月16日の国会におけるユドヨノ大統領演説．

図5-4 インドネシアの累積対外債務と累積政府債権発行額；対 GDP 比

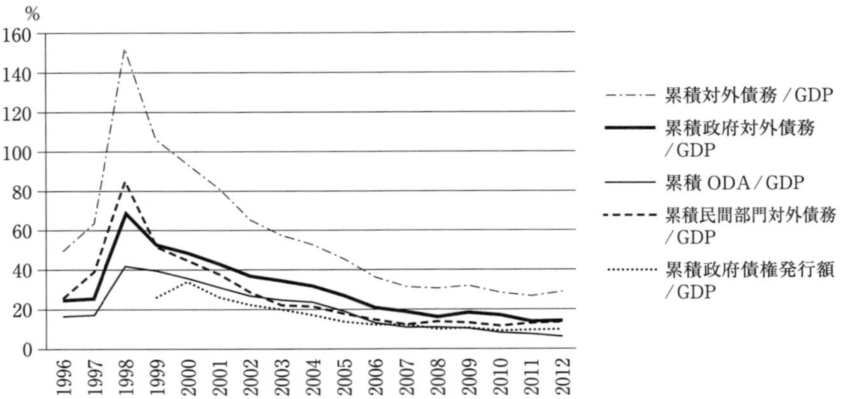

凡例：
- 累積対外債務／GDP
- 累積政府対外債務／GDP
- 累積 ODA／GDP
- 累積民間部門対外債務／GDP
- 累積政府債権発行額／GDP

出所：Bank Indonesia, *Statistik Ekonomi Keuangan Indonesia* の各年月版に基づき筆者作成．

の方が新たな借り入れを上回った．国債などが外国機関や外国人によって所有されれば対外債務としてカウントされるため，対外債務額は増加したが，財政面でみれば1999年以外は常に債務支払いが新たな借り入れを上回ってきたことが，このような累積債務額の GDP に対する比率の減少に貢献したと言えよう．

4.2　インドネシア経済発展とツーギャップモデルからの脱却

このように，政府が対外借り入れに頼る必要がなかった理由として，この期間の経常収支の大幅な黒字を挙げることができる．図5-5は，アジア通貨危機時の通貨の下落（‒‒‒‒線）と，その直後からの大幅な財サービス貿易の黒字（⋯⋯⋯線），そのこととも関連するが，投資（＝＝線）を大幅に上回った貯蓄（‒‒‒‒線）の推移を経常収支（‒‒‒‒線）との関連で示している．1998年のルピアの大幅切り下げは，大幅な輸出の増加と輸入の抑制を通じた貿易収支の黒字化をもたらした．この時期の財政の赤字が大きくなかったこともあり，貯蓄が投資を相当上回る事態をもたらした．

すなわち，分配国民所得は支出国民所得に等しいので，

　　消費＋貯蓄＋政府歳入＝消費＋投資＋政府歳出＋輸出－輸入

第5章　インドネシア──経済発展における対外債務と日本のODA

図5-5　インドネシアの通貨価値下落と貿易・経常収支・貯蓄・投資

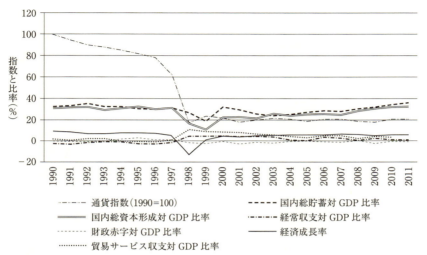

出所：ADB, *Keyindicater*, IMF, *IFS* 各年版　および図5-1と同じ資料に基づき筆者作成．

と示すことできる．ここから，

(貯蓄－投資) ＝ (政府歳出―政府歳入) ＋ (輸出－輸入)

とあらわすことができる．

　アジア通貨危機以降の2000年代は，財政赤字が少ない一方，貿易収支の黒字が多かったこともあり，(貯蓄－投資)＞0が維持され，それも貯蓄がかなり投資を上回ることになったのであった．

　貿易収支の大幅黒字もあって経常収支も黒字であり，その結果，図5-5も示しているように，2000年代初めに国際収支を均衡させるため，インドネシアへの民間投資も少なかったが，政府部門の借り入れに頼る必然性がなかった．2000年以降の貿易収支の大幅黒字，その結果としての経常収支の黒字，少ない財政赤字幅，そして，貯蓄が投資を上回るという構図は，従来のインドネシアには見られなかったものであった．

　図5-6は，長期的に見たインドネシアの経常収支（＝＝線），財政収支（………線），そして貯蓄・投資のギャップ（＝＝線）の趨勢を見たものである．この図から，アジア通貨危機以前のインドネシアは，1974年のオイルショック

143

図5-6 インドネシアの貯蓄投資ギャップ，経常収支および財政収支

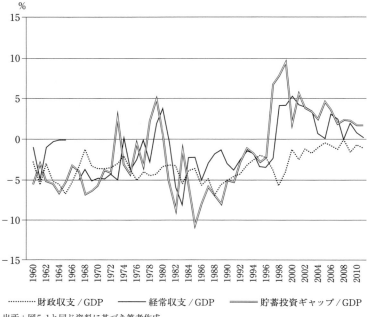

········· 財政収支／GDP　　――― 経常収支／GDP　　――― 貯蓄投資ギャップ／GDP

出所：図5-1と同じ資料に基づき筆者作成．

前後，および，1979年前後の第二次オイルショック時を除いて，基本的に，経常収支の赤字（外貨制約），貯蓄投資ギャップ（貯蓄不足），そしてこれらからもたらされる財政赤字という，ツーギャップ，ないしスリーギャップの状況にあったことがわかる．その中で，経常収支の赤字は，1987年ごろまでは政府借入が，その後は主として民間部門の投資が補ってきた（図5-3）．

これに対し，アジア通貨危機以降は，基本的に経常収支が黒字，貯蓄・投資バランスにみる貯蓄のプラス，そして比較的抑制された財政赤字という構造が維持されてきた．つまり，もはや貯蓄不足も外貨制約もなく，財政赤字もアジア通貨危機前に比べればはるかに少ない．国内では，リーマンショック以前から消費が伸びて成長を支え，リーマンショックを比較的軽微な影響で乗り切ると，特に2009年以降は韓国やシンガポール以外の日本などの直接投資を含む民間投資も増加し，総資本形成のGDP比が増加を示し，その増加を国内貯蓄が

第 5 章　インドネシア——経済発展における対外債務と日本の ODA

支えている（図 5-6）．このような貯蓄や投資の増加には，民主化の過程で実施された華人に対する差別の撤廃も影響していよう．

4.3　インドネシアの ODA 卒業と日本の ODA および新たな協力の方向

　このような構造下でインドネシア経済は今日 5 ないし 6％台の成長を続け，その結果，図 5-4 で見たような GDP に対する累積債務額の着実な減少に至ったのであった．

　今日，日本からの ODA も，毎年の返済額の方が新規借入よりもはるかに多い．例えば，2012 年の日本からの新規借款は 6 億 7201 万ドル（154 億 9000 万円），無償援助が 1886 万ドル（61 億円），技術協力が 1 億 5047 万ドル（61 億 7000 万円）である一方，インドネシアからの日本への返済額は 17 億 200 万ドルで，ネットでみた借款はマイナス 10 億 3001 万ドルであった（外務省編 2013）．

　インドネシア側から見れば，ODA 返済は大きな負担である．ただし，インドネシアの財政規模の拡大から，その負担比率はアジア通貨危機時とは大きく事情を異にする．すなわち，2011 年でみると，日本への元本利子返済額 16 億 4758 万ドルは財政支出の 1.12％，日本からの借款と無償援助を合わせた額は 9 億 369 万ドルで財政支出の 0.61％，ネットでみたインドネシア側の日本への返済額 10 億 3000 万ドルは財政支出の 0.51％であった．インドネシア財政に占める 2011 年の対外債務全体の元利返済額は 77 兆 700 億ルピア（財政支出に対し 5.95％），新規借り入れが 54 兆 7950 億ルピア（同 4.23％），純支払いは 22 兆 2750 億ルピア（1.72％）で，負担が著しく大きいとは言えない．

　このように，発展したインドネシア経済からすると，今日の ODA は，財政から見ても国民経済から見ても付加的な意味しかなく，むしろ財政負担となっているがそれも著しく大きな負担とも言えないことがわかる．いわば，債務を一挙に返済するのではなく（一挙に返済すれば過重な負担になろうが），一定額を借り入れつつより多くの返済を行ってなだらかに債務額を減らしてきた．このように，今日のインドネシアはこれまでのような援助の受入国の段階を卒業したのであるが，一方，累積債務額（2012 年で 588 億ドル）は依然多額であるため，その負担が過大にならないよう徐々に返済していると言えよう．

第Ⅱ部　かつての途上国，現在の途上国から見た日本の国際協力

　最大の債権国である日本についてみると，2012年時点でなお238億7100万ドルの累積債務が残っている[10]．これは，インドネシア政府の対外債務全体の40.6％を占めることは既に述べたとおりである．

　これまでのインドネシアへの日本からの借款の累計を合計してみると，1960年から2012年までの間に312億6022万ドルが貸し出された．またこの間の無償援助の累計が19億9176万ドル，技術協力が35億6752万ドルであった．一方，インドネシアは日本からの借款に対する元本および利子として182億6837万ドルを支払った[11]．312億6022万ドルの借款に対して，182億6837万ドルが返済されているのに，現在の債務残高がなお238億7100万ドルもある1つの理由は円高にあると考えられる．1960年代末から1970年代初めは，日本の援助がインドネシア財政にとってきわめて重要な時期であった．このときやその後の債務が，1985年のプラザ合意以降の円高下で返済されればインドネシア側の元本返済負担はドルでみれば借款時の2倍を超える（ルピアでははるかに高い）．対米ドルでみた日本の通貨価値は，1970年を100とすると，プラザ合意の後の1986年は214，1993年が324，2000年が334，さらに2010年は410となった．このような円高の結果，インドネシアの対日累積債務が膨れ上がったと考えられる．このような債務の膨張は，経済援助としては予想していない事態であろう．純粋な市場取引であれば，通貨価値変動による債権額の増加は，キャピタルゲインとして（そのような変動を見越すことができた）債権者の当然の利益と考えられようが，経済援助として有償資金協力を行った債権者（援助供与国）にとってそのような利益は必要なのであろうか．

　2012年の債務債権の変化，すなわち，インドネシアは17億2000万ドルを返済したが，新規の6億7000万ドルの借り入れがありその結果，10億5000万ドル債務が純減した，という方式を続けていけば，インドネシアが対日累積債務を完済するのにあと20年はかかることになる．一方，今日のインドネシアでは，上で見たように，かつてのような外貨制約・貯蓄制約・およびこれらの制約の結

---

10)　以上の2011年2012年の援助額と財政との比率等は，Bank Indonesia (2014) より算出．
11)　通商産業省編，『経済協力の現状と問題点』，各年版，外務省編『政府開発援助（ODA）白書 国別データ』各年版，OECD, *Geographical Distribution of Financial Flows to Developing Countries* の各年版より．

第5章　インドネシア——経済発展における対外債務と日本のODA

果としての財政赤字という3つのギャップはむしろ存在しない。貯蓄の方が投資よりも多いのであるから，むしろ国内貯蓄を動員する諸政策（効果的な間接金融・直接金融の実現，所得税など依然として低い国内直接税額の増加，汚職の撲滅を通じた税収の増加・使用の効率化等）を実施すべきであろう。現実にも，経済援助について見れば，事実上，インドネシアが日本を援助している（日本への純流入の方がはるかに多い）と言える状態になっている。かつて日本が多く貸したのであるから返済は当然であるとしても，現実はそのような事態になっているということは認識すべきであろう。

今日，インドネシアの財政規模は，例えば2011年で見ると，歳入が1210兆6000億ルピア（贈与5兆3000億ルピアを含む）であり，一方，歳出が1295兆ルピア（対外利払い26兆4000億ルピアを含む）であった。不足分84兆4000億ルピアは，国債発行119兆9000億ルピアなどによる148兆7000億ルピアの国内資金調達によって賄い，一方，外国資金調達をみると外国援助が33兆7000億ルピアであるのに対して対外債務への元本支払いが47兆3000億ルピア等であるので17兆8000万ルピア（うち日本への支払いは5兆6000億ルピア）の赤字であった。同年に日本からインドネシアに供与された借款8億7974万ドル（インドネシアは日本に16億4757万ドルを支払った）プラス無償援助2395万ドルは，したがって援助というより，インドネシア財政支出の一部を日本ODAという名の下で予算執行したものとみなすこともできる。要請主義という建前はあっても実際は，案件の発掘・形成から計画つくり（開発調査など）を経てドナーが手作りでほとんど仕切ってきたのであった（谷本 2004）。

日本のODAが掲げる「民間主導の持続的な成長」，「民主的で公正な社会造り」，「平和と安定」のための支援という目標から見れば，今日のインドネシアでなすことは多いが，しかし，これらの課題に，日本からの融資で（おもにドナーの手作りで）取り組む一方，実際はこれらの融資をはるかに上回る額のインドネシア予算が日本に流れ，上の3つの目標を含む政策課題に用いることができない。このような状態では，援助はインドネシアにおける日本企業のビジネスチャンスを確保するために存在する，とする批判も生まれよう。

このように，援助を卒業できるが過去の債務があまりに多い場合，どのようにしたら円滑に援助を卒業できるのであろうか。ましてや，インドネシアの場

第Ⅱ部　かつての途上国，現在の途上国から見た日本の国際協力

合，スハルト権威主義政権の下で援助に関わる汚職が絶えなかったことを想起すると，何らかの措置が望まれる．それには，債務の一部帳消しなどの措置もありうるが，他方，計画的に累積債務返済が早く実行できるよう粛々と返済を続け，これまでのような経済成長を加速するという方策もありうる．国内貯蓄の動員がより望まれる今日，日本からの援助は，日本の援助が介入することによってしか実行できない特定インフラや，かつての日本の援助によって今日インドネシアに広く普及している母子手帳のように，日本の援助でなければできないプロジェクトに限られよう．今日，インドネシアには膨大な産業インフラ需要がある．これには，ODAよりもむしろ投資銀行や民間銀行など民間部門による投資や融資が望まれる，とはハイルル・タンジュン（Chairul Tanjung）経済財政担当調整大臣の言葉であった[12]．産業インフラへの投資需要はきわめて大きく，今後縮小が避けられないODAでは，むしろ需要に応じることができない．OOAも含め，民間資本の動員を目指した柔軟な対応が望まれよう．この資金の流れは，インドネシアに出入りする民間資金の一環である（新たな援助についての議論は第2章（武藤・広田）を参照）．

今日，日本とインドネシア社会の交流は一層増加する留学生（インドネシア政府奨学生や私費留学生が大幅増加），研修生や介護士などの労働力，企業にとどまらないモノの動き，直接投資やその他の様々なカネの流れ，さらに社会運動や社会事業を通じた幅広いものとなっている．今後は，多様な労働力，あるいはボランティアの相互の受け入れや一層の研究教育の協力，さらに地域同士，農村同士，町内同士，学校同士が結ぶ，あるいは日本の国公私立の大学による大量のインドネシア学生の受け入れなどの交流を促進し，日本社会を挙げて，従来のODAに代わる新たな事業を推進することが望まれよう．このような幅広い新たな協力関係構築の努力の中で，ODAもその存在のあり方が再定義されよう．

---

[12] 2014年9月29日の筆者とのインタビュー結果．ハイルル・タンジュン大臣は，インドネシア経済の発展のおかげで増加する財政もGDP比率は下がっており，今は民間部門の時代だ，インドネシア・日本関係も同様であるべきで，今は，ギナンジャール（Ginanjar Kartasasmita：元国家開発企画庁長官．賠償留学生として東京農工大学に学び，インドネシア日本友好協会会長などを務めた）の時代ではない，と述べた．

第5章 インドネシア——経済発展における対外債務と日本のODA

5 結び

　日本の戦後のインドネシアに対するODAは，実質的には1958年からの戦後賠償に始まった．日本の賠償は当時のインドネシア財政や経済を支えるほどではなかったが，日本企業がインドネシアに進出する先鞭の役割を果たした．これに対して1966年からのスハルト政権において，政府予算のうちの開発歳入はすべて援助により賄い，それが開発歳出の主体となり，援助計画額の約3分の1を日本が負担する構図が成立してインドネシア財政を支えた．この構図はスハルト体制終焉まで続いた．当時のインドネシアは，国内貯蓄不足，経常収支赤字（外貨制約），それから来る財政赤字に悩まされており，海外援助は外貨不足・貯蓄不足・財政赤字を緩和する効果があった．

　一方，1980年代初めより民間直接投資が増加した．援助が先鞭となり日本の民間直接投資が増加するという面もあった．また，1988年前後の金融改革以降は，ポートフォリオ資金も大量に流入するようになった．1987年を境に対外債務返済額が新規借入額を上回り，実質的な海外資金調達元は，政府部門から民間部門に代わっていった．しかし，1997年のアジア通貨危機直後には，国内企業，特に金融部門の債務処理のため国債が大量発行され，IMFや日本を含む各国は債務支払い繰り延べの融資や援助を行った．その結果，インドネシア政府は一時的に膨大な内外の債務を抱えることになった．

　一方，アジア通貨危機の結果である通貨価値の大幅減価は，その後の輸出の増加と輸入の抑制を通じて，貿易収支の大幅黒字，さらに2000年代の経常収支の恒常的黒字を生み出した．そして，投資が低迷しても国内消費が経済を下支えし，特にリーマンショックを軽微な影響で乗り切ると内外の投資が伸び，これを支える貯蓄の増加があった．これらの結果，2000年以降インドネシアは援助の必要性が大幅に減少し，対外債務は元本利子の返済額が新規借り入れを相当上回る状態が続いた．そしてインドネシアの債務残高は，国内外債務ともGDPとの比率で見ると劇的に減少するに至った．

　今日，日本のODAについて見ても，日本への返済額の方が日本からの新規

第Ⅱ部　かつての途上国，現在の途上国から見た日本の国際協力

融資や無償援助・技術協力額よりはるかに多い．インドネシアは今や，外貨制約はなく，貯蓄不足もなくこれらを理由とする財政赤字もない．インドネシアは被援助国を卒業したのである．このような経験は，他の途上国に対しても多くの教訓をもたらそう．ただし，依然として対外債務残高は多く，特に日本に対しては円高の影響もあり相当額の残額がある．

　今日のインドネシアは，国内貯蓄を動員する政策をより強化すべきであろう．今後継続される援助は，インドネシアがマクロ経済的には既に被援助国を卒業した新たな段階にあることを踏まえ，日本の援助がなければ実行不可能な特定インフラや社会事業などに限るべきであろう．そして，インドネシア政府に対する借款という形を通じたODAに代わって，人材育成や多様な労働力あるいはボランティアの相互受け入れや，教育研究協力の推進，さらに地域同士，学校同士，協同組合同士などを含めた社会のより広い交流や協力を促進し，さらに産業インフラなどに対する民間資金の流れを作るなど，国民全体で推進する必要があろう．ODAが存在するとするなら，以上の流れを促進するための枠組み作りなど，新たな協力体制の構築の中でODAは再定義されよう．

引用文献

■英語文献

Bach, Edmar (1990) "A Three Gap Model of Foreign Transfers and the GDP Growth Rate in Developing Countries," *Journal of Development Economics*, 32 (2): 279-296.

Woo, T. Wing, Bruce Glassburner and Anwa Nasution (1994) *Macroeconomic Policies, Crises, and Long-Term Growth in Indonesia, 1965-90*, Washington: World Bank.

Chenery, Hollis. and Allan M. Strout (1966) "Foreign Assistance and Economic Development," *American Economic Review*, 56(4): 679-733.

OECD, *Geographical Distribution of Financial Flows to Developing Countries*. Paris: OECD.

Taylor, Lance (1993) "A Three-Gap Analysis of Foreign Resource Flows and

第5章 インドネシア——経済発展における対外債務と日本のODA

Developing Countries Growth," in L. Taylor (ed.) *The Rocky Road to Reform: Adjustment, Income Distribution, and Growth in Developing World*, Cambridge, MA：MIT Press.

■インドネシア語文献
Bank Indonesia (2014) *Statistik Ekonomi Keuangan Indonesia*, Jakarta；Bank Indonesia.

■日本語文献
アジア経済研究所,『アジアの動向　インドネシア』各年版

飯田経夫（1974）『援助する国される国』日本経済新聞出版社.

伊賀正享, 朝日幸代（1995）「日本とインドネシアにおける公的投資と民間投資の計量経済学的分析」四日市大学論集, 8(1)：1-40.

井上礼子（2006）「『忌むべき債務』の帳消し」村井吉敬編　『徹底検証ニッポンのODA』,コモンズ.

梅﨑創（2005）「経済危機と中央政府債務」石田正美編　『インドネシア再生への挑戦』アジア経済研究所：75-101.

小国和子（2003）『村落開発支援は誰のためか——インドネシアの参加型開発協力に見る理論と実践』明石書房.

小浜裕久（1998）『ODAの経済学（第2版）』日本評論社.

外務省編（2014）『政府開発援助（ODA）白書2013年版　国別データ』外務省.

外務省経済協力局（1969）『インドネシア経済の現状とその打開の方策』外務省経済協力局.

外務省国際協力局編（2012）『政府開発援助（ODA）国別データブック2012』外務省国際協力局.

川井信司（2002）『先住民族と開発援助——インドネシア　イリアン・ジャヤ州ドミニ集落の事例』明石書房.

久保康之（2003）『ODAで沈んだ村——インドネシアダムに翻弄される人々』コモンズ.

倉沢愛子（2011）『戦後日本インドネシア関係史』草思社.

黒岩郁雄（2004）「インドネシアの経済危機とガバナンス——汚職, 契約執行, 所有権の保護」黒岩郁雄編『開発途上国におけるガバナンスの諸課題——理論と実際』アジア経済研究所.

佐伯奈津子（2002）「人権抑圧に加担した天然ガス円借款」藤林泰・長瀬理英編『ODAをどう変えればよいのか』コモンズ.

白井早百合（2005）『マクロ開発経済学——対外援助の新潮流』有斐閣.

第Ⅱ部　かつての途上国，現在の途上国から見た日本の国際協力

武田美紀（2000）「金融自由化の順序と脆弱性の問題」，国宗浩三編『アジア通貨危機——その原因と対応の問題点』アジア経済研究所．

谷本寿男（2004）「インドネシアにおける開発支援へのあり方——ガバナンスに視点をあてた支援メカニズムの構築に向けて」黒岩編前掲書．

通商産業省編（1960）『経済協力の現状と問題点』通商産業省．

徳永澄憲（1995）「日本政府開発援助と直接投資効果のマクロ計量モデル分析，インドネシア，マレーシア及びタイの分析」*Reitaku International Journal of Economic Studies*, 3(2)：71-110.

福家洋介・藤林泰編（1999）『日本人の暮らしのためだったODA』コモンズ．

水野広祐（2002）「インドネシア経済とIMF・世銀——構造調整・民主化・下からの開発の時代」『土地制度史学』（土地制度史学会）44(3)：9-20.

村井吉敬他（1999）『スハルトファミリーの蓄財』コモンズ．

村井吉敬編（2006）『徹底検証ニッポンのODA』コモンズ．

村井吉敬他編（2013）『現代インドネシアを知るための60章』明石書店．

第6章 ザンビア
対アフリカ援助の政治経済学

児玉谷史朗

1 はじめに

　本章は，南部アフリカのザンビアを事例として，中国のザンビア進出とそれが他のドナーとザンビアに与えた影響を検討し，もって日本の援助の方向性を考えることを目的とする．

　中国のアフリカへの経済進出は，今世紀に入って目覚ましく，投資，貿易，「援助」[1]，人の移動など幅広い分野に及んでいる．中国のアフリカ進出は先進国にとって，資源確保の競争相手，安全保障上の関心などと並んで，欧米あるいは開発援助委員会（DAC）の「伝統的ドナー」との異質性が問題にされてきた．中国の異質性が，伝統的ドナーが築き上げてきた援助に関わる規範や基準に抵触し，それらを浸食するという警戒感である（小林 2012）．このように，中国のアフリカ経済進出は，先進国，ドナーの観点や反応が議論の中心であり，アフリカ側の反応や見方を取り上げたものは少なかった．アフリカ側の反応を取り上げたものとして，新興ドナーの出現をアフリカ諸国の「開発空間」やポリシースペースを拡大させるものとして捉える Kragelund（2014）や大野（2012）の研究がある．これらの研究はアフリカ諸国の政府にとっての影響や政府の反応を明らかにしているが，政府以外の野党や選挙の有権者などがどのよ

---

1) 中国は DAC のメンバーでないため，DAC の ODA の定義に縛られない．本章では援助は基本的に ODA を指すが，ODA 以外の借款などを含む広い意味で使うときは，「援助」とかっこ付きとする．

うに中国の進出を捉えたか，どう反応したかについてはあまり研究されていない．

そこで本章ではザンビアの事例を取り上げ，政府だけでなく，野党や有権者も含めて，アフリカ側が中国の進出にどう反応したかを考察する．ザンビアは国政選挙の際に中国問題が争点となったという国であり，事例として適切と考える．多くのアフリカ諸国では，1990年代初めに「民主化」し，複数政党制の下で選挙が定期的に行われるようになった．この状況では，援助に対する国民の反応や政府の政策決定にあたっての世論の動向が重要になっている．

ザンビアは，しばしば開発政策や援助の失敗の典型として紹介されてきた．1975～2001年の期間，GDPの2割に相当する金額の援助を受け取ったにもかかわらず，経済成長はほぼゼロであった（McPherson 2004）．対照的に，2000年以降10年以上にわたってザンビアは持続的な経済成長を維持している．一見すると，その原因はザンビア人エコノミストのモヨが主張するように，欧米の援助の失敗と中国の「援助」の成功であるかのように見える（Moyo 2009）．あるいは援助は，その違いにかかわりなく，ヴァンダワーレの言うように，「新家産制」[2]に代表されるアフリカ側の国家や政治体制の維持に一役買っているのかもしれない（van de Walle 2001）．

本章では，第2節でザンビアの経済低迷期の政治・経済の概略を整理する．続いて第3節では対照的に経済成長が続く2000年代について説明する．第4節では2000年代の中国の経済進出とザンビアの政治への影響を検討する．最後に第5節で日本の対アフリカ援助への含意を検討する．

2 ザンビアの政策と制度の変化の概略

2.1 ザンビアの政治と経済の時期区分

1964～72年の複数政党制の時期を第一共和制，1973～90年の一党制の時期を

---

[2] Neo-patrimonialism の訳語．公式には近代官僚制などを備えた近代国家の体裁をとっているが，非公式には大統領を頂点とするパトロン・クライアント関係の中で，国家の資源がクライアントに分配されるような支配体制．

第二共和制と呼ぶ．1991年以後は第三共和制で，複数政党制の時期である．第一，第二共和制の27年間は，カウンダが大統領，「統一民族独立党」（United National Independence Party：UNIP）が与党であった．

1968～71年に銅産業をはじめとする一連の主要企業（ほとんどが外国資本）が国有化され，国営企業が経済の85％を占めるとも言われた体制へ移行した．1980年代に入ると債務累積により，国際通貨基金（IMF）と世界銀行（世銀）の影響が強まり，構造調整が実施された．カウンダ政権は，経済危機と構造調整の中，「民主化の波」にのまれて1991年の複数政党制選挙で退陣を余儀なくされた．

第三共和制では，1991～2011年の20年間は「複数政党制民主主義運動」（Movement for Multi-party Democracy：MMD）が与党で，チルバ（1991～2001），ムワナワサ（2001～2008），バンダ（2008～2011）の3人が大統領になった．1991年からチルバ政権の下でふたたび構造調整が実施され，民営化，経済自由化が進められた．チルバ政権はその統治の最終盤に銅産業の民営化にこぎ着けた．

ムワナワサ政権は，チルバ政権の経済自由化路線を引き継いだが，同時に軌道修正を図り，構造調整から貧困削減へ重点を移した．ムワナワサが大統領に再選された2006年総選挙では，野党「愛国戦線」（Patriotic Front：PF）が中国批判を展開して，国会選挙で都市部の選挙区で全勝する躍進を見せた．ムワナワサ大統領病死の後，2008年に行われた大統領選挙では，MMDのバンダが，PFのサタに僅差で勝利して，大統領となった．

2011年の総選挙でサタが大統領に選出され，PFがMMDに代わって政権党となった．

2.2 構造調整の政治経済学その1：1980年代，カウンダ政権末期の経済改革

ザンビアでは1985～86年に本格的な構造調整が実施されたが，国民への十分な説明なしの食糧補助金の削減が食糧暴動を引き起こした．これを受けて，カウンダ政権は1987年にIMFと訣別し，独自の経済復興策を策定・実施した．しかし世銀・IMFと仲たがいしていると，二国間援助も入ってこなくなるため，

自前の復興策を継続できなかった．1989年に再び世銀・IMFと構造調整を始めたが，90年6月に食糧暴動が再度起こり，あわせて民主化要求のデモやクーデター未遂が起きた．この後野党が結成され，複数政党制への移行が決定される．こうして2度目の構造調整は民主化につながった．

食糧暴動には構造調整下での食糧増産政策の矛盾が潜んでいた．カウンダ大統領がとった農業開発政策は，小規模農家の市場や農業投入財（化学肥料など）へのアクセス拡大を通じて，トウモロコシ（主食）の市場向け生産を促進するものであった．あわせて増大する都市住民に安価な食糧を安定供給しようとしたのだ．そのために主要作物と投入財については，流通の専門機関を設置して，流通を独占させ，価格は毎年度政府が公定価格として決めた．これは補助金が増大するようなシステムであった．すなわち，(1)生産者価格を引き上げ，消費者価格を据え置くような政治的圧力があり，(2)公定価格は全国一律の公定価格のために，遠隔地で生産が増加して，その分，補助金が増加する．また，(3)豊作の年にはトウモロコシの買付に膨大な資金が必要になる，というものである．

この政策は，非効率な生産の立地や財政負担の増大という点で経済・財政的には合理的でないが，遠隔地の農民に市場機会を与え，都市住民に安い食糧を提供するという政治的目的を果たす，ベイツ・モデル的なシステムであった．世銀は，市場自由化を求めたが，後述のように，日本は化学肥料の援助や穀物倉庫建設の援助をした．

2.3 構造調整の政治経済学その2：1990年代，チルバ政権期の民営化

チルバ政権下のザンビアは民主化のモデルケースと称賛されたが，同政権の「新しさ」は見かけ上のことであって，一党制時代の新家産制国家との連続性があった．すなわち，(1)国会選挙の結果，一党優位の状況になった．(2)大統領の強大な権限は縮小されなかった．(3)大統領をはじめとする政治家が経済改革に介入し，政治的利用をした．

チルバ政権の農業政策は矛盾に満ちていた．1994年には農業流通の自由化を行った反面，95年に設置された「食糧備蓄機構」（Food Reserve Agency：

第6章 ザンビア——対アフリカ援助の政治経済学

FRA）に97年から化学肥料の輸入と流通を担当させ，全国同一の価格で化学肥料を販売した．これは日本が1996年を最後に16年間続けた食糧増産援助を停止し，他のドナーも化学肥料の援助を停止したことへの対応であったが，世銀からは融資のコンディショナリティとして政府が直接化学肥料の輸入・販売を行わないよう釘を刺された（Jayne et al. 2002, World Bank 2010）．1990年代のトウモロコシ生産高は年平均97万トンにとどまり，自給が達成できなかった．

このように，政府が自由化を決定・導入した後でも，たびたび政府自身が補助事業を導入して，自由化に逆行する行動をとった．

政治的介入は民営化政策にも顕著に現れた．国営企業約280社が民営化の対象となり，2005年までには約260社が売却された（Pitcher 2012, Mulenga 2008, Larmer and Fraser 2007, Thurlow and Wobst 2004）．当初，民営化は，政府から独立した組織である「ザンビア民営化機構」（Zambia Privatization Agency：ZPA）によって実施された．しかし民営化が国民，特にMMDの支持基盤である組織労働者や実業家に打撃を与えることが明らかになってくると，チルバ大統領は選挙が近づくにつれて，民営化に介入するようになる．大統領は，96年選挙の直前に，ZPAを通さずに国有の商業施設，農場，および公営住宅の売却を行い，ZPAが行った民営化についても，売却先が政治的支持者になるよう影響力を行使した（Pitcher 2012）．

銅産業においては，コッパーベルト州や労働組合がチルバ大統領とMMDの主要な支持基盤であったこと，国の象徴的存在である「ザンビア合同銅鉱山会社」（Zambia Consolidated Copper Mines：ZCCM）を外国資本に売却すれば，国民の反発を引き起こすおそれがあることなどの事情から，民営化が遅れていた．政府はようやく1995年にZCCMを2年以内に民営化すると決定した．しかしその後も，大統領をはじめ，政治家の介入や政治的利用が見られるようになったため，民営化は遅れ，その結果，銅の国際価格が低迷する時期に入り，またZCCMの赤字が年々累積したので，売却する条件は悪くなる一方であった．遅れに対して，民営化を支援していた世銀や主要ドナーは，2億3800万ドルの国際収支支援を停止した．

民主化したにもかかわらず，チルバ政権の閣僚をはじめとする政治家には汚職の噂が絶えず，民営化事業等を通じて蓄財していると言われた．国民の生活

の悪化と政治家の汚職は新政権に対する支持を急速に低下させた．2期目の就任を目指した1996年の選挙に向けてチルバ政権は危機感を募らせ，一方で野党に対する弾圧を行い，他方で公営住宅の払い下げなど支持者を増やす政策を採った．野党の弾圧の1つが憲法改正による野党候補（カウンダ）の立候補資格剥奪である．カウンダ前大統領の立候補阻止をねらった憲法改正に対し，アメリカ，ドイツ，日本等の主要援助国は援助の一部を停止する措置をとった．

農業流通改革，民営化，憲法改正で共通するチルバ政権の行動は，基本線でドナーの求める政策や改革の導入を受け入れ，援助を受けた後で，それと逆行する行動をとったり，政治的利用をしたりするというものである．特に選挙への影響を考えてこの行動に走る傾向が認められる．ドナーはこれを非難し，援助を停止する措置をとるなどの対応をするが遅きに失したということが多い．

チルバ政権の行動に国民の支持や世論が影響を与えたが，それらをさらに規定していたのが，1990年代の貧困化であった．国民は民主化して政権が代われば，経済が回復すると期待していたが，構造調整が行われた1990年代には経済は停滞し，国民の著しい貧困化が進んだ．1991～98年の年平均経済成長率は0.2%，1990～2002年の1人当たりGDPの成長率は年率マイナス1.4%であった（Thurlow and Wobst 2004）．公式部門（formal sector）の雇用者数は1990～2000年に13%以上減少した（表6-1）．都市でのインフォーマルセクターの拡大と，非正規雇用の増加，賃金の低下が進んだ．そしてインフレが続いた．

チルバ政権の10年間を各種の貧困指標で見ると，表6-1に見られるように，出生時平均余命，5歳未満児死亡率，乳児死亡率はいずれも悪化し，都市の失業率はほぼ倍増した[3]．貧困者比率は1991～96年に上昇した（Thurlow and Wobst 2004）．

2.4　1980年代と90年代の対ザンビア援助

1980年代は構造調整が，90年代には構造調整と「良い統治」が援助の基本的枠組みを決めていた．構造調整は世銀が主導する形で，主要援助国が協調し，

3）　出生時平均余命の大幅な悪化はアフリカ以外では見られない特異な現象であるが，これにはHIV/AIDSの蔓延が関係していると考えられる．

第6章 ザンビア——対アフリカ援助の政治経済学

表6-1 ザンビア1990年代の社会指標

	単位	1990	1994	1996	2000
出生時平均余命	歳	54.4	48.0		41.4
5歳未満児死亡率	1000出生中	191	203		202
乳児死亡率	1000出生中	107	113		
貧困者比率	%	68.9[1]		79.4	75.4[2]
貧困者比率　都市	%				49[2]
貧困者比率　農村	%				83[2]
ジニ係数			0.59	0.50	0.49[2]
公式部門労働者数	千人	540			476
都市失業率	%	14			26

注：1) 1991年　2) 1998年
出所：World Bank (2013), Erdman and Simutanyi (2003), Seshamani (2002), Thurlow and Wobst (2004), Resnick (2014) に基づき筆者作成.

良い統治はイギリスとアメリカが中心であった．

1980年代の日本は，その当時の「新興ドナー」とも言える．1980年代に援助国として登場するやすぐにトップ・ドナーとなり，対ザンビア援助の増額に貢献した．特に，構造調整に資金的に大いに貢献した．1980年代には日本が二国間援助の14％を占め，最大援助国になった（Saasa and Carlsson 1996）．

日本は，構造調整に多額の資金を供与して協力する一方で，いくつかの点で世銀と一線を画していた．世銀が農業流通の自由化を求めていたのに対して，日本はザンビア政府の政策を前提にした上で，化学肥料の援助や穀物倉庫建設を援助した．日本は1980〜90年に無償資金協力の18％を食糧増産援助に，14％を農業関係の援助に充てた．食糧増産援助のかなりの部分が化学肥料の供与であると考えられる．また1984, 85, 88年に供与された穀物倉庫建設の援助もザンビアの農業流通が機能するのに不可欠であった．公定価格が年間で変動しない統制価格制度の下では，農家や民間の業者が穀物倉庫を建設，運用する誘因がまったくないので，政府または政府系の機関が倉庫を維持する必要があった．

また1980年代に日本は構造調整関連以外でも多くの分野で無償資金協力・技術協力を実施した．ザンビア大学に新設された獣医学部建設，大学病院小児医療センター建設，中学校建設などである．

日本は資源国であるザンビアへの援助を重視した．1980年代において日本はザンビアの銅の最大の輸出先で，また輸出全体でも最大で，特に80年代前半は

ザンビアの輸出に占める日本の割合は20％以上を占めた．

1990年代においても日本のスタンスは基本的に変わっていない．日本は，対ザンビア二国間 ODA 供与金額実績において，1995〜2002年にイギリス，ドイツと並び，最大の援助国であった．日本はこの期間に合計で4億460万ドル（年平均5058万ドル）を援助したが，これは二国間援助全体の14.1％を占め，1980年代と同水準であった．構造調整支援においては世銀が主導的位置を占めていたが，基本的に日本は世銀と協調して構造調整支援を実施し，金額的には最大の貢献をしていた．1990年代の有償資金協力と無償資金協力の合計から債務繰り延べと債務救済を除いた490億円のうち，207億円余（42％）が構造調整用の国際収支支援であった．

3 2000年代：経済成長と中国の進出

3.1 2000年代：ムワナワサ＝バンダ，MMD 政権（2001〜11年）

2001年に実施された総選挙において，MMD のムワナワサが新大統領に当選し，国会選挙でも MMD が第１党となって，引き続き政権を担当することになった．しかし選出議席150のうち MMD は69議席にとどまり，ザンビア憲政史上初めて与党が国会で過半数に達しないという状況が出現した．1990年代の MMD の一党優位状況とは大きく様変わりしたのである[4]．政権党の交代は起きなかったが，ムワナワサ政権はチルバ政権の政策を転換させた．政策的には，構造調整から貧困対策への転換，農業重視，HIV/AIDS 問題への取り組み，汚職撲滅をはじめとする「良い統治」の重視が打ち出された（稲垣 2002）．

ムワナワサ大統領は「農業振興六大政策」を発表した．その内容はチルバ政権時代の農産物流通自由化を逆転させる施策を含んでいた．チルバ政権が設立した FRA の機能が食糧備蓄の範囲を超えて拡大され，備蓄量をはるかに超え

---

[4] この変化の原因は，チルバが三期目就任を目論んで，憲法の三選禁止規定を廃止しようとしたことをきっかけに，MMD から有力な政治家が離党し，MMD が分裂したことである．

た量のトウモロコシの買付を行うようになった．2003～05年に5～10万トン，選挙の年の2006年には39万トンのトウモロコシを買い付けた．06年の買い付け量は小規模農家のトウモロコシ出荷量の6～8割を占めたと推計され，またFRAの予算が政府予算の26％を占めた（Mason and Myres 2011）．

ムワナワサ政権は2002年に「化学肥料支援事業」を開始し，肥料補助金を復活させた．当初は割引率が25％であったが，50％，60％と引き上げられた．毎年12万人から29万人の農民がこの制度を利用し，化学肥料補助金は農業省予算の多くを占めるようになった[5]．このように，ムワナワサ政権は，FRAと肥料支援事業を通じてカウンダ政権時代のシステムに一部回帰する政策をとった．選挙との関連や政治的目的も明瞭に見てとれる．

3.2 ザンビアを取り巻く条件の変化と経済成長

2000年代にはザンビア経済が持続的な成長軌道に乗り，1999年以降プラス成長が続いている．成長をもたらした第一の条件変化は，銅鉱山の民営化が2000年に完了し，2003年以後銅の国際価格が高騰したことである．これにより新規投資が行われ，生産量が急速に回復した．長期低落していた銅の生産量は2000年に26万トンで底を打ち，10年には90万トンに達した．

第二は資源価格の高騰である．銅の平均輸出価格は2003年まではトン当たり1400～1800ドルで低迷していたが，08年8月には9000ドルに達した（IMF 2008）．リーマンショックの影響で一時2520ドルに急落したが，09年には5200ドルに再び上昇した（Taylor 2012）．生産の急回復と価格の上昇が重なった結果，銅の輸出額は，2000年の4億7000万ドルから10年の54億ドルへと増加した．銅輸出額の急増に引っ張られて，輸出総額も急増した．2000年前後には8億ドル程度に落ち込んでいた輸出はその後上昇に転じ，10年には71億ドルを超えた（IMF 2008, World Bank 2013）．

第三に債務が削減された．ザンビアは2005年の拡大「重債務貧困国」（Heavily Indebted Poor Countries：HIPCs）債務救済イニシアティブとまた

5） 2007年に農業省予算の30％を占めた（Mason and Myres 2011）．

第Ⅱ部 かつての途上国，現在の途上国から見た日本の国際協力

表6-2 対ザンビア外国直接投資の推移

単位 100 万ドル

年	外国直接投資	中国	インド	南アフリカ
1997	125			
1998	164			
1999	200			
2000	126	13.7	1.3	
2001		7.2	0.9	
2002		20.7	0.3	
2003	172	2.86	3.5	
2004	239 〜 240	14	0.9	3.7
2005	257 〜 260	40.8 〜 41.4	60.2	9.6
2006	695	209.5	6	28.0
2007	800 〜 1,000	284.1 〜 287	1.3 〜 2.6	11.0

注：Zambia Development Agency が認可した投資の額．実際にこの額が投資されるとは限らない．
出所：Kragelund (2009), Carmody with Hampwaye (2011), Hampwaye and Kragelund (2013) に基づき筆者作成．

同年の多国間債務の返済免除措置により，2004年末に71億ドルあった債務は，06年には5億ドルに縮小した（IMF 2008）．

投資の流入も増加した．ザンビアへのFDI（Foreign Direct Investment：海外直接投資）は，1990年代に年平均1億4000万ドルであったが，表6-2に見られるように2000年代に増加した．

2000年代のザンビア経済は持続的な成長を続けたが，それが貧困指標の改善には必ずしもつながっていない．表6-3に見られるように，教育，保健面で改善がみられ，都市部では貧困者比率が低下しているが，農村部では依然として貧困者比率が高く，改善が見られない．このように貧困の状況は，改善が見られない領域が存在しており，特に農村の貧困削減はほとんど進んでいない．

雇用状況を見ると，公式部門労働者数は，定義が変更されたため単純な比較はできないが，2004年の42万から08年の51万1000人に増加した．労働組合員数も回復している．しかし同時にインフォーマルセクター就業者の割合は，都市人口の過半を占めるに至っている．

第6章　ザンビア──対アフリカ援助の政治経済学

表6-3　ザンビア　2000年代の社会指標

	単位	2000	2004	2005	2006	2010
初等教育純就学率	%	70.3				91.4
5歳未満児死亡率	1000出生中	157				111
乳児死亡率	1000出生中	94				69
貧困者比率	%	66.8[1)]		68		60.5
貧困者比率　都市	%	49[1)]			30	28
貧困者比率　農村	%	83[1)]			80	78
1日1ドル未満人口	%		76[2)]	64		
1日1.25ドル未満人口	%				68.5	
公式部門労働者数	千人		420		477.5	511[3)]
労働組合員数	千人	229				320[3)]
インフォーマルセクター比率　都市	%			56		71[3)]

注：1) 1998年．2) 2003年．3) 2008年．
出所：World Bank (2013), IMF (2012), DiJohn (2010), Zambia (2011), Pitcher (2012), Resnick (2014)に基づき筆者作成．

3.3　2000年代の対ザンビア援助

　2000年代に入って欧米ドナーはODAを増額し，対ザンビア援助も拡大している．DAC二国間援助の総額は，1995～99年の合計17億5000万ドルから，2006～10年合計の38億3000万ドルへ2倍以上に増えている．2000年代ではアメリカとイギリスが最大の援助国である．2001～10年のDACドナー二国間ODA支出純額で見た場合，アメリカは全ての年で上位5位以内に入っており，2006～10年には5年連続1位で，年平均2億3000万ドルを援助した．イギリスは，2003～2010年の8年間で5年は1位か2位であり，2006～10年には年平均7504万ドルを援助した．この他に援助額が多いのが，オランダ，ドイツ，日本（2006～10年には年平均4921万ドル）である．日本の援助額もあまり減っているわけではないが，アメリカをはじめ，各国が援助を増額しているので，日本の相対的地位は下がっている．

　しかしDACドナーの国別援助額を見ただけでは，対ザンビア援助の全体像や各ドナーの役割や貢献はわからない．その理由は2つある．1つは，貧困削減戦略書（Poverty Reduction Strategy Paper：PRSP）が存在し，援助協調が

第Ⅱ部　かつての途上国，現在の途上国から見た日本の国際協力

進んでいるからである．2つ目は，「新興ドナー」（非伝統的ドナー）が台頭したからである．

ザンビアにおいても「暫定貧困削減戦略書」が2000年末に世銀・IMFに承認され，2002年には「2002〜04年版貧困削減戦略書」が策定された．

2005年の「援助効果向上に関するパリ宣言」が画期となったのが援助協調である（第3章（高橋）参照）．援助協調を主導したのは，北欧プラス（Nordic Plus）と呼ばれる北欧4か国（デンマーク，フィンランド，ノルウェー，スウェーデン）＋イギリス，オランダ，アイルランドである．パリ宣言が出された2005年よりドナーの間で「共同支援戦略」（Joint Assistance Strategy of Zambia：JASZ）策定の動きがあり，2007年に完成して，日本を含む16の国と国際機関が署名した．2011年末には「第二次共同支援戦略」（JASZ II）が策定され，日本を含む15の国と国際機関が署名している（外務省ウェブサイト）．

このように欧米と日本（伝統的ドナーとかDACドナーと呼ばれる）のODAに関しては，PRSPと援助協調によって，貧困削減を目的とし，社会開発を中心とした援助を，ドナーが協調しつつ実施する原則や仕組みが作られた．しかしPRSPと援助協調は曲がり角に来ている．

PRSPはオーナーシップの原則を取り入れたため，ドナーに対してザンビア政府の立場を強める仕組みである．援助協調は被援助国の負担を軽減することを目的としているので，やはりザンビア政府の利益になるはずである．しかし援助協調でドナーが一致結束していると援助受入国は選択や交渉の余地がなく，立場が弱くなる．

ドナー，ザンビア政府関係に影響する変化があった．まず債務免除の影響がある．PRSPが，2005年の債務免除によって債務免除認定のための計画という役割を失い，これに基づくドナーの力が低下した．事実ザンビア政府は最近のPRSPを国家開発5か年計画として策定している．2011〜15年の第6次開発計画の策定にあたっては，第一次草稿はドナー側には見せずに財務・国家開発省で準備したというように伝統的ドナーから距離を置こうとする動きが見られる（Kragelund 2014）．

第二に中国，インドなど，新興ドナー（非伝統的ドナー）の出現である．新興ドナーのODAの額を正確に知ることは定義の問題もあり難しいが，しかし

第6章　ザンビア──対アフリカ援助の政治経済学

重要なのは，新興ドナーが援助協調に参加せず，DACドナーとは異なる理念や原則で援助していることである．これはザンビア政府側に選択や交渉の機会を与えることになる．

　第三にODA以外の資金の流れの拡大である．2000年代には，FDIや輸出が急速に増加し，債務免除の結果，借款や国債による資金調達も可能になった．中国やインドは，FDI，輸出，借款でも重要な役割を果たしている．ODA以外の資金の流入が拡大したことは，伝統的ドナーからの援助への依存が減ることを意味した．

　この結果，政府財政における援助の割合は2000〜05年平均で43%であったが，09年には30%と援助依存度が低下した（Kragelund 2014）．輸出・FDIと援助との対比では，1990年代末〜2000年代初めにはODAは年間3億5000万〜8億ドル，輸出額とFDIの合計はその2〜3倍であった．ところが2007〜10年には，ODAが10億ドル前後に対して，輸出額とFDIの合計は48億〜78億ドルで，ODAの4倍から7倍にもなる．この間ODAはむしろ増加しているにもかかわらず，ODAは相対的に比重を低下させた．

　もう1つの側面は，新興ドナーがPRSPや援助協調という基本枠組みの外側にいて，DACドナーのコントロールが効かないことである．新興ドナーは独自の理念や原則に基づいて援助を展開している．特に中国は，DACドナーと協調しないだけでなく，情報もあまり公開されていない．中国の「援助」は通常の窓口である財務・国家開発省を経由せず，直接大統領とやりとりされている．

　日本の援助額は，上述したように，1990年代後半の年平均5146万ドルに対して2000年代後半に4921万ドルと高い水準を維持しているが，他の国が援助額を増やしているため，日本の地位は相対的に下がっている．1980年代，90年代には日本は二国間援助の14%を占めたが，2000年代後半には5〜8%に低下している．

　このような中，2012年に制定され，14年6月に改訂された日本政府の「対ザンビア共和国国別援助方針」では，重点分野は，(1)産業の活性化，(2)基礎インフラの整備，(3)社会基盤の整備（教育，保健，水等）の3点である（外務省ウェブサイト）．2000年に策定された対ザンビア国別援助計画の重点分野が，

「貧困削減を目的とした社会開発＋構造改革支援」であったのに対して，2012/14年援助方針では，社会開発は産業活性化，インフラ整備と並ぶ3つの重点分野の1つとなり，貧困削減，社会開発から経済開発，インフラへと重点が移っている．

日本は2004年から援助協調に参加している．日本はプロジェクト援助を重視するなど，援助のモダリティや現地の権限などの点で，援助協調に完全に参加するには制約がある．しかしその制約の中で，援助協調に参加し，JASZに署名している．JASZでは，日本は地方分権で「リード・ドナー」になり，農業，教育，保健など重要なセクターを含む9つのセクターで「アクティブ・ドナー」になった．援助協調への貢献としては，他のドナーと比べても決して小さくない．

4 中国のザンビアへの経済進出

4.1 経済進出の概略

中国のザンビア進出の前史として重要なのは，1975年完成のタンザン鉄道建設である．当時の中国の援助は外交的，地政学的動機によるものであった．しかしタンザン鉄道は，その後中国とアフリカとの連帯・友好を象徴するものとして中国，ザンビア双方の政治家が度々言及して，シンボル化された（Haglund 2009, Strauss 2009）．

2000年以降，中国のアフリカ政策の重点は商業的，経済的な面に移動した．中国のアフリカへの経済進出が始まる画期は，2000年の「中国アフリカ協力フォーラム」（Forum on China-Africa Cooperation：FOCAC）の開催である（平野 2013）．中国のアフリカ進出は，援助だけでなく，貿易，投資，人の移動に至るまで多くの分野に及んでいる．DACメンバーでないため，ODAの概念がなく，貿易，投資，援助の境界が不明確である．そしてむしろこの三者の連携を図ることでアフリカ開発に貢献すると正当化している．経済部門，インフラを重点とし，プロジェクト中心，金融支援活用などの特徴は，日本や韓

第6章 ザンビア――対アフリカ援助の政治経済学

表6-4 ザンビア・中国間の貿易の推移

	中国からの輸入額（百万米ドル）	総輸入額に占める割合（％）	中国への輸出額（百万米ドル）	総輸出額に占める割合（％）
1995〜1999平均	6.0	0.7	0.15	0.1
2000〜2004平均	33.4	2.4	10.9	0.9
2005〜2009平均	119.7	3.2	250.7	6.0
2010〜2013平均	564.8	8.6	1754.0	19.4

出所：UN ComTrade database に基づき筆者作成．

国に類似しているといわれる（大野 2012）．以下，ザンビアについて分野別にその概略を説明する．

貿易

チャンビシ銅鉱山の操業が始まった2003年頃から中国向け輸出が増加した．表6-4に示すように，ザンビアの総輸出額に占める対中輸出の割合は2000年代に1％から19％に急拡大した[6]．金額では10年で160倍になった．対中輸出の急増はもっぱら銅（とその副産物であるコバルト）の輸出によるもので，資源確保の政策の帰結である．中国への銅の輸出は2012年に16億4500万ドル，13年に21億1000万ドルで，コバルトを加えると対中輸出の96％を占める．銅の輸出量で見ると2012年が19万2000トン，13年が30万9000トンで，ザンビアの銅の輸出量の23％と32％を占める．これはザンビアで銅採掘をしている中国企業の銅生産量をはるかに上回る（チャンビシ鉱山の生産量は2万5000トン）．また中国の銅の輸入に占めるザンビアの割合は，2010〜13年に34〜44％を占めて，1位である[7]．

表6-4に示すように，中国からの輸入に関しては，輸出よりも割合が小さく，増加も緩慢である．

---

6) ただし近年のザンビアの最大の輸出先国はスイスで40％程度を占める．
7) JOGMEC，カレントトピックス2013年25号 http://mric.jogmec.go.jp/public/current/13_25.html

第Ⅱ部　かつての途上国，現在の途上国から見た日本の国際協力

直接投資

　ザンビアへの FDI が増加するきっかけは，2003年以降の銅の国際価格高騰であった．資源確保のための投資を中心として，FDI が流入するようになった．中国はザンビアへの FDI の投資国としては2003年以降ほぼ1位であり，突出している．

　2000年代より以前にも中国からの直接投資の例がある．これは中国の援助で建設された「ムルングシ繊維工業」(Mulungushi Textiles) への投資であり，1997年であった（Brooks 2010）．カウンダ政権時代に中国の資金援助と技術協力で工場が建設され，1982年から国営企業が操業していたが，96年に閉鎖に追い込まれた．翌97年に政府間合意により，中国の国営企業が66％，ザンビア政府が34％の資本を持つ形の「中国ザンビア合弁ムルングシ繊維工業」となった．新会社は国営企業時代の社員（全て正社員）約600人に加え，新たに1000人を全て短期契約の非正規労働者として雇用した．賃金も非正規労働者は正規社員の3分の1程度の低賃金であった（Brooks 2010）．

　中国によるザンビアでのチャンビシ銅鉱山購入は1998年，ZCCM の分割民営化の際で，中国のアフリカ展開としては早い部類に入る．当時，銅の国際市場価格は低迷していた．その時期に取得したことは「先見の明」があったとされる（平野 2013）．1億2000万ドルで落札し，さらに1億5000万ドルの開発費を投じている[8]（土屋 2009）．2003年に操業が開始された．

　購入はもちろん，中国にとって重要な資源の確保が目的である[9]．しかし中国が銅鉱山をはじめとする企業の所有者，経営者としてザンビア人と労使関係に入ったことは中国とザンビアの関係に重要な意味を持つ．まず，構造調整の一環としての国営企業の民営化，民間企業としての経営である．銅鉱山購入は中国の国営企業によるものであるが，中国の投資も他の資本主義国の民間企業による FDI と同列である．銅鉱山の民営化による売却が行われた．

　銅鉱業全体では ZCCM の時代から労働者の削減が始まり，労働者数は国営

8）　Taylor（2012）は，2000万ドルで落札し，開発費は1億ドルと，Brautigam（2009）は2千万ドルで取得，修復費1億3000万ドルとしている．
9）　中国は，2009年に世界の銅の消費の35％を占め（Taylor 2012），2010年に世界の銅鉱石輸入の29％を占めたといわれる（平野 2013）．

企業時代のピークの1976年に6万2222人であったが、民営化開始直後の1997年に3万1000人に減り、さらに民営化がほぼ完了した2001年の1万9145人まで削減された（Ching Kwan Lee 2009）。労働者数が削減されただけでなく、民営化以後は労働者の非正規化が進められた。チャンビシ鉱山では、2007年に2063人の従業員のうち無期直接雇用は56人だけであった（Ching Kwan Lee 2009）。残りの2007人の内訳は、979人が別の下請け会社からの派遣労働者、1028人が有期雇用（6か月～3年）または臨時雇いである。非正規雇用社員は少額の退職手当金はあるが年金がなく、住宅手当、医療費手当、扶養手当も少額である（Ching Kwan Lee 2009）。このように、労働者の97％が非正規雇用であった。民営化後の五大鉱山会社の合計では、半数が非正規労働者であったので、チャンビシ鉱山での非正規労働者の割合は特に高かった。また平均賃金もチャンビシ鉱山を所有するNFCAの賃金は外資系大鉱山会社の中で最低水準であった（Haglund 2009）。

経済特区

2007年2月にザンビアを公式訪問した胡錦涛国家主席がアフリカで最初の経済特区をザンビアに建設すると発表した。これは2006年に中国が第3回FOCACの「北京宣言」で発表した「経済貿易協力区」と呼ばれる経済特区の1つである（Carmody and Hampwaye 2010, Brautigam et al. 2010, 白鳥 2008）。中国が購入した銅鉱山のあるチャンビシに、「複合的経済特区」（Multi Facility Economic Zone）を建設するもので、特区建設のため8億ドルの投資をすることも表明した。

中国は、工業にも投資することで、アフリカの工業化に貢献するという。チャンビシ特区の場合は、ザンビアの他の経済部門や地域にどれくらい波及効果や雇用創出効果があるか疑問課題である（Brautigam et al. 2010）。

これ以外の中国の投資と援助

2006～09年の4年間に中国は1230万ドルの無償資金協力と6830万ドルの有償資金協力をザンビアに供与した（Kragelund 2014）。上述のように、同じ時期にDACトップ・ドナーのアメリカは年平均2億3000万ドル、日本は4921万ド

ルをそれぞれ援助したので，中国の援助額は DAC ドナーと比べるとさほど多くはない．

しかし対ザンビア借款供与においては中国は巨額の融資でめだっている．2010年にザンビアの電力公社は，カフエ・ゴージ発電所の計画に「中国アフリカ発展基金」から20億ドルの融資を受けると発表した．カリバダム北岸の発電所の拡張に「中国輸出入銀行」（China ExIm Bank）が3億5000万ドルを融資することも発表された（Kragelund 2014）．

4.2　中国の経済進出とザンビアの政治

中国の経済進出は，ザンビア政治に重大な影響を及ぼした．特筆されるのが，2006年の総選挙である．ムワナワサ大統領と MMD が再選されたこの選挙では，注目はむしろ，中国問題が選挙の一大争点になったこと，野党 PF とその党首サタ候補の躍進と彼らの新しい選挙戦略であった．サタは大統領選挙で29％の票を獲得し，PF は国会議員選挙で都市部の議席すべてを獲得した．

2006年選挙については，最近の研究が明らかにしているように，中国（人）非難はサタの，情勢分析に基づいて周到に練られた選挙戦略の一環として行われた（Resnick 2014）．サタは，以前からポピュリズムの政治家として有名であった．サタは PF を創設してからは，次第に都市貧困層を支持基盤とする戦略へ移行し，2006年選挙ではナショナリズムに訴え，外国人，特に中国人投資家を批判した．中国の進出がザンビア人の困窮をもたらしているというのである（Resnick 2014）．与党 MMD をエリートの党として捉え，構造調整と民営化でエリートが便益を受けてきたのに都市貧困層は排除されてきたと訴えた．

2006年総選挙で中国が争点となった理由は，それが次のような構図に位置づけられていたからである．中国（人）が問題の原因であるという言説は，当時の状況では，人々がそれを積極的に受け入れる素地があった．すなわち，資源ブームでようやく経済が成長に転じたのに，成長の成果が行き渡らず，貧困から抜け出せない人々が存在したからである．だがどうして中国批判になるのか？

中国人は職場や居住地で隔離されていて猜疑心や誤解の対象になりやすかっ

第6章　ザンビア——対アフリカ援助の政治経済学

た．また中国の場合，大企業だけでなく，中国人商人が商店を経営するといったように，ザンビア人が経営可能な小企業や商業の領域にも進出してきて，ザンビア人の職を奪っていると見られた．

ザンビア人の間で，中国の企業や経営者に対する批判や怒りが高まっていたという伏線があった．2005年4月に，中国が経営するチャンビシ銅山にある爆薬工場で約50人のザンビア人労働者が爆発事故で死亡した．中国系企業の安全管理に問題があるとされた．サタは2006年総選挙の3週間前にこの事故を取り上げ，中国系企業における安全管理，低賃金，賃金の遅配を批判した．

2006年総選挙における論争は大きな影響を与え，選挙後までその影響が続いた．2007年2月に胡錦濤主席がザンビアを公式訪問した．しかし政府の歓迎ムードに水を差したのが，コッパーベルトの反中国感情で，胡錦濤主席は中国が援助した「多目的経済特区」とスタジアムの式典に参加する予定を安全上の理由から取りやめざるを得なかった（Larmer and Fraser 2007, Resnick 2014）．

銅鉱山を所有する外国資本が大幅な収益増を得ながら，税制上の優遇措置を与えられていたことが，2006年総選挙で批判を浴びたために，政府は優遇措置の見直しを行った．07年度予算から，新規の鉱山経営に対して，ロイヤルティーは0.6％から3％に，法人税は25％から30％に引き上げられた（DiJohn 2010）．

5　結び

以上本章では，ザンビアの20世紀における経済低迷期の政治・経済の概略を整理し，2000年代の経済成長と援助を概観し，中国の近年の経済進出とそれがザンビア政治にもたらした影響を検討した．これらを踏まえて日本の援助についての含意を考察しよう．

日本は1980年代半ばにグローバル・ドナーに転換し，対アフリカ援助を急激に拡大した．対ザンビア援助でも，日本は当時の「新興ドナー」であったが，登場するのとほぼ同時にトップ・ドナーとなった．日本は既に対アジア援助では経験を持っており，また1980年代，90年代に15年以上にわたって対ザンビア

171

第Ⅱ部　かつての途上国，現在の途上国から見た日本の国際協力

援助でトップ・ドナーとなるのであるから，対アジア援助の経験を活かした日本独自の対ザンビア援助を展開するという方向もあったように見える．しかし日本がザンビア（アフリカ）で見いだした状況はこれを難しくしていた．3つの状況が制約要因であった[10]．

第一に，1980年代半ばのアフリカの状況は，債務累積，経済停滞，飢饉などであり，それに対して世銀を中心とした構造調整や国連による食糧援助などの緊急援助が実施されていた．円借款を供与する状況にはなく，プロジェクト援助よりもプログラム援助が中心で，日本の要請主義，内政不干渉の原則は構造調整プログラムと対極にあった．

第二に，日本の状況として，援助額は急増したものの，アフリカでの無償援助の経験は皆無であり，そのような経験を有する人材やアフリカの事情をよく知る人材を欠いていた．

第三に，援助の状況である．ザンビアのような旧英領のアフリカの場合，ヨーロッパ諸国を中心に多数の援助国が存在する状況にあり，またアフリカ諸国政府の全般的能力や援助吸収能力は低かった．このような状況では，援助協調や調和化が提起されたのは当然ともいえる．

次に2000年代の新興ドナー，中国の場合は，同じ新興ドナーであるが，1980年代半ばの日本とは直面した状況が大いに異なっていた．

第一に，アフリカ（ザンビア）側の状況として，1990年代に構造調整を実施し，経済自由化，民営化が進んで，FDIや貿易の拡大を求める局面にあった．そこに資源確保の必要性や投資先を求めていた中国側が投資家として登場したのである．

第二に，中国は「新興ドナー」とはいえ，一方で，アフリカ諸国の独立前から民族解放運動などを支援しており，ザンビアでもタンザン鉄道建設という成功経験を有しているなど，むしろアフリカでのドナーとしての歴史は日本より長いとも言える．他方で，中国は被援助国であった経験を活かし，日本の援助

---

10)　日本が対アフリカ援助に「新興ドナー」として参入したのは，欧米との国際協調維持のため，日本が欧米との貿易黒字でため込んだ外貨をODAとして還流させる必要性からであった（佐藤誠 2004）．したがって対アフリカ援助で日本が欧米と協調することは大前提であった．

第6章 ザンビア──対アフリカ援助の政治経済学

から学んだり，日本の制度を取り入れたりすることができた．

第三に，世界経済あるいは援助との関連では，資源価格高騰でザンビアに直接投資することが合理的となり，2005年の債務帳消しでザンビアが借款を受け入れることができるようになった．また中国が多額の外貨を保有し，それを世界経済に何らかの形で還元する必要があるという点で，1980年代の日本の状況とよく似ている．しかし中国は他のドナーと協調する必要はなく，独自の援助を展開できる．

以上のような背景から，中国はアフリカ諸国に対して独自の「援助」を展開している．しかし中国の「援助」には，しばしば指摘されてきたように，懸念される問題点も多い．本章で明らかにしたように，労働者を低賃金で雇ったり，安全を軽視したり，法令遵守に欠けるといった点は，ザンビア人の政治家や労働者から批判を受けてきた．

ザンビアに対する援助，経済協力は両極化しつつある．一方で欧米，特に北欧プラスを中心とするヨーロッパのドナーは，PRSPと援助の調和化を通じて，ODAの「純化」（平野 2013）の道を進んでいる．すなわち，貧困削減を目的とし，社会開発中心，貧困層にターゲット，参加型，援助協調など，効果的で，質の高い援助を実施しようとしている．他方，中国は援助といっても，経済協力，借款が中心で，狭い意味でのODAの規模は大きくない．しかしODAに対して重要度を増しつつあるFDI，借款，貿易において中国は大きな比重を占めている．援助協調に参加していないどころか，情報が公開されず，マスメディアや市民団体による監視もなく，援助評価のシステムもない．

最後に，このような特徴を持つ中国の対アフリカ援助を，日本と比較して本章のまとめとしたい．欧米の研究には，(1)市場と原材料の確保，(2)借款中心，(3)インフラ整備中心，(4)タイド援助が多い，(5)内政不干渉など，中国と日本の援助の共通点を指摘し，中国の対アフリカ援助が，日本のやり方を踏襲したものだという見方を提示しているものもある（Brautigam 2009, Tan-Mullins et al. 2010）．たしかにこれらはかつて日本の対アジア援助に見られた特徴であるが，近年の日本の対アフリカ援助にはまったく当てはまらない．本章で見たように，日本が対ザンビア援助のトップドナーであったときには，ザンビアは債務累積で，円借款を供与できるような状態でなかった．1984年から2007年ま

第Ⅱ部　かつての途上国，現在の途上国から見た日本の国際協力

での31年間で，日本がザンビアに対して有償資金協力を提供したのは（債務繰り延べを除けば）1992年の1回きりだ．2000年代になって中国がザンビアに進出してきたときは，ODAのドナーとしてではなく，資源確保のために投資する国としてであった．今やザンビアの銅の輸出先としても，外国直接投資家としても中国は巨大な存在である．しかし既に述べたように，中国の「援助」には懸念される問題点も多い．

日本政府の「対ザンビア共和国国別援助方針」にザンビアを援助する理由の1つとして，「経済成長は順調だが，貧困率が高い」ということが挙げられている．2006年選挙の際にザンビア側の反応に現れたように，長年の経済停滞から経済成長に転換できたが，同時にザンビア国民の多くは，格差が拡大した現在の状況を不公正だと考えている．農村部では貧困者比率は高いまま，ほとんど改善されていない．今後は貧困削減につながるような経済成長を実現し，同時に貧困層に直接働きかけ，届く援助が必要である．ヨーロッパの援助は社会開発が中心で，産業育成支援は手薄である．中国の「援助」は経済成長を促進してきたが，貧困削減効果が弱い．これに対して，日本は両方の面で貢献できる可能性がある．日本は1980年代半ばに新興ドナーとして登場したときと異なり，有償資金協力，対アジア援助の経験が豊富なだけでなく，今やアフリカへの無償援助の経験を有し，アフリカの事情に詳しい人材も格段に増えた．日本の援助の基本哲学やモダリティはヨーロッパと異なるが，日本は現場（アフリカ現地）でヨーロッパ諸国と援助で協調してきた．日本がヨーロッパと離れている度合は，中国がヨーロッパと離れているほど極端ではない．

このような状況において，日本は伝統的ドナー，ヨーロッパと新興ドナー，アジアドナーをつなぐという重要な役割を果たせるのではないか．

引用文献

■英語文献

Brautigam, Deborah（2009）*The Dragon's Gift: The Real Story of China in Africa.*

New York : Oxford University Press.
Brautigam, Deborah, Farole Thomas, and Tang Xiaoyang (2010) "China's Investment in African Special Economic Zones : Prospects, Challenges, and Opportunities" *Economic Premise*, March 2010, The World Bank.
Brooks, Andrew (2010) "Spinning and Weaving Discontent : Labour Relations and the Production of Meaning at Zambia-China Mulungushi Textiles" *Journal of Southern African Studies*, 36(1) : 113-132.
Carmody, Pádraig (2011) *The New Scramble for Africa*, Cambridge, UK and Malden MA : Polity Press.
Carmody, Pádraig and Hampwaye, Godfrey (2010) "Inclusive or Exclusive Globalization? Zambia's Economy and Asian Investment", *Africa Today* 56(3) : 85-102.
―――― (2011) "The Asian Scramble for Investment and Markets : Evidence and impacts in Zambia" Chapter 8 of Carmody (2011).
Ching Kwan Lee (2009) "Raw Encounters : Chinese managers, African workers and the politics of casualization in Africa's Chinese enclaves" Strauss, J.C. and Saavedra, M. eds. *China and Africa: Emerging Patterns in Globalization and Development*, Cambridge : Cambridge University Press.
DiJohn, Jonathan (2010) "The Political Economy of Taxation and State Resilience in Zambia since 2000" Crisis States Working Papers Series No.2. Crisis States Research Centre, Development Studies Institute, LSE.
Erdmann, Gero and Simutanyi, Neo (2003) "Transition in Zambia : The Hybridisation of the Third Republic" Konrad Adenauer Foundation Occasional Papers.
Haglund, Dan (2009) "In It for the Long Term? Governance and learning among Chinese investors in Zambia's copper sector" Strauss, J.C. and Saaverda, M. eds. (2009).
Hampwaye, Godfrey and Kragelund, Peter (2013) "Trends in Sino-Zambian Relations" Chapter 2 of China's Diplomacy in Eastern and Southern Africa ed. by Seifudein Adem. Ashgate, Surrey/ Burlington 2013
IMF (2008) "Zambia : Statistical Appendix" IMF Country Report No. 08/30, January 2008.
IMF (2012) "IMF Country Report" No. 12/200, July 2012
T.S. Jayne, Jones Govereh, Anthony Mwanaumo, Antony Chapoto, and J.K. Nyoro (2002) "False Promise or False Premise? The Experience of Food and Input Market Reform in Eastern and Southern Africa" *World Development* 30 (11)

pp. 1967-1985
Kragelund, Peter (2014) "'Donors Go Home': Non-traditional state actors and the creation of development space in Zambia" *Third World Quarterly*, 35(1): 145-162
Kragelund, Peter, (2009) "Part of the Disease or Part of the Cure? Chinese investments in the mining and construction sectors", *European Journal of Development Research* 21(4): 644-661
Larmer, Miles and Fraser, Alastair (2007) "Of Cabbages and King Cobra: Populist politics and Zambia's 2006 Election" *African Affairs*, vol.106 (425)
Mason, Nicole M. and Myres, Robert J. (2011) "The Effects of the Food Reserve Agency on Maize Prices in Zambia". Working Paper no.60, Food Security Research Project, Lusaka
McPherson, Malcom F. (2004) "Ending Aid Dependence in Zambia" Hill, Catherine B. and McPherson, M.F. eds. (2004) *Promoting and Sustaining Economic Reform in Zambia*
Moyo, Dambisa (2009) *Dead Aid: Why aid is not working and how there is another way for Africa*. Allen Layne, London (小浜裕久訳『援助じゃアフリカは発展しない』東洋経済新報社, 2010年)
Mulenga, F. E. (2008) "Fighting for Democracy of the Pocket: The Labour Movement in the Third Republic" Gewald, Jan-Bart., Hinfelaar, Marja and Macola, G eds. *One Zambia, Many Histories: Towards a History of Post-colonial Zambia*. The Lembani Trust, Lusaka.
Pitcher, M. Anne (2012) *Party Politics and Economic Reform in Africa's Democracies*. Cambridge Univ. Press, New York.
Resnick,D. (2014) *Urban Poverty and Party Populism in African Democracies*. Cambridge Univ. Press, Cambridge.
Saasa, Oliver S. and Jerker Carlsson (1996) *The Aid Relationship in Zambia: A Conflict Scenario*. The Institute for African Studies, Lusaka and The Nordic Africa Institute, Uppsala.
Seshamani, Venkatesh (2002) "Trends in the Utilization and Quality of Health Services in Zambia: 1992-1995" chapter 5 of *Zambia's Health Reforms Selected Papers 1995-2000* ed. by Seshamani, V., Mwikisa, Chris M. and Ödegaard, Knut. University of Zambia/ The Swedish Institute for Health Economics.
Strauss, Julia C. (2009) "The Past in the Present: Historical and rhetorical lineages in China's relations with Africa" in Strauss and Saavedra eds. (2009).

第6章　ザンビア──対アフリカ援助の政治経済学

Strauss, Julia C. and Martha Saavedra, eds. (2009) *China and Africa: Emerging Patterns in Globalization and Development*. The China Quarterly Special Issues, New Series, Vol.9, Cambridge：Cambridge University Press.
Tan-Mullins, May, Mohan, Giles and Power, Marcus (2010) "Redefining 'Aid' in the China-Africa Context" *Development and Change*, 41(5), 857-881
Taylor, Scott D. (2012) *Globalization and the Cultures of Business in Africa: From Patrimonialism to Profit*. Indiana University Press, Bloomington/Indianapolis.
Thurlow, James and Peter Wobst (2004) "The Road to Pro-Poor Growth in Zambia：Past lessons and future challenges" A country case study on Zambia. Paper submitted to the DFID.
van de Walle, Nicholas (2001) *African Economies and the Politics of Permanent Crisis, 1979-1999*. Cambridge & New York：Cambridge University Press.
World Bank (2010) "Zambia Impact Assessment of the Fertilizer Support Program：An Analysis of Effectiveness and Efficiency" Africa Region, World Bank.
World Bank (2013) *Africa Development Indicators 2012/13*. Washington D.C.
Zambia (2011) *Labour Force Survey Report 2008*. Labour Statistics Branch,. CSO, Lusaka, Zambia, August 2011

■日本語文献

稲垣妙子（2002）「ザンビア第三代大統領の誕生　2001年大統領・国会選挙を振り返る」『アフリカレポート』35：29-33.
大野泉（2012）「中国の対外援助と国際援助社会──伝統的ドナーとアフリカの視点から」日本国際問題研究所　『中国の対外援助』：1-19.
児玉谷史朗（1995）「ザンビアの構造調整とメイズの流通改革」原口武彦編『構造調整とアフリカ農業』アジア経済研究所：57-94.
小林善明（2012）「中国援助に関する「通説」の再検討──伝統ドナーからの乖離と途上国への開発効果」日本国際問題研究所　『中国の対外援助』：21-33.
佐藤誠（2004）「日本のアフリカ援助外交」北川勝彦・高橋基樹編著『アフリカ経済論』ミネルヴァ書房.
白鳥智裕（2008）「ザンビアの投資環境調査2007年」『金属資源レポート』38(4)：467-472.
土屋春明（2009）「中国企業の海外における銅資源開発の現状」『金属資源レポート』39(1)：9-17.
平野克己（2013）『経済大陸アフリカ：資源，食糧問題から開発政策まで』中央公論社新書.

第Ⅱ部　かつての途上国，現在の途上国から見た日本の国際協力

■ウェブサイト

UN Comtrade Database　http://comtrade.un.org/
外務省　ODA 国別地域政策情報
外交政策〉ODA〉国別地域政策・情報〉サブサハラ・アフリカ地域〉ザンビア
http://www.mofa.go.jp/mofaj/gaiko/oda/region/africa/zambia/index.html
JOGMEC（独立行政法人石油天然ガス・金属鉱物資源機構）　金属資源情報
http://mric.jogmec.go.jp/

Box 3 中国
「曖昧な制度」としての対口支援

加藤弘之

　筆者は中国独自の経済システムに注目し，それを「曖昧な制度」と名付けた（加藤 2013）．「曖昧な制度」は，中国が歴史的に引き継いできた制度的特質を基礎として，経済発展と市場移行を同時に進めた「二重の移行」過程で次第にその姿を現してきた．「曖昧な制度」には次の2つの意味がある．その1つは，歴史的に形成されてきた制度的特質としての「曖昧さ」であり，自由度が比較的高い制度設計や「包」（請負）の多用などがこれに含まれる．いま1つは，社会主義から資本主義への体制移行過程で生じた「制度の空白」や「制度の並存」が引き起こす「曖昧さ」である．
　「曖昧な制度」はさまざまな領域で観察できるが，このボックスで取り上げる「対口支援」は，中国独自の対内援助の手法であり，いわばすべての部門への支援を特定の支援省市に「包」（請負）させるという手法である．ここにも，中国の経済システムの独自性が見て取れる．このボックスの目的は，対口支援がどのように生まれ，制度として定着してきたのかを整理した上で，四川汶川大地震の事例を取り上げてその特質を明らかにし，日本の援助政策への啓発を見いだすことにある．

対口支援の起源と形成
　対口支援とは，「区域，業種あるいは部門間で展開される境界を越えた協力と交流の効果的な手法であり，国家がマクロ政策を実施するとき，特定地域や特定業種を支援するため，異なる地域間，業種間で支援関係を取り結ぶこと」と定義される（鐘 2013）．
　対口支援には大きく分けて，(1)辺境地域への支援，(2)災害地域への支援，(3)大型建設プロジェクトへの支援の3つがある（趙 2011）．辺境地域への支援は，チベットや新疆など辺境地域に位置する貧困地域への支援を目的とするが，この地域には少数民族が多数居住しており，少数民族支援の意味も

込められている．災害地域への支援は，地震や洪水などの被災地への支援をさす．近年では，2008年の四川汶川大地震の被災地域への支援が代表的である．大型建設プロジェクトへの支援は，プロジェクトの実施により，地域経済や生態環境に深刻な影響が及ぶケースへの支援であり，長江三峡ダム建設による水没地域への支援などが含まれる．

　対口支援の起源は1960年までさかのぼることができる（鐘 2013）．その嚆矢となったのは，1960年3月20日の『山西日報』に発表された「工場が公社を対口支援する――工業が農業の技術改造を支援する新しい形勢を論ず」と題した社説である．この社説では，山西経緯紡織機械工場と曙光人民公社の間で，工場が公社の農業機械の修理や農具の供給，技術人材の訓練などを「包」（請負）する協力関係が結ばれ，大きな成果が上がったことが高く評価されている．その後，工業による農業支援，都市による農村支援，さらに経済発展が進んだ沿海地域による立ち後れた内陸地域の支援というように，経済条件に恵まれた組織や地域が，相対的に立ち後れた組織や地域を一対一の「対口」関係を取り結んで支援する方式が，非公式な形で徐々に広がっていった．

　改革開放時代に入ると，対口支援は中央政府公認の援助政策として公式に認められることになった．1979年4月25日に開かれた中共中央全国辺防工作会議において，中央政府は，「辺境地域と少数民族地域の建設を強化するため，資金と物資の投入を増加し，内地の省市による辺境地域と少数民族地域の支援を組織する」として，はじめて対口支援を援助政策として明確に提起した．この会議で初めて，東部沿海地域にある省市と，5つの自治区（チベット，新疆，寧夏，甘粛，広西）と少数民族が多く住む3つの省（雲南，貴州，青海）との「対口」関係が具体的に規定された．

　少数民族地域への対口支援は，国家の政策からさらに進んで法律として制度化されることになった．1984年10月に施行された「中華人民共和国民族自治区域自治法」の第61条には，「経済発達地域が民族自治区域と経済・技術協力を展開し，民族自治区域が経営管理水準と生産技術水準を向上させるのを援助し促進することを，上級国家機関は組織し支持する」と明確に規定された．さらに，2001年2月に改定された同法では，第61条が「経済発達地域が民族自治区域と経済・技術協力を展開し，多層的，多面的な対口支援を実施し，民族自治区域が経済，教育，科学技術，文化，衛生，体育事業を発展

させることを援助し促進することを，上級国家機関は組織し支持する」と修正され，対口支援という文言が加えられた（傍点筆者）．

以上のように，対口支援は，1958年に始まった大躍進政策の失敗で経済が混乱した時期に，一企業が実施した農村支援策を出発点とするが，改革開放時代に入ると，中央政府が公認する少数民族地域への援助政策に格上げされ，さらに民族自治区振興を目的とした法律の一部として制度化された．一般的に言えば，地方政府間での横向きの協力関係を意味する対口支援は，制度化にそぐわないものだが，中国ではそれが制度化され，「曖昧な制度」の1つの構成要素となっているところに特徴がある．

四川汶川大地震での経験

対口支援は，地震や洪水など突発的な災害からの復旧・復興にも大きな力を発揮する．四川汶川大地震を例に取ろう．2008年5月12日に地震が発生すると，中央政府は直ちに災害復興を目指した一連の政策に着手した．その有力な手段の1つが，「一省一重大災害県の支援」を原則とした対口支援の実施である．

早くも5月20日，民生部は「四川汶川特大地震災害区工作の実施に関する緊急通知」を発布し，江蘇，浙江，山東，河南，湖北，広東の民政庁に対して，それぞれ四川の被災州市への対口支援を実施するように要請した．22日には，同じく民生部が「四川汶川特大地震災害区への対口支援に関する緊急通知」を発布し，四川の21重大災害県および甘粛，陝西の災害地区への支援を強化するように指示を出した．

さらに，6月8日に国務院は「汶川地震災害区復興再建条例」（国務院令第526号）を発布した．この条例に基づき，6月11日には国務院弁公庁が「汶川地震災害区復興再建対口支援方案」を策定して実施細目を定めた．「方案」では，「『ハード』と『ソフト』の結合，『輸血』と『造血』の結合，短期と長期の結合を目指し，人力，物力，財力，智力など多方面での力を総合し，優先的に被災地域の基本生活条件の解決をはかること」が目標とされている．また，19の支援省市が18の被災県市と2つの地区に3年の期限で対口支援を実施することが具体的に記されている．興味深い点は，各省市の毎年の支援量（物的，人的支援を含む）が，当該省市の前年度財政収入の1％を下回らないようにすると，具体的に規定されていることである．

3年間で総額710億元（およそ1兆1600億円）にのぼる財政支援額の内訳を見ると，財政力のある江蘇，広東，上海，浙江などの支援額と，財政力が相対的に小さい吉林，広西，黒竜江などの支援額には4倍を超える大きな差がある（花・周 2014）．他方，受け入れ県市の状況にも大きなバラツキがあり，1人当たり受け入れ額が最も大きい汶川県とそれが最も小さい剣閣県では30倍以上の差がある．支援省市の財政力，当該地域の財政力（経済水準）と被災状況などを勘案した上で，実行可能性がありかつ公平な「対口」関係を決定するのは決して容易なことではない．素早い「対口」関係の決定は，裏返してみれば，公平性をある程度犠牲にして実行可能性を最優先する政策志向の表れと見ることができる．

日本の援助政策への啓発

　先に見たように，対口支援の第一の特徴は，その圧倒的な対応の速さである．四川汶川地震の事例では，わずか1週間あまりで対口支援の緊急通知が出され，1か月足らずで対口支援の具体案が国務院弁公室から出されるという常識外れの速さである．このような素早い対応は，官僚の能力の高さというより，対口支援という援助手法の優位性を示すものである．もし仮にインフラ，教育，衛生など，部門ごとに対策が行われるとすれば，（被災地域が広範囲に及ぶ場合には特に），このような素早い対応はとうてい望めない．具体的な支援内容（支援額や支援対象）を決める権限を省市に「授権」（権限の委譲）させることで，初めてこのような素早い対応が可能となっていたのである．

　対口支援の第二の特徴は，地域間での財政収入のアンバランスを調整する役割が付与されている点である．先に見たように，財政力のある省市の負担は大きく，相対的に財政力の弱い省市の負担は小さい．また，受け入れ県市の1人当たりの受け入れ額にも大きな地域差が存在する．中国では，1994年に分税制が導入されて以降，中央財政と地方財政とを明確に区分する財政制度の規範化が進められるとともに，中央財政から地方財政への移転支払い制度が徐々に整備されてきた．その結果，地域間での財政力のアンバランスは縮小傾向にあるが，依然として地域間格差はきわめて大きいのが実情である（内藤 2013）．対口支援は，地域間での財政不均衡を是正する移転支払い制度の補完として利用されているのである．

対口支援の第三の特徴は，官僚の再教育や地元企業の企業進出の一手段として積極的に利用されている点である．受け入れ県市にとって対口支援が利益をもたらすのはいうまでもないが，支援省市にとっても対口支援は利益があると考えられている．その理由の1つは人材育成の側面である．貧困地域に支援プロジェクトといっしょに若手官僚を派遣し，その実施を担わせることは，地域間での人材交流の重要な手段となり，若手官僚の教育，訓練に大きな意味があると考えられる．また，対口支援は単なる「輸血」ではなく「造血」であり，長期的な「互恵互利」の関係を取り結ぶことが目的とされている．支援省市の企業が資源の獲得や市場の開拓を進める付随的な効果も期待されているのである．

　前記の特徴を持つ対口支援は，日本の援助政策にどのような啓発を与えているだろうか．対口支援は中国独自の「曖昧な制度」と密接な関連があり，制度環境が異なる日本において同じ手法がそのまま使えるわけではない．とはいえ，日本の援助政策，とりわけ地方自治体による援助政策にとって，それは一定の参照価値があると考えられる．

　その1つは対応の圧倒的な速さである．東日本大震災の復興過程で露呈したように，中央政府による復興の一元的管理はかえって復興対策の遅れの原因となっている．対口支援という手法は，対応の素早さやきめ細かさなどの面で一定の有効性を持つと考えられる（瀬口 2011）．いま1つは，中長期的な協力関係の形成というメリットである．地方自治体が援助地域と中長期的な協力関係を取り結ぶという手法は，自助努力を支援するという日本の援助政策の基本理念に合致するものであり，若手官僚の再教育，地元企業の進出にも直接，間接の効果が期待できる．地方自治体レベルでの経済協力の試みは，北九州市による大連市への環境協力などの先駆的な事例があるものの，本格的な協力関係の構築までには至っていない（北九州市ウェブサイト参照．http://www.city.kitakyushu.lg.jp/kankyou/file_0274.html）．中国の経験はおおいに参考にすべきだろう．

引用文献

加藤弘之（2013）『「曖昧な制度」としての中国型資本主義』NTT出版．
瀬口清之（2011）「全国自治体に割り振れ」『読売新聞』2011年3月18日．

内藤二郎（2013）「財政制度―改革の再検証と評価」中兼和津次編『中国経済はどう変わったか――改革開放以後の経済制度と政策を評価する』国際書院.
花中東・周理瑞（2014）「省際間対口支援政策与移転支付制度的互補効応研究」『商業時代』2014年第7期.
趙明剛（2011）「中国特色対口支援模式研究」『社会主義研究』2011年第2期.
鐘開斌（2013）「対口支援：起源，形成及演化」『甘粛行政学院学報』2013年第4期.

第III部

これからの日本の国際協力

日本発「スマート・ドナーモデル」の構築を目指して

第7章 産業発展
日本の顔が見える戦略的支援[1]

園部哲史

1 はじめに

　貧困な人々に雇用と所得をもたらす各種の産業を発展させる試みが，多くの国々で行われてきた．それに早々と成功したのが今日の先進国であり，最近になって成功を収めたのが新興国，まだ成功していないのが低所得国である．新興国と低所得国の大半が1960年代から1980年代の前半にかけて，外国からの工業製品の輸入を制限して自国の産業を育成し，輸入品を国産品で置き換える輸入代替化政策をとった．それは18世紀末から19世紀にアメリカやいくつかの西欧諸国が，産業革命で先行するイギリスに追いつくためにとった幼稚産業保護政策と大きく異なるものではなかった（速水 2000）．しかし，保護した産業が育たないので保護を強化するうちに深みにはまり，保護育成の対象外とされた農業や零細企業分野は疲弊し，汚職が蔓延して政治は不安定化し，ついに工業化の試みはことごとく頓挫した[2]．先進国は途上国への多額の融資と技術移転を行って工業化の支援に努めたが，移転したつもりの技術は吸収されず，融資の効果も芳しくなかった．そのため，世界銀行やIMF，アメリカや西欧諸国

---
1) 本章は，筆者がこれまで多くの共同研究者と行った事例研究に基づくほかに，世界各地の産業発展の支援に活躍された国際協力機構，技術者研修協会，外務省，世界銀行，アジア開発銀行等の職員やコンサルタントの方々から伺った経験談を参考にさせていただいた．また森直子氏（総合研究開発機構）からは戦後の生産性運動について教えていただいた．これらの方々に改めて感謝の意を表したい．ただし，本章に事実の誤認等の誤りがあれば，それはすべて筆者の責任であることを予めお断りしておきたい．

第Ⅲ部　これからの日本の国際協力——日本発「スマート・ドナーモデル」の構築を目指して

の援助機関の多くは，先進国となったかつての途上国と違って，今日の途上国には工業化は無理であり，それを支援しようとするのは税金の無駄遣いであると断定した（秋山他 2003）．

　もちろん援助国の中にも例外はある．日本は例外の代表と言ってよく，例えばタイでは，1980年代前半から東部臨海地域の工業開発に多大な ODA を投入し，レムチャバン港，高速道路，工業区の建設や，それらの施設を管理運営する人材の育成，同地域に進出した日本企業の現地従業員の訓練等に積極的に協力した．やがて同港はタイで最大の港となり，同地域は東南アジア最大の自動車産業の集積地となり，アジアのデトロイトと呼ばれるに至った．他の援助国が産業発展にまったく関心を示さなかった時代に，日本は一貫して東アジア，東南アジアの産業発展を支援し，大きな成果を上げた．

　実は，数年前からこの潮流に変化が生じている．中国は既にアフリカの各地で積極的にインフラ建設を推進し，自国企業の進出に熱心である．他の援助国も，それをただ見守っているというわけにはいかないだろう．アフリカやその他の地域の低所得国の産業発展を巡って，援助競争が激化する可能性もある．産業発展の支援にかけては一日の長がある日本としては，その優位性を活かして「顔の見える ODA」を実現したい．では具体的に何をすればよいのだろうか．

　本章の目的はこの問いに答えることにある．ODA 予算が縮小している上に，日本の産業構造が脱工業化してきたために，産業発展の分野の開発人材は減少していくことが予想される．また，日本企業にとってアフリカはアジアよりも遠い存在であるという事情にも注意を払う必要がある．海外直接投資が絡めばインパクトは大きくなるのだが，今のところアフリカまで直接投資の触手を伸ばそうという日本の企業は少ない．そこで，戦略をよく練っておく必要がある．特に，低所得国の産業発展に本当に効果的な支援は何か，そして日本の支援を

2）　本章では工業化（industrialization）という言葉のかわりに，なるべく産業発展（industrial development）という言葉を使う．それは工業化という言葉は，アフリカの人々にとってはイメージが悪いので使わない方がよい，とアフリカの友人たちが忠告してくれたからである．また，製造業を念頭に議論を進めるけれども，議論の一部はサービス産業や農業についても成り立つので，サービス産業と農業を排除しないためにも工業化より産業発展の方が好都合である．

第7章 産業発展——日本の顔が見える戦略的支援

世界に効果的にアピールするにはどうするべきかを真剣に考えるべきであろう．そのためにはまず，産業発展の成功の鍵を握る要因を把握しておくべきだろう．

それを意識して，筆者の研究グループは産業発展のプロセスを解明するための事例研究や実験をアジアとアフリカで積み重ねてきた（Sonobe and Otsuka 2006, 2011, 2014）．研究結果から導かれる結論を先取りして述べるなら，低所得国の産業を発展させるには，経営者のみならず一般の従業員の観察力と経験と知恵を活かして，金をかけずに生産性を高める工夫をするべきである．そのことは，欧米の研究者による最新の研究成果も強く示唆している．しかし，そのやり方がわかっていないから，低所得国では生産性が上がらず，産業が発展しないのであろう．生産性を上げる工夫にはいくつかの流派というべきものがある．なかでもアフリカその他の地域の低所得国の人々が馴染みやすいのが，*Kaizen* である．これはアメリカで始まった科学的な工程管理の手法を，管理者のみならずむしろ従業員が中心になって勉強し，その知識に自分たちが現場で培った知恵を加え，生産性や安全性，さらには作業の快適性を改善してゆく生産管理，品質管理の技法である．現場主義で従業員が主体となるボトムアップ的なところが日本流である．それがアフリカで役立つのかと思われるかもしれないが，既に実験をしてある程度まで確かめてある．途上国で *Kaizen* を普及させるソフトな支援をまず推進し，それに引き続いて各種の固有技術の移転や，設備投資のための融資，インフラ建設といったハードの支援，そして直接投資の招致を有機的に組み合わせることが重要になると考えられる．

だが，*Kaizen* 普及の支援が効果的であることに，他の援助国も遠からず気が付く日が来るだろう．*Kaizen* と本質的には同じことを，例えば lean manufacturing（節約型製造法）のような名前で教える援助国が現れても不思議はない．日本は，それと張り合うだけのODA予算や開発人材の余裕を持ち合わせていないかもしれない．だが心配することはない．みんなで工夫をして生産性を高めることを，途上国の人々が *Kaizen* と呼ぶようになればよいのである[3]．そうした「常識」が広まっていれば，他の援助国が日本の真似をする度に，日本の株が上がるのである．アフリカ等で *Kaizen* の普及は既に始まっ

---

3) 5S（整理・整頓・清掃・清潔・しつけ）はカイゼンであるとかないとか細かい区別をする専門家もいるが，ODAの文脈ではそんな区別はしない方がよい．

ているのだから，その支援にもっと注力して，この「常識」をできるだけ早く確立するべきではないだろうか．またタイの東部臨海地域のような成功例を早くアフリカにも作って，アフリカをモノづくりの候補地であると日本企業に認識させることも重要であろう．Kaizen は日本の ODA のブランドなのであり，われわれはそれを大切に育てるべきである．序章（黒崎・大塚）では，日本がスマート・ドナーとなるには，カネやモノの量で勝負できない分，他のドナーも追随せざるを得ない優れたアイディアを提示することが重要な要件であると述べた．そうしたアイディア勝負の切り札として Kaizen は有望である．本章の残りの部分では，これらの主張の裏付けや補足の議論を提供したい．

2 日本の経験：お雇い外国人から Kaizen まで

戦後日本の ODA がアジアの産業発展を支援し続けたことはユニークだったが，明治日本の産業発展政策もユニークだった．明治政府は不平等条約のせいで関税自主権を持たなかったので，幼稚産業保護政策をとることはできなかった．不平等条約の改正を目指して米国へ赴いた岩倉使節団は，彼我の経済格差の大きさに圧倒され，使節の主要メンバーの一人であった大久保利通は帰国後に殖産興業政策を打ち出した（石井 1997）．手始めに「お雇い」外国人が招聘され，西洋の知識の貪欲な吸収が始まった．国家財政が傾きかねないほどの高給で一流の専門家を数多く招き，国をあげて学習に励んだ結果，明治日本は驚くほどの速さで欧米諸国との技術格差を埋めていった（梅渓 2007，片野 2011）．

面白いことに，同じような現象が第二次大戦後に民間主導で生じた．大戦中に工業の生産性を大きく向上させたアメリカはマーシャル・プランの一環として西欧各国に生産性運動の拠点を設けるが，西欧ではアメリカから学ぶことに抵抗感があったせいか運動は盛り上がりに欠けた．それとは対照的に，日本では1950年にデミング博士が講演をすると，たちまち経営者や技術者は瞠目し，熱心な学習が全国で始まった．1954年にはジュラン博士の来日も実現し，1955年にはアメリカ政府の援助を得て日本生産性本部が設立された．生産性本部が

企画する海外視察は，いつも多数の応募者を集めた．その参加者たちは，どうしても自分で見て聞いて確かめたい問題を抱えて渡米し，きわめて能動的に知識を吸収した（森他 2007）．能動的に学習したのは，明治期の殖産興業の成功体験のために，終戦直後の日本人が先進的知識の学習に高い価値を見いだしていたからであろうと考えられる（森他 2013）．

　能動的な学習は，知識を咀嚼するうちにオリジナルとは違ったものを生み出す．デミング博士やジュラン博士等が日本にもたらした統計的制御や品質管理等の手法や理論は，企業の現場で変容し，トヨタ生産方式などの企業ごとの技法の体系を生み出し，それらはいつしか日本的マネジメントであるとか日本的品質管理と呼ばれるようになった．その特徴は，情報や意思決定が組織の上から下へ，中心から末端へ向かっていくだけではなくて，下の方から上へ向かっていくものも多いという分権的な全員参加型のアプローチである点である．生産性運動が日本にやってきた1950年代は，労働組合の活動が活発で労使の対立の厳しい時代であった．労働組合は，生産性を向上させれば労働の投入が少なくて済み，経営側に解雇や賃下げの口実を与える恐れがあると考えていた．経営側は，生産性の向上に労使の協力が不可欠であることを理解していた．そこで，日本生産性本部は労使双方からの信頼を確保しつつ，夥しい数の研修会を通じて啓蒙に努め，そうした警戒感を解いていった（島西他 2012）．これも，日本的マネジメントがボトムアップ的なものになった理由の1つであろう．

　アジアに生産性運動を広めたいアメリカは，それを先に導入した日本の経験を他のアジア諸国に知らせるべく，アジアからの視察団を日本へ送るようになった（森他 2013）．それはちょうど今日の日本が，アフリカの人材を東南アジアへ送って研修を受けさせる南南協力のはしりと解釈してよいのだろう．こうして1956年から，日本は生産性向上に関する知識の海外移転を始めた．高度経済成長のさなかの1960年代半ばになると，日本的な経営技法の海外移転も始まった．それを担ったのは主に，日本生産性本部，日本能率協会，日本科学技術連盟，海外技術者研修協会（Association for Overseas Technical Scholarship：AOTS）等の組織である．

　筆者はこの数年間，*Kaizen* をアフリカの企業家に教えてそのインパクトを調べる実験を行い，エチオピアでは国際協力機構（JICA）が実施した生産性

向上プロジェクトにも関わったので，何人もの日本人コンサルタントが，*Kaizen* を現地のコンサルタントや企業に教えるのを観察した．日本人コンサルタントはたいてい受講者に初歩的な *Kaizen* をまず体験させ，その効果を実感させてからコンセプトを整理するという教え方をする．時間が非常に限られている場合でも，身近な例を使って *Kaizen* の効果を想像させながら話を進める．まれに抽象的な議論から始めてしまう人もいないわけではなく，そういう場合には研修はしばらく空転してしまう．

こういう教え方の工夫が始まったのは，森他（2013）によると，1980年代に実施されたシンガポールでの生産性向上プロジェクトからであった．このプロジェクトはフォローアップも含めて7年に及び，延べ100人余りの日本人専門家の派遣を伴った．これは非常に難しいプロジェクトだったらしく，当初の講義の内容に具体性が不足していたことや教材が必ずしも十分に用意されていなかったことに対して，シンガポール側からクレームがつき，研修が空転してしまったという．しかし，日本人専門家は発奮して教え方を改善し，プロジェクトの成功に漕ぎ着けた．このころから *Kaizen* という言葉が海外で知られるようになったようである．タイや中南米や東欧での生産性向上プロジェクトにおいても *Kaizen* の指導法は進化を続け，*Kaizen* の移転は日本の ODA の定番になっていった[4]．

3 共通の問題

Kaizen はアフリカやその他の地域の低所得国においても受け入れられ，本当にそれらの国々の産業発展に役立つのだろうか．筆者は，大塚啓二郎氏とともにアジアとアフリカの10数か国で20余りの事例研究を行った（園部・大塚 2004，Sonobe and Otsuka 2006, 2011）．初めは日本，中国，台湾の比較だったが，その後は東南アジア，南アジア，アフリカに足を延ばし，多数の企業を訪

4） また，海外技術者研修協会（AOTS，現在の海外産業人材育成協会（Overseas Human Resources and Industry Development Association：HIDA））が，170か国の36万人余りに指導をしたことも特筆に値する．

第 7 章　産業発展——日本の顔が見える戦略的支援

ね歩いて聞き取り調査を行い，そうやって集めた企業データを計量経済学的に分析した．その結果，異なる国の異なる産業で発展のプロセスは驚くほど似ていることが明らかになった．アジアでもアフリカでも企業の大半は中小零細企業であり，同じ製品やその部品を生産する企業が町や市のレベルの地理的に狭い範囲に集中して立地し，産業集積を形成している．集積ができるのは，マーシャル（Marshall 1920）をはじめとして多くの研究が指摘するように，同業他社の集まっているところに立地することに，さまざまな利点があるからである．集積が形成され，その中の企業数が増えていくプロセスもよく似ている．ただし，日本や東アジアの新興国と比べると，アフリカ等の低所得国では零細企業から中小企業へ成長するケースが非常に少なく，零細企業から大企業に成長するケースは今のところきわめて稀で，存在しないのではないかと思われるほどである．その理由を探ってみよう．

　途上国の産業のほとんどは，輸入品の低価格な代用品を生産している．誰かパイオニア的な人が苦労してそういう生産を始め，顧客を見つけて利潤を稼ぐようになると，多くの模倣者が現れ集積が形成される．彼らは製品も生産方法も改良することもなく，もっぱら真似をする．それぞれの企業規模は零細であるが，集積地全体としての生産は企業数が増えるにつれて増大する．ただし，製品の品質は低く価格も低いので，輸送費のかかる遠隔地でそれを売ろうとすると赤字が出てしまう．そのため市場は地元かせいぜい国内に限定される．それに対して新規企業が参入を続けて全体の供給量が増大すれば，当然のことながら製品の価格は遅かれ早かれ低下を始め，したがって採算は悪化し，放っておけば誰も参入しなくなる状態，つまり利潤がゼロの状態になる．もちろん，ただ手をこまねいて収益の悪化を見守っているわけではなく，製品を改良して収益の回復を試みる経営者は多い．それが成功するケースは日本や台湾やアジアの新興国では少なくなかったのに，低所得国では非常に少ない（Sonobe and Otsuka 2011）．

　なぜ製品を改良して収益の回復することは難しいのだろうか．改良した製品を高い価格で販売するには，それを改良していない製品から差別化しなければならない．そこでブランドネームをつけ，販売代理店を通じて販売するなどの販売方法の改良が行われる．品質の管理に気を配って高品質の製品を供給し続

第Ⅲ部　これからの日本の国際協力──日本発「スマート・ドナーモデル」の構築を目指して

けていると，評判が上がってブランドが確立する．するとその企業はいよいよ生産規模を拡大させるわけだが，零細な企業規模からスタートした経営者はここで初めてマネジメントの必要性に迫られる（Sonobe and Otsuka 2006）．なぜなら，事業が大きくなると，それが小さかったときのように従業員一人一人の働きぶりをじかに観察することはできないし，企業の外部との取引がすべて目の前で起こるわけではなく，自分の知らないうちに金銭のやり取りが行われるからである．かつてはマネジメントというものは特に必要はなかったが，今や部下からの報告や書類を通じて実態の把握に努め，部下を通じて間接的に従業員をコントロールしなければならない．これがうまくできないのに無理に企業規模を拡大すれば，倒産してしまう．低所得国に中小規模の企業が非常に少ないのは，マネジメントができる人材が非常に希少であることを反映していると考えられる．中規模の企業で管理職を経験した人を相談役にすれば，小規模企業は成長できるだろうが，そういう人は稀にしかいない．小規模企業で管理職を経験した人が助けてくれれば，零細企業は成長できるだろうが，そういう人も稀にしかいないのである（Nichter and Goldmark 2009）．

　では低所得国の大規模な企業は，どうなのだろうか．それは多くの場合，政府や外国人，あるいはその国に住み着いた外国人の子孫等が設立した企業で，初めから大きな企業である．ただし，先進国の基準からすれば従業員数でみても決して大企業とは言えない．その多くは，長期的に輸出額の減少や国内市場でのシェアの低下による企業規模の縮小を続けている．こうした大型企業を訪れて経営者やその他の幹部と話していると，彼らが零細企業の経営者と違って，経理やマーケティングや生産技術や労務管理などについてかなりの知識を持っていることがわかる．もちろんこうした人たちは社会の中で希少な存在であり，その希少性を反映して彼らの給料は高い．しかしながら役員室を出て工場に足を踏み入れると，印象は一変する．職工の士気は明らかに低く，工場のそこかしこに仁王立ちして工具を見張っている技術者と称する人たちは，監視以外に何の役割も果たしていない．見張らなくても工具がやりがいを持って働くようにはなっていない．ましてや能動的に新しいアイディアを学び，新しいスキルを獲得していこうという姿勢は微塵も感じられない．その点では零細企業と何の違いもない．世界中で企業はより良いものをより安く提供するべく進歩して

第7章　産業発展——日本の顔が見える戦略的支援

いるが，それに伍していくことは，こんな状態では明らかに不可能である．そのせいで，これらの大型企業は国内市場でも輸出市場でもシェアを徐々に失い，規模の縮小を続けてきたのである．

　このように零細企業も大型企業も，従業員たちがやるべきことをやり，その上で新しいアイディアやスキルを欲するという態勢を作れていない（Sonobe and Otsuka 2014）．これはマネジメントの問題であり，マネジメントをよくしていかなければ産業は発展しないと考えられる．これに対して，Sachs（2005）等の何人かの論者は全く別の診断をしている．彼らによれば，労働集約的な製造業といえども生産にはどうしても道具や機械を必要とするのに，低所得国の製造業者はまともな道具や機械を使っていないから，生産性が低いし，産業が発展しないというのである．したがって，低利率の融資や無償の資金を提供して十分な設備投資をさせるべきだと，彼らは主張する．

　しかし，後者の議論には既に無数の反例がある．途上国での産業発展の支援として，これまで数多くの援助機関や国際機関が地元の金融機関を通じて企業に対して低利の融資を行い，あるいは機械を提供し，その使い方も指導してきた．それにもかかわらず，ほとんど何等のインパクトもなかった．それは融資で購入されたり無償で提供されたりした機械がすぐに故障してしまい，修理もできずに放置されたからである．なぜ故障したかと言えば，定期的に正しい手順でメインテナンスをしなかったからである．これは援助に関わった人の多くが経験したことである．なぜ企業はせっかく手に入れた機械を大切に使わないのかといえば，それはメインテナンスを習慣的に行うように，従業員を規律づけることができていなかったからである．これはマネジメントの問題に他ならない．

4　どこから着手するべきか

　これまで低所得国の産業発展が遅れているのは，インフラの不足，ガバナンスの問題，機能的な金融市場の欠如など，解決に時間のかかる難問が山積しているからだと論じられてきた（例えば Bigsten and Söderbom 2006）．なぜか，

195

表7-1 *Kaizen* 研修実験の主な結果

調査地	研修前の雇用者数の平均(人)	ランダム化[1]	教室で座学か現場で実地訓練か	管理業務の有意な改善	業績の有意な改善 売上	業績の有意な改善 付加価値[2]	知識の漏出[3]	他の特筆すべき効果
金属加工の集積地								
ガーナ	5.9	有	教室	有	無	有	n.a.	企業存続[4]
ケニア	7.2	無	教室	有	無	有	n.a.	
エチオピア	72.5	有	両方	有	無	無	有	
ベトナム	18.7	有	両方	有	無	無	無	WTP増大[5]
アパレルの集積地								
タンザニア	5	有	両方	有	有	無	有	WTP増大[5]
エチオピア 仕立屋	2.6	無	教室	有	無	無	n.a.	
既製服工場	210	無	教室	無	無	無	n.a.	WTP増大[5]
ベトナム	14.3	有	両方	有	有	有	無	

注： 1) ランダム化が無いとは，すべてのサンプル企業の経営者を研修へ招待し，参加するかどうかを本人に選ばせたという意味であり，ランダム化有りとは，ランダムに選んだ一部の経営者を研修に参加できないようにしたという意味である．
2) 付加価値は売上から材料費，光熱費，輸送費，下請け企業への支払いを差し引いた残額として算出した．
3) 研修の参加者が研修で学んだ知識を知人に教えた結果，研修に参加しなかったのに管理業務が改善した企業が相当数いた場合は知識の漏出があったと判定し，そうした影響は取るに足らなかった場合と判然としない場合はそれぞれ，無，n.a. とした．
4) これは，研修の終了後から再調査までの期間に操業を停止した企業が，研修に参加した企業の間で非参加企業よりも明らかに少なく，研修が企業の存続に望ましい効果を持ったと考えられるという意味である．
5) WTP (willingness to pay) 増大とは研修に対して一定の金額を支払ってもよいと考えるかという質問に対して肯定的な答えが増えたという意味である．この結果は研修に価値を認める人が増えたことを強く示唆している．

企業のマネジメントがなっていないという議論はなされてこなかった．しかし，マネジメントが生産性を大きく左右することは経営学や経済人の常識である．それに加えて，この数年の間に発表された Bloom and van Reenen（2007, 2010），Mas（2008）等の計量経済学的な実証研究は，マネジメントの重要性についてかなり明確な証拠を挙げている．こうした研究を背景にして Bruhn et al.（2010）は，産業発展に不可欠なもののうち，最も不足しているのが経営資源（managerial resources）だと述べている．まったく同感である．

それでは，その不足している経営資源を増やすことは可能だろうか．第2節で紹介した日本の経験によれば，アジアの新興国に関する限り答えはイエスである．しかしアフリカやその他の地域の低所得国ではどうであろうか．このところ中南米やアフリカで，マネジメントの研修を企業経営者に対して行い，彼

第7章　産業発展——日本の顔が見える戦略的支援

らのマネジメントが改善し，業績が好転するのかどうかを調べる実験がいくつも行われている[5]．筆者の研究グループも世界銀行やJICAの資金的援助を受けて，こうした実験を2007年から現在までに，ガーナとケニアの金属加工業で2回ずつ，エチオピアのアパレル，製靴，金属加工業で1回ずつ，タンザニアのアパレルで1回，そして比較のためにベトナムのアパレルと金属加工業で1回ずつ実施した．研修を受けた企業の数は合計すると，およそ500社に上る[6]．表7-1に，金属加工とアパレルの企業を対象にした研修実験の結果をざっくりとまとめてみた．

これらの研修実験の研修が教える内容は，われわれが行った実験とBloom et al. (2013) のそれを除けば，いわゆる中小零細企業向けのビジネス開発サービス (Business Development service：BDS) の世界共通と言ってもよい内容であり，企業家精神，事業計画，マーケティング，経理を中心にしている．生産や品質の管理はBDSにいちおう含まれているが重視はされていない．実験の研修ではまったくといってよいほど言及されない．それに対してわれわれの研修では，3週間の座学研修のうちの2週間はBDS的な内容としたが，まるまる1週間をKaizenの指導にあてた．そのうえ，合計10回行った実験のうちの4つでは，指導員が企業を2度訪れてKaizenを指導する実地研修も行った．指導員として起用したのは，BDSの指導者を指導する上級の資格（マスタートレーナー）を国際労働機関（International Labour Organization：ILO）から認定された現地コンサルタントであるが，日本人コンサルタントにも現地へ行ってもらい，彼らにKaizenの指導の仕方を教えてもらった．

これらの実験の多くは，医薬の効果を調べるためのランダム化比較試験（randomized controlled trial：RCT）と呼ばれる手法に倣って，マネジメントの研修を受ける企業と受けない企業を無作為に選び，研修の後の状態（あるいは研修の前後の状態の変化の大きさ）を，無作為に分けられた2つのグループ

5）McKenzie and Woodruff（2012）は，筆者のグループの実験を含めてこれらの実験の方法や結果を展望し，実験の問題点や改善すべき点についてコメントをしている．
6）このほかに，ランダム化比較試験ではないが，JICAがエチオピアで行った1社につき1年以上にわたる本格的なKaizen研修のインパクト評価にも関わった．われわれが企画した実験では小規模企業を対象としたのに対し，この研修はエチオピアの最大級の企業30社を対象とした．

の間で比較する．この方法によれば，研修を受けたか受けないかの違いのほかには2つのグループの間に系統だった違いはないので，研修を受けたグループの業績の平均が受けなかったグループの平均よりも高い分が，研修が及ぼした効果ということになる．ただし，業績はさまざまな理由で変動する上に，自営業者や零細企業の多く（特に研修を受けていない企業）が帳簿をろくにつけていないので，業績の正確な把握は難しい．そのため，研修の業績に対する効果について，きれいな証拠は得られていない．ただし，これらの研修は短時間で短期間の研修であったのに対して，2年間にわたって本格的に $Kaizen$ 的な技法を指導した研修では業績に顕著な効果が現れたので，より時間をかけて指導するかどうかの問題なのかもしれない．また，BDS と $Kaizen$ を問わずそれらの実践については，ほぼすべての実験で，研修が改善効果をもたらした．

　教えられた技法を実践するという結果は，筆者には初めから予想できた．というのは，いくつかの実験で研修の一部始終を参観し，受講した経営者たちの様子を観察していたからである．研修で教えた内容は非常に基礎的なことばかりだったのにもかかわらず，彼らは指導員の話に聞き入り，数多くの質問を浴びせ，異口同音に目から鱗が落ちるようだと語った．つまり，大半の企業経営者がマネジメントのイロハのイの字も知らなかったのである．また，$Kaizen$ の基礎は整理整頓をしようとか，ムダを減らそうといったきわめて常識的な事柄ばかりであるのだが，そういう当たり前のことを従業員に徹底させる方法がわかっていなかったのである．われわれが行った研修のうちのいくつかでは，従業員にやるべきことをやらせるための方法を十分に説明する時間がなく，当たり前のことをきちんとやるかやらないかで業績に差が出るといった説明しかできなかった．そういう研修の効果は弱く，教えたことが実践される割合は低かった．つまり，抽象論ではなく，従業員の力を引き出す具体的な方法を教えることが重要である．

　実はエチオピア政府は既に $Kaizen$ を国全体の近代化運動の中核として位置づけ，大規模な企業から零細企業に至るまで $Kaizen$ を普及させ，職業教育だけでなく普通教育の中にもそれを盛り込んでいこうとしている．その政策施行のキーパーソンの一人が，メディアの記者から「$Kaizen$ は日本的な文化だが，それはアフリカで受け入れられると思うか」と質問された．すると彼は，

第7章　産業発展――日本の顔が見える戦略的支援

「*Kaizen* は人に優しいから必ずアフリカ人に愛される」と答えた．もちろん彼がいかに強く断言したからといって，彼が正しいとは限らないのだが，少なくとも筆者は研修の現場や参加企業を訪問した際に，多くの受講者がこれに近いことをいうのを聞いた．また，*Kaizen* は精神論ではなく実践的であることが好ましく感じられ，その実践を始めて日が浅いうちから効果を実感でき，従業員同士や従業員と経営者のコミュニケーションも活発になったという体験談を繰り返し聞いた．

　もちろん，*Kaizen* さえ実践すれば企業が成長し，産業が発展するというわけではない．さまざまな技術やマーケティングや調達や経理に関する知識を吸収し，設備投資を行わなければならないことは明らかである．だが，それらを *Kaizen* が定着しないうちに実施しようとしても難しい．逆に *Kaizen* の初歩である整理整頓や機械のメインテナンスが習慣化してから，設備を少しずつアップグレードすれば，効率的に設備を活用できるだろうし，コミュニケーションが活性化して従業員が提案をするようになるのを待って，新規市場の開拓や新技術の導入にチャレンジするなら，成功する可能性は高い．さらに従業員が新しいアイディアの学習やスキルの獲得に積極的な姿勢を見せるようになったら，ISO9000等の認証の獲得や輸出市場の開拓といった，ハードルの高い目標を設定すればよい．このようにやるべきことはいろいろあるが，*Kaizen* の実践こそ企業成長への第一歩であろう．したがって，産業発展への効果的な支援の第一弾とは，*Kaizen* の普及の支援であると考えられる．

5　顔の見えるODA

　低所得国の産業にはいまや強い追い風が吹いている．よく知られているように，中国で賃金が高騰しているからである．中国はアパレルや靴などの労働集約的な軽工業製品の世界市場を席巻してきたが，労働集約的産業の生産拠点は，中国沿海部から世界各地の低所得国へと分散し始めた．また，この数年間にわたって続いている資源価格の高騰によって，資源の豊富なアフリカの低所得国が高度経済成長を始めた．食料価格も高騰し，農業分野が好調な低所得国も増

第Ⅲ部　これからの日本の国際協力——日本発「スマート・ドナーモデル」の構築を目指して

えている．これらの低所得国では所得が上昇し，消費者の購買意欲が高まっている．国内市場の拡大は，軽工業の発展を促すであろう．また，鉱物資源の採掘のための直接投資が増えるにつれて，現地で付加価値をつけるために金属加工業を育成しようという機運も高まっている．

　こうなると，低所得国の政府も民間も産業発展をますます渇望し，援助国に支援を強く求めるようになる．これまで低所得国の産業発展の支援は時期尚早などと言って敬遠気味だった援助機関も，積極的な姿勢に転じるほかなくなってきている．日本の援助関係者は，生産性の向上や中小企業支援の制度づくりに長年の経験を有しているし，*Kaizen* がいかにも日本語らしく聞こえることも日本にとって有利である．*Kaizen* を中心とする日本型産業発展支援が成功する可能性は非常に高い．

　幸い，ここにも追い風が吹いている．それは低所得国における教育普及の目覚ましい進展である．教育と産業発展については本書の第9章（黒崎）に詳しいので，ここでは特に教育と *Kaizen* 普及の関係に焦点を絞って私見をまとめておきたい．進学率が高まり，読み書きのできる若者が増えることが，産業の発展を後押しすることは言うまでもないが，低所得国の教育の改善は進学率の上昇にとどまらない．教育内容もよくなっていることが注目される．ある年配のアフリカ人が子供の時に学校で習った地理は，彼の国の地理ではなく，旧宗主国イギリスの地理だったという．それは彼の国の地理を説明した教科書がなかったからなのだが，このようにほとんど役に立たない知識ばかりを学校で習ったとしたら，学習することに価値を見いだせといっても難しい．だが今や彼の子供たちは，学校で自分たちの国の地理を習っているという．教育内容が改善され，知識を習うと役に立つという認識が広がれば広がるほど，*Kaizen* も普及しやすくなるだろう．また多くの低所得国で，生徒たちは数学を暗記科目と認識して答えを丸暗記していたのだが，青年海外協力隊の努力の甲斐もあって最近はこの点も改善しつつある．本来この科目は，問題の核心を探り解決策を考える大切なトレーニングである．解決策は人から与えられるものであって，自分で考えるものではないという認識を植え付けられていると，企業に入ってから *Kaizen* を実践しようとしても難しい．数学教育の改善も，*Kaizen* の普及を後押ししてくれるであろう．

第7章　産業発展──日本の顔が見える戦略的支援

　既に述べたように Kaizen の全国的な普及を目指すエチオピアでは，Ethiopia Kaizen Institute という政府機関が大型中型企業を指導し，全国に400以上ある職業訓練学校が小型企業・零細企業を指導している．そのための先生の訓練も続いている．タンザニアでは，産業省の中の Tanzania Kaizen Unit という機関が指導員を養成し，病院では既に Kaizen がだいぶ普及してきた．ザンビア，ケニア，ガーナでも普及の取り組みが活発化している．JICA はこれらのすべてを支援していて，さらにアフリカに限らず多くの国々から自分の国の生産性向上も手伝ってくれないかという打診を受けている．そのため担当の専門家は，忙しく世界を駆け巡っている．上述の追い風を逃さず，しかも Kaizen を日本の ODA のブランドとして早く確立するためには，より多くの開発人材と資金をこれらの事業に投入するべきであろう．

　ところで，アメリカから日本に紹介された生産性向上の理論や技法は，やがて Kaizen という日本的マネジメントに変容していったことを第2節で述べた．そうであれば，Kaizen も各地の文化に応じて変容していくだろうし，それは防ごうとしても防ぎようのないことだと思われる．Kaizen の普及に携わっている日本人コンサルタントの多くは，1つ1つの概念の正確な定義を教えこもうとするが，受け取る人によってどうしても東アフリカ風になったり，ラテン・アメリカ風になったりするのはやむを得ない．しかもあまりに細部にこだわって教えると，Kaizen の魅力が半減してしまう恐れがある．

　日本が Kaizen をある程度普及させたら，他の援助国にも真似をしてもらいたいが，先を越されると日本の ODA には大きなダメージになるから，もっとスピード感を持って普及を推進する必要がある．Kaizen を正確に教えようとするために時間がかかりすぎるという事態は避けるべきであろう．教室で丁寧に教えるばかりでなく，ラジオ放送などのメディアを活用して多くの人に語りかけることも重要である．みんなで工夫して生産性を高めることを Kaizen というという理解が広く伝われば，ひとまず安心である．極端に言うなら，低所得国の人々が生産性を向上させるたびに Kaizen という言葉を思い浮かべ，日本を連想してくれれば，Kaizen の詳細を教えるのがどの援助国であっても構わない．

　さてこれまでは，日本の顔が見えるようにすることばかり議論してきたが，

第Ⅲ部　これからの日本の国際協力——日本発「スマート・ドナーモデル」の構築を目指して

　低所得国における産業発展の支援は，もちろん日本企業にとってビジネスチャンスであることも指摘しておきたい．まず Kaizen の普及のための研修や制度づくりに協力する過程で，それぞれの国の有望な企業やキーパーソンに関する詳しい情報が日本大使館や JICA 事務所に入ってくる．輸出入や直接投資に際して現地の誰と手を組むかを検討するために，この情報を活用しない手はない．

　また，低所得国が産出する天然資源の獲得を巡る競争で，日本は一部の国々と比べてだいぶ上品にふるまっていて，後れを取っている．しかしまだ手つかずの資源もあるようなので，今からでも遅くない．ここで前にも触れたタイの東部臨海地域の工業開発の成功を思い出してみよう．この大事業は天然ガスの採掘をきっかけにして始まった．日本は単にガスを採掘するだけでなく，港を整備し，工業区を整備し，そこに日本企業の直接投資を誘致し，多数の人材を育成し，タイのそれまでの水準を大きく超えた技術集約型産業の集積を作り上げることに協力を惜しまなかった．このように，金銭的・物的な支援と，人的・知的な支援を効果的な順序で繰り出す壮大かつ戦略的支援パッケージをデザインし，着実に実施することにかけても，日本は経験豊富である．その成功をアフリカ等で再現することは可能であろう．その成功の確率を高めるためにも，正確な情報を多くの国々から集めて候補地を絞るべきである．Kaizen 普及の取り組みは，そのための人材育成，人脈形成，情報収集の役割も帯びることになる．

　直接投資については次の第8章（浦田）で詳しい議論が展開される．ここではあと1点だけ直接投資に関して述べておきたい．日本企業の現地法人で働く従業員が日本に来て研修を受ける場合，まず AOTS において導入研修を受け，それから各企業で固有技術を習うことが多かった．こうした研修を受けたアジア人の多くが，帰国後も AOTS の同窓会に所属して日本との関係を保っている．[7] いくつかの国の AOTS 同窓会が，東日本大震災が起こると真っ先に被害者へ援助の手を差し伸べてくれたことは記憶に新しい．この例からも明らかなように，直接投資には人的な交流が伴い，その結果として異なる国の人々の間

7）　日本は，開発途上国の職業訓練指導員を養成することにも熱心に取り組んだ．これについては，ボックス「途上国のための職業訓練」で議論されている職業能力開発総合大学校の経験が興味深い．また，AOTS 同窓会については，第8章も参照されたい．

第7章　産業発展——日本の顔が見える戦略的支援

に絆が生まれる．それはお互いに大切な財産となる．外交的にも重要な財産である．直接投資の利益は，投資を行う個々の民間企業が得る利益だけにとどまるわけではない．

6　結び

　自国の産業が，外国の産業の絶えざる進歩に伍していくには，経営者や従業員が次々に新しい技術，アイディア，スキルを学習していかなければならない．しかし，低所得国では零細企業も大企業も，学習の姿勢が身についていないし，どうすればその姿勢が身につくかを知らないでいる．本章では，Kaizen がその点でおおいに役立つこと，その普及に関して日本は経験豊富であること，それは日本と文化の異なるアフリカ等でも受け入れられる可能性が高いことなどを論じた．また，人材育成，インフラ建設，直接投資を一体化した大規模な産業発展支援のパッケージに関しても，日本はアジアの新興国で経験を積んでいることを指摘した．

　ただし，アジアの産業発展の支援に成功を収めた当時と比べると，今日の日本はあまり国内でものづくりを行っていない．また産業発展の支援を得意とする開発人材は高齢化しつつある．そのため，タイの日本型ものづくり大学である泰日工業大学など，日本がかつて Kaizen を教えた新興国の機関と協力して，アフリカ等での Kaizen 普及を進めることが現実的なのかもしれない．

　本章では，産業政策という言葉は使わないようにしてきた．それは，産業政策には特定の産業を選んで優遇するというイメージが付きまとうのに対して，本章で取り上げた Kaizen の普及を通じた生産性向上は，産業を特定しないし，補助金などの優遇的措置を伴わないからである．ただ，後者も市場への政策介入の一種であることには違いがない．経済学によれば，介入が効果を発揮するのは市場の失敗が深刻な場合である．本章では，Kaizen という有用な知恵の体系がまだ知られずにいる，つまり知識の市場が機能していないという市場の失敗を取り上げた．この失敗を正して，低所得国に持続的な産業発展をもたらすことが，日本をスマート・ドナーにするというのが本章のメッセージである．

引用文献

■英語文献

Bigsten, Arne and Mans Söderbom (2006) "What Have We Learned from a Decade of Manufacturing Enterprise Surveys in Africa?" *World Bank Research Observer*, 21(2): 241-265.

Bloom, Nicholas and John van Reenen (2007) "Measuring and Explaining Management Practices across Firms and Countries," *Quarterly Journal of Economics*, 122(4): 1351-1409.

――― (2010) "Why Do Management Practices Differ across Firms and Countries?" *Journal of Economic Perspectives*, 24(1): 203-224.

Bloom, Nicholas, Benn Eifert, Aprajit Mahajan, David McKenzie, and John Roberts (2013) "Does Management Matter? Evidence from India," *Quarterly Journal of Economics*, 128(1): 1-51.

Bruhn, Miriam, Dean Karlan, and Antoinette Schoar (2010) "What Capital is Missing in Developing Countries?" *American Economic Review Papers and Proceedings*, 100(2): 629-633.

Marshall, Alfred (1920) *Principles of Economics*, London: MacMillan.

Mas, Alexandre (2008) "Labour Unrest and the Quality of Production: Evidence from the Construction Equipment Resale Market," *Review of Economic Studies*, 75(1): 229-258.

McKenzie, David and Christopher Woodruff (2012) "What Are We Learning from Business Training and Entrepreneurship Evaluations around the Developing World," Policy Research Working Paper 6202, World Bank.

Nicher, Simeon and Lara Goldmark (2009) Small Firm Growth in Developing Countries, *World Development*, 37(9): 1453-1464.

Sachs, Jeffrey (2005) *The End of Poverty: How We Can Make it Happen in Our Lifetime*, New York: Penguin.

Sonobe, Tetsushi and Keijiro Otsuka (2006) *Cluster-Based Industrial Development: An East Asian Model*, Hampshire, UK: Palgrave Macmillan.

――― (2011) *Cluster-Based Industrial Development: A Comparative Study of Asia and Africa*, Hampshire, UK: Palgrave Macmillan.

——— (2014) *Cluster-Based Industrial Development: Kaizen Management for MSE Growth in Developing Countries*, Hampshire, UK：Palgrave Macmillan.

■日本語文献

秋山孝允・秋山スザンヌ・湊直信（2003）『開発戦略と世界銀行——50年の歩みと展望』知泉書館.

石井寛治（1997）『日本の産業革命——日清・日露戦争から考える』朝日新聞社.

梅渓昇（2007）『お雇い日本人——明治日本の脇役たち』講談社学術文庫.

片野勧（2011）『明治お雇い外国人とその弟子たち——日本の近代化を支えた25人』新人物往来社.

島西智輝・森直子・梅崎修（2012）「高度経済成長期における日本生産性本部の活動——相互信頼的労使関係の形成への影響」『日本労働研究雑誌』54(8)：70-86.

園部哲史・大塚啓二郎（2004）『産業発展のルーツと戦略——日中台の経験に学ぶ』知泉書館.

速水佑次郎（2000）『開発経済学——諸国民の貧困と富（新版）』創文社.

森直子・島西智輝・梅崎修（2007）「日本生産性本部による海外視察団の運営と効果——海外視察体験の意味」『企業家研究』4：39-55.

——— （2013）「日本的経営技法の海外移転——アジアにおける日本生産性本部の活動」『企業家研究』10：1-19.

Box 4　途上国のための職業訓練

古川勇二

　職業能力開発総合大学校（以下，職業大）は，政府の開発援助計画に基づいて，開発途上国から職業訓練指導員を受け入れ，技能・技術を向上させ，開発途上国の職業人づくりに寄与するためのJICAとの協力事業として，政府が行う国際協力の一端を担ってきた．このボックスでは，途上国で職業訓練を実施するために，その指導員の育成・教育に関して職業大が行ってきた実例を紹介する．

職業訓練指導員コース
　このコースは，開発途上国の職業訓練に携わる中堅技術者を対象として，わが国で実用化されている技術および関連情報を教育訓練することにより，参加国の訓練の質的向上を図り，産業，技術水準および生産性の向上に資することを目的にしており，1963年以来実施されてきたものであった．これまでの受入国は92か国，研修員数は1642名である（2012年末）．具体的にはアジアが21か国850名で全体の52％を占め，次いでアフリカが27か国409名（25％），中近東13か国134名（8％），中南米22か国197名（12％）の順となっている．ただし指導員資格者といっても先方の国によって資格の扱いが必ずしも一定ではないので，同質の訓練を職業大で行っても意味がなく，各指導員の現状能力と帰国後の仕事内容を精査した上で職業大が指導してきた．
　研修員の選考は，参加希望国の外交ルートを通じて送付されてきた要請書に基づき，厚生労働省，JICA本部，職業大が協議して行う．研修コースの種類は，1993年から生産機械工学，産業機械工学，電子工学，造形工学，建築工学，情報工学の6コースで，研修期間は，1990年度の第28回までは多少の変動はあったものの概ね1年間であった．その後予算上の制約から9か月，1995年度から7か月へと短縮された（職業能力開発総合大学校能力開発研究センター　2005）．

本研修は2001年度に46名の研修員受け入れを行った後，2002年度よりJICAの国際協力業務，とりわけ海外研修員受け入れについて政策の大転換があり，加えて大幅な予算削減等により徐々に研修員の受入定員を減らしていった．研修期間は2008年度より3か月と期間短縮となり，2009年度の制御技術の定員8名の研修員受入を最後に，47年間，約半世紀の間続いた海外技術研修員職業訓練コースは受入終了と決定され，職業大におけるその役割を終えることとなった．

　この間に来学した卒業生の数百名とは現在もネット情報通信が確立され，職業大の最近の情報を提供している．その中で，相手国の社会情勢，産業発展，近郊諸国との紛争等の影響で，必ずしも全員が所望の活動ができているとは言えないが，大多数は母国の職業訓練分野の組織や学校に所属し，わが国との産業協力関係を望んでいる．しかし相手国によってその産業状況が異なるので，それらに応じた個別的な対応が求められるが，残念ながら職業大自体の国際協力業務が縮小されているので，必ずしも途上国の期待に応えられているわけではない．職業大としては，昨年度に旧キャンパスに移転して新しい発展を期しており，その一環として従来の国際協力の成果を活用していきたいと考えている．

海外留学生の受け入れ

　上述した途上国指導員の受け入れに並行して，1992年10月から国費外国人留学生受入事業を開始し，学士課程（長期課程）への受入事業を創始し，開発途上国における質の高い職業訓練指導員および職業能力開発に携わる者の養成・確保への協力を目的として，日本の国費によりインドネシア，マレーシア，フィリピン，タイ，スリランカ，ベトナム，メキシコ，カンボジアおよびラオスを対象に，留学生を毎年16名受け入れてきた．留学生は来日後，最初に6か月間の日本語研修を受け，翌年4月に学士課程（長期課程）へ入学して4年間の教育訓練を受ける．卒業時には，工学士の学位が授与され，帰国後は職業訓練指導員または職業能力開発に携わる者として出身国の人材育成にあたっている（職業能力開発総合大学校能力開発研究センター 2006a）．

　さらに2001年4月から修士課程への留学制度が開始され，開発途上国における専門分野に関する高度な技能，優れた研究・開発能力，指導力を有する

高度な職業訓練指導員の養成・確保への協力を目的として，日本の国費によりインドネシア，マレーシア，フィリピン，タイを対象に，留学生を毎年2名受け入れてきた．留学生は2年1か月間の訓練を受け，修了時には学位授与機構の論文審査等を経て修士（工学）の学位が授与される（職業能力開発総合大学校能力開発研究センター 2006b）．

この留学制度もわが国の財政逼迫に伴い，修士課程に関しては2年前に，学士課程については，本年度（2014年度）末で終了することが決定されている．先日来，学士課程生12名を4回に分けて昼食会に招き，留学生の思いを聞き，彼らの将来方針に関して校長アドバイスを行った．彼らは来年3月の卒業と同時に母国に戻り，何らかの形で職業訓練指導者として現地の職業訓練に携わる予定である．

また職業大留学生200数十名とは，PTU（Polytechnic University）ニュースを介して連絡が取れているが，彼らの多くが母国で職業訓練行政，職業訓練学校等で活躍している．わが国の製造業のGDPシェアが18％台に下がり，逆に東南アジアに工場移転する企業が増えている中で，職業大卒業生を中心にした現地での職業訓練の重要性が増している．彼らを，わが国製造業のアセアン諸国展開の礎に育成するべきであろう．

また，中国（1980年～92年）とシンガポール（1981年～89年）からの私費外国人留学生を長期課程に受け入れたが，卒業後彼らが，母国政府の高官，大学教授，企業の創業者等になって活躍していることも忘れてはならない．

アセアン諸国で活躍する在職職業訓練指導員の受け入れ

上述したように，職業大における外国人留学生の受け入れは本年度末をもって終了するが，卒業生の多くとの連絡を密にし，現地へ展開しているわが国の製造業との協調を可能とすることが次世代の職業大の任務と考えている．幸い，厚生労働省職業能力開発局外国人研修推進室の新規プロジェクトに基づき，アセアン諸国で活躍する在職職業訓練指導員を受け入れ，新しい形式で1年間の指導員養成訓練を本年度から開始した．この制度の実施担当は厚生労働省の下で公募され，昨年度と本年度は公益財団法人国際研修協力機構（JITCO）が受諾している．

職業大としては，政府が国際協力の一環として行う新規事業に積極的に協力することにした．研修生を指導員養成訓練の留学生として受け入れ，指導

技法，キャリアコンサルティング技法，職業訓練計画の立案能力等，高度で専門的な技能および知識を付与している．出身国で中核的役割を果たすことのできる人材は，最近は単なる機械操作から上記の課題へと転換されつつあり，その人材を育成することにより，アセアン諸国の人づくりに貢献しようとするものである．未だ緒に就いたばかりの新規事業であるが，この制度の有用性が評価されて長期的に運営され，わが国製造業と現地企業との協力の橋渡しが可能な人材が増えることを祈念している．

アジア職業訓練シンポジウムの開催

以上で概括したように，職業大自体とその国際活動は当初の計画をほぼ終了し，新しい50年を計画・実施することになった．その一環として職業大は，2013年3月に小平キャンパスに移転統合し，約40年にわたる相模原キャンパスの歴史に幕を下ろすことが決定された．これを機会に，各国で活躍する卒業留学生や職業大にゆかりのある関係者を集めて，職業大の国費留学生事業や海外職業訓練指導員研修事業を通して，途上国への国際協力やその貢献のあり方について意見交換を行うことを目的として，国際シンポジウムを開催することとした．

2012度に第一回を開催し，第二回は2013年度，そして2014年が第三回になる．基本的にはアセアン諸国を対象にした職業教育訓練のあり方とわが国企業との協調について，職業大卒業生で現地指導に当たっている者，現地進出している日本企業の代表者，政府系の機関の専門家などで構成し，多角的・専門的に意見交換し，実際の政策に役立てている．

第一回のシンポジウムでは，インドネシア，マレーシア，タイの卒業留学生の各国での活動経験，職業大で学んだ知識，経験から自国においてどのように貢献ができたか，留学生自身がグローバル人材として母国と日本の価値観，文化・慣習の違いをどのように捉え，現在の業務にどのように活かしているかが議論された．またジャカルタで開催されたアセアン技能五輪大会では，職業大卒業生が，その運営についてアセアン諸国の中心的役割として活躍する事例等の報告があった．これらに対して海外進出している日系企業等から，現地法人における技術系人材採用・育成に関わる諸問題について具体事例の提示があり，それをもとに意見交換した．さらにアジア進出している日系企業に対する職業大の支援のあり方について，活発に意見交換した．

第二回の時には，ベトナム，ラオス，カンボジアの卒業留学生を招き，あわせて関連の専門家を招いて同様に活発な議論を展開した．本年度が第三回であるが，フィリピンとスリランカの卒業留学生を招き，あわせてアセアン諸国で活躍する在職職業訓練指導員の参加もあおぎ，盛大に実施した．

　以上のように職業大が実施してきた海外活動を基盤とした国際シンポジウムを展開していく予定であるが，少し変わった点は，参加者が職業大卒業生であって，現地で職業訓練に当たっている者であることから，シンポジウムは日本語で行われるという点だ．

　以上，職業大が実施してきた職業教育訓練の途上国への展開について概括したが，残念なことに国費の削減のため，途上国から評価された多くの事業は閉鎖し，現時点では職業大独自で継続している事業が大半である．国の財政を考慮すれば当然の流れかもしれないが，いずれはアジア，とりわけアセアン諸国との関係強化が実現され，わが国との職業教育訓練上の密接な関係が復帰されるのではないかと期待している．しかしアジア諸国は途上国というよりもはや工業国に変身しつつあり，その点を加味したわが国としての職業教育訓練のあり方を精査するべき時期であろう．

　時代はまさに BRICs（ブラジル，ロシア，インド，中国），とりわけ中国の台頭期と言える．その中国や，職業大の実績が高いアセアン諸国においては，今後，職業教育訓練に一層の重きを置いた政策が取られつつある．現在，産業は中国から少しずつ VISTA（ベトナム，インドネシア，南アフリカ共和国，トルコ，アルゼンチン）に移行すると言われている．このような環境下でわが国は，技術を基礎に国家建設に取り組んでいかなければならない．これら発展する諸外国とわが国との技術協力の接点はまさに「人」であり，その「人」の職業教育訓練にあることは論を待たないであろう．この観点からも，職業教育訓練を機軸とした職業大の国際貢献は不可欠であり重要性が増すことに間違いはない．

　国際的には EU から「非公式教育・訓練のための学習サービス──サービス事業者向け基本的要求事項」が提案され，2010年10月には国際的に ISO29990として承認された．これをも考慮し，厚生労働省は職業教育訓練の質保証に向けた要員養成の必要性を認識している．職業教育訓練に関わる制度の運用について ISO 標準化された事実は，今後，途上国を含め，職業教育訓練が国際的に基準化されることでもあり，わが国，とりわけ職業大の

役割が期待されるところである．職業大としては，従来築いてきた実績とネットワークを最大限に活用し，職業教育訓練の標準化に対応した国際協調を進め，そのことが結果としてわが国の産業競争力の強化につながるように，その一助としての働きをしていかなくてはならないと考えている．

引用文献

職業能力開発総合大学校能力開発研究センター（2005）『公共職業訓練のプロセス管理に関する調査研究——職業訓練コースの設定，運営に係るプロセス管理の精緻化』調査研究報告書，129．

─────（2006a）『公共職業訓練へのプロセス管理の普及に関する調査研究——プロセス管理手法によるモデルカリキュラムの策定に関する調査・研究』調査研究報告書，117-1．

─────（2006b）『公共職業訓練へのプロセス管理の普及に関する調査研究——プロセス管理を活用した公共職業訓練コースの設定と運営管理の手引書』調査研究報告書，117-2．

第8章 直接投資
日本の投資と開発途上国の発展

浦田秀次郎

1 はじめに

　企業による直接投資は，さまざまなチャンネルを通して投資受入国の経済発展に貢献する．直接投資は投資受入国に投資資金を提供するだけではなく，生産，雇用，貿易の拡大をもたらし，経済発展を促進する（量的効果）．さらに，直接投資は投資受入国に経済発展・成長に重要な役割を果たす技術や経営ノウハウを移転し，投資受入国の生産性を向上させることを通じて経済発展を推進する（質的効果）．技術は直接投資だけではなく，ライセンシングによる技術輸入，資本財輸入，技術者の招聘などさまざまな形で移転するが，近年では，直接投資の重要性が増している．その背景には，企業にとって競争力の源泉である技術を海外で活用する際に，ライセンシングなどを用いて他社に販売することで競争力を失うことを恐れて，直接投資を用いて親会社から海外子会社（海外現地法人）に技術を移転し，技術を自社内にとどめておくような行動をとる企業が増えていることがある．直接投資に対する規制が世界的に緩和されたことで，直接投資が大きく増加したことも，技術移転における直接投資の重要性の増大に寄与した．直接投資による投資受入国の経済発展促進効果を認識して，多くの国々は，直接投資の受け入れに熱心である．実際，直接投資誘致のために免税措置や低利融資などの優遇措置を適用している国も少なくない．

　一方，企業にとっても，海外での事業の中で，直接投資の重要性が増している．企業の中には消費者の嗜好にあった商品開発の重要性を認識して，直接投

第Ⅲ部　これからの日本の国際協力──日本発「スマート・ドナーモデル」の構築を目指して

資を用いて消費地生産を実践する企業もあり，また，製品の生産にあたって多くの生産工程を必要とするような事業を行っている企業は生産工程を分解し，直接投資を用いて各生産工程を最も効率的に行える国に配置する戦略（フラグメンテーション戦略）を実施するようになり，世界レベルで生産ネットワークやサプライチェーンを構築し，運営するようになっている．投資受入国にとって，企業による技術移転が重要であることを述べたが，企業にとって海外現地法人の業績を向上させるために，海外現地法人への技術移転（企業内技術移転）は重要である．

　経済発展における直接投資の重要性を認識し，本章では，日本企業による直接投資の開発途上国の経済発展への影響・貢献について分析する．分析では，日本企業による直接投資が活発かつ大量に行われてきた東アジアに焦点を当てる．また，日本企業による直接投資の推進および日本企業の直接投資によって設立された海外現地法人での技術向上などに対する日本政府の支援策についても検討し，その検討を通じて日本が国際開発協力におけるスマート・ドナーになるための方向性を示唆する．

　以下，第2節では，日本企業による対外直接投資の動向を概観し，第3節では，日本企業による開発途上国への対外直接投資の経済発展効果を分析する．第4節では，日本企業による対外投資先の決定因を分析し，途上国にとって日本企業による直接投資を誘致するための方策を検討する．第5節では，日本政府による日本企業の対外直接投資促進策と日本企業による技術移転推進策を紹介し，第6節で結論を提示する．

2　日本の対外直接投資

2.1　近年における動向：急増する日本の対外直接投資

　日本の対外直接投資は，日本企業の経営能力の向上に伴って，1960年代から徐々に増加していったが，1980年代後半に入り，大きく増加した（図8-1）．その背景には，急速な円高による日本国内での生産の国際競争力の低下や，円

第8章　直接投資——日本の投資と開発途上国の発展

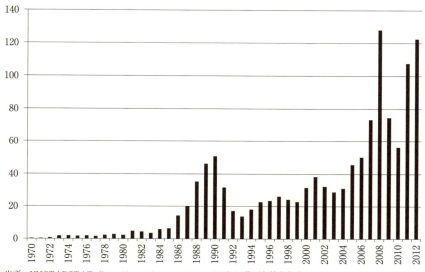

図8-1　日本の対外直接投資（10億ドル）

出所：UNCTADSTAT（http://unctadstat.unctad.org/EN）に基づき筆者作成．

高への政策的対応として実施された拡張的金融政策による投資資金の増加といった日本経済における要因があった．他方で，直接投資を受け入れることで経済発展・成長を推進することを期待して実施された直接投資政策の自由化や，直接投資誘致を目的とした優遇措置の適用といった直接投資受入国，その中でも特に日本からの直接投資を大量に引き付けた東アジアに位置する途上国における要因があった．

　90年代初めのバブル崩壊により日本経済が大きく落ちこみ，日本企業による対外直接投資も大きく低下した．90年代半ばには円高の進行によって，日本の対外直接投資は回復傾向にあったが，90年代末の日本の金融危機およびアジア通貨危機などの影響で，再び低下した．21世紀に入るとアジア通貨危機から脱出し，高成長を実現するようになったアジア諸国の経済を中心として世界経済が回復基調にあったことから，日本の対外直接投資も拡大した．特に，2000年代半ばからの急拡大は目覚ましく，それ以前には年間300億ドル程度で推移していた日本の対外直接投資フローは2005年には400億ドルを超え，2008年には

1200億ドルを記録した．2008年の世界金融危機の影響を受けて2009年，2010年と日本の対外直接投資は大きく落ち込むが，2011年には大きく回復し，その後も，上昇傾向が続いている．

2.2 地域別・産業別動向

　日本の対外直接投資残高は2013年末で117兆7000億円であった（表8-1）．地域別では，北米が最も大きく全体の31.2％を占める．北米の後には，アジア（27.8％），欧州（24.4％）が続く[1]．これらの3地域への対外直接投資は全世界への投資の83.4％を占めている．また，北米，欧州，大洋州の先進地域を除いた，アジア，中南米，中東，アフリカの発展途上地域向けの投資の割合は，全体の39.1％であり，先進地域向けの直接投資の割合が大きいことがわかる．ただし，2000年末では，発展途上地域向けの投資の割合は26.4％であったことから，2000年から2013年にかけて日本の直接投資は発展途上地域向けの割合が大きく上昇していることがわかる[2]．途上国の中では，アジアへの直接投資の伸びが大きく，世界への直接投資に占める割合は2000年末の17.7％から13年末には27.8％へと10％ポイントも伸びている．因みに，アジアへの直接投資の中では，東南アジア諸国連合（アセアン）向けの投資が大きく，2013年末時点では，アセアン向け投資残高は中国向け投資残高を上回っている．
　日本の直接投資残高の産業別構成（2013年末）では，製造業が46.7％であるのに対して，非製造業が53.3％となっており，それらの産業間では，それほど大きな格差はない．製造業で大きな割合を占めているのは，輸送機械（10.0％），化学・医薬（8.9％），電気機械（8.5％）などである．他方，非製造業では，金融・保険業（20.0％），卸売・小売業（12.6％），鉱業（8.0％）などが大きな割合を占めている．
　日本の直接投資の産業別構成は，地域によってかなり異なっている．日本の直接投資残高の大きい北米，アジア，欧州でみると，アジアでは非製造業と比

---

1) 構成比は表には示されていない．
2) 日本銀行，国際収支統計，直接投資・証券投資等残高地域別統計，
   http://www.boj.or.jp/statistics/br/bop/index.htm/　2014年7月15日アクセス．

第8章　直接投資——日本の投資と開発途上国の発展

表8-1　日本の対外直接投資残高（地域別・業種別）

(2013年末, 億円)

	アジア	中国	ASEAN	中南米	中東	アフリカ	北米	欧州	大洋州	全世界
合計	326,945	103,402	143,575	115,195	5,582	12,726	366,921	287,701	62,192	1,177,265
製造業（計）	202,370	76,418	84,404	25,707	4,420	1,494	148,904	151,076	15,805	549,776
食料品	12,050	3,757	7,615	7,741	11	65	4,359	28,566	8,673	61,465
繊維	2,727	1,496	942	185	2	0	518	1,823	23	5,279
木材・パルプ	4,638	2,494	1,834	1,590	153	9	1,338	441	1,746	9,916
化学・医薬	27,242	7,211	11,515	1,059	3,384	291	40,425	31,493	1,450	105,343
石油	1,546	33	714	688	2	—	158	2,176	945	5,515
ゴム・皮革	6,849	2,043	4,323	787	−5	190	2,975	4,273	27	15,096
ガラス・土石	7,571	1,944	2,577	461	—	—	3,495	7,325	80	18,932
鉄・非鉄・金属	19,154	6,944	8,702	3,682	673	22	9,435	4,418	1,453	38,838
一般機械	21,219	11,613	5,709	610	16	1	14,753	7,978	199	44,776
電気機械	39,128	15,045	13,762	1,690	5	—	31,761	26,946	45	99,575
輸送機械	47,512	20,068	20,595	6,672	162	898	30,631	30,572	1,128	117,575
精密機械	4,915	1,155	2,687	174	16	16	6,296	3,466	—	14,883
非製造業（計）	124,575	26,984	59,171	89,488	1,163	11,232	218,017	136,625	46,387	627,489
農・林業	803	53	725	248	—	0	127	85	56	1,318
漁・水産業	88	X	47	48	—	0	475	3	109	723
鉱業	1,724	X	1,633	17,254	235	782	14,849	27,102	32,366	94,313
建設業	3,904	129	1,280	130	38	38	373	1,203	131	5,817
運輸業	5,172	684	3,748	3,146	3	454	1,414	3,932	477	14,597
通信業	7,021	426	3,287	661	5	6,923	28,981	4,959	1,295	49,845
卸売・小売業	33,400	10,180	13,027	6,633	−10	304	75,855	28,839	2,853	147,874
金融・保険業	50,651	8,971	28,044	58,185	407	2,426	71,914	46,020	5,810	235,413
不動産業	8,187	4,205	2,782	529	42	—	6,360	1,160	1,300	17,577
サービス業	8,067	1,657	1,016	507	24	193	9,715	10,458	600	29,565

注：1）報告件数が3件に満たない項目は、個別データ保護の観点から「X」と表示している。
　　2）該当データが存在しない項目は、「—」で表示している。
　　3）「製造業（計）」、「非製造業（計）」は、各内訳項目、X に、それぞれ「その他製造業」、「その他非製造業」を加えた合計であり、表上の各業種の合計と必ずしも一致しない。

出所：日本銀行、国際収支統計　http://www.boj.or.jp/statistics/br/bop/index.htm/　2014年7月15日アクセス。

べて製造業への投資の割合が高い．具体的には，アジアへの直接投資のうち製造業への直接投資は61.9％であるのに対して，非製造業への直接投資の割合は38.1％である．他方，北米と欧州への直接投資の中で製造業の割合は，各々，40.6％と52.5％であり，それらの地域への直接投資の中で非製造業の割合は，各々，59.4％と47.5％となっている．途上国向け直接投資の産業別構成は地域ごとに異なっている．アジアについては，先述したが，中南米とアフリカへの直接投資では非製造業の割合が高く，全体に占めるその割合は，各々，77.7％と88.3％となっている．他方，中東への直接投資では，製造業が全体の79.2％を占めている．

アジアへの直接投資構成に関して，より詳細な産業分類でみると，製造業では輸送機械（14.5％），電気機械（12.0％），化学・医薬（8.3％）が高い割合を占めているのに対して，非製造業では金融・保険業（15.5％），卸売・小売業（10.2％）が高い割合を占めている．アジアへの直接投資で輸送機械と電気機械の割合が大きいことが示されたが，それらの投資については，自動車やパソコンなどの最終製品を組み立てるための工場を建設するための直接投資だけではなく，部品を生産するための工場建設のための直接投資が含まれている．また，金融・保険業，卸売・小売業における投資は製造を目的として直接投資により進出した日本企業の海外現地法人へのサービスを提供するために行われたものが多い．

日本の対外直接投資は投資受入国・地域では，他の国々からの投資と比較してどのような位置にあるのであろうか．経済協力開発機構（OECD）の統計によると，アジア，中近東，中南米へのOECD諸国からの投資に占める日本からの直接投資の割合は2011年末の時点で，各々，25.6％，4.0％，4.7％となっており，アジアでは大きな位置を占めているが，他の地域でのプレゼンスは限られている[3]．

---

3) OECD, *International Direct Investment Statistics Yearbook*.

第8章　直接投資——日本の投資と開発途上国の発展

2.3　日本企業により設立された海外現地法人の動向

　日本企業による海外への直接投資の推移を見てきたが，日本企業の直接投資を通じた海外での行動を明らかにするために，直接投資によって設立された海外現地法人の動きを見ることにしよう．日本企業により設立され，操業している全世界における海外現地法人数は2003年度から2012年度にかけて，1万3875社から2万3351社へと1.68倍増加した（表8-2）．全世界を発展途上地域と先進地域に分けて海外現地法人数の推移をみると，先進地域と比べて発展途上地域で操業している海外現地法人数の増加率が高いだけではなく，絶対数でも著しく大きい．発展途上地域に位置する現地法人数は2003年から2012年にかけて，8453社から1万6732社へと1.98倍伸びたのに対して，先進地域に位置する現地法人数は同期間において，5422社から6619社へと1.22倍に増加しただけである．2012年度時点でみると，全世界で操業している日本企業の海外現地法人のうち72％が発展途上地域，28％が先進地域である．発展途上地域の中では，アジア，その中でも中国で操業する現地法人数の伸びが高いだけではなく，絶対数も大きい．ちなみに，2012年度においては，アジア（その中で中国）で操業する日本企業の現地法人数は1万5234社（7700社）となっており，全世界で操業する日本企業の海外現地法人のうちの65.2％（33.0％）を占める．

　日本企業の発展途上地域における現地法人数を産業別に見ると，他の地域と比べて，アジアでは非製造業よりも製造業で操業する現地法人の数が多い．具体的には，アジアで操業する現地法人のうち，52.3％が製造業，残りの47.7％が非製造業である．他方，中南米，中東，アフリカで操業する現地法人のうち製造業の割合は，各々，24.2％，12.3％，29.2％であり，アジアと比べて，製造業の割合はきわめて低い．ちなみに，先進地域における全産業に占める製造業の割合は，北米で35.8％，欧州で30.0％，オセアニアで18.1％であることから，アジアにおいて製造業の割合がきわめて高いことが確認できる．アジアで操業する現地法人の中でも，特にASEAN4（インドネシア，マレーシア，フィリピン，タイ）と中国・香港で操業する現地法人において製造業の割合が，各々，59.6％，53.8％と高く，NIEs3（韓国，台湾，シンガポール）での35.1

219

第Ⅲ部　これからの日本の国際協力――日本発「スマート・ドナーモデル」の構築を目指して

表8-2　日本企業の海外現地法人の動向

	現地法人企業数（数, 倍率）			常時従業員数（1,000人, 倍率）			売上高（10億円, 倍率）			輸出額（10億円, 倍率）			輸入額（10億円, 倍率）		
	03年度	12年度	12年度/03年度	03年度	12年度	12年度/03年度	03年度	12年度	12年度/03年度	03年度	12年度	12年度/03年度	03年度	12年度	12年度/03年度
全地域	13,875	23,351	1.68	3,766.2	5,583.9	1.48	145,175	199,034	1.37	51,451	79,363	1.54	62,684	75,813	1.21
発展途上地域	8,453	16,732	1.98	2,633	4,340	1.65	50,967	104,021	2.04	26,552	42,740	1.61	21,658	35,882	1.66
アジア	7,496	15,234	2.03	2,466.5	3,942.5	1.60	43,683	89,271	2.04	21,856	35,623	1.63	18,434	29,345	1.59
中国・香港	2,975	7,700	2.59	1,039.8	1,677.6	1.61	14,625	34,938	2.39	7,791	12,685	1.63	6,609	11,280	1.71
ASEAN4	2,439	3,776	1.55	1,076.9	1,434.0	1.33	13,700	29,392	2.15	6,512	10,754	1.65	4,323	7,440	1.72
NIEs3	1,769	2,605	1.47	221.7	276.7	1.25	13,798	20,277	1.47	7,065	10,223	1.45	6,951	9,350	1.35
中南米	766	1,205	1.57	131.0	347.1	2.65	4,976	11,812	2.37	3,086	5,642	1.83	2,621	5,293	2.02
中東	71	122	1.72	7.7	12.9	1.68	1,729	1,390	0.80	1,348	502	0.37	266	599	2.25
アフリカ	120	171	1.43	28.2	37.1	1.32	578	1,547	2.68	262	973	3.71	337	644	1.91
先進地域	5,422	6,619	1.22	1,133	1,244	1.10	94,208	95,014	1.01	24,899	36,623	1.47	41,026	39,932	0.97
北米	2,630	3,216	1.22	673.1	659.5	0.98	58,043	57,947	1.00	7,908	19,939	2.52	19,314	21,563	1.12
欧州	2,332	2,834	1.22	410.1	532.2	1.30	32,169	31,124	0.97	15,587	14,540	0.93	20,101	16,341	0.81
オセアニア	460	569	1.24	49.7	52.5	1.06	3,997	5,943	1.49	1,404	2,144	1.53	1,611	2,028	1.26

注：ASEAN4は、インドネシア、マレーシア、フィリピン、タイ。NIEs3は韓国、台湾、シンガポール。
出所：経済産業省、海外事業基本調査。2012年実績。
http://www.meti.go.jp/statistics/tyo/kaigaizi/result/result_43.html 2014年5月25日アクセス。

％よりも20％ポイントも高くなっている．アジアで操業する現地法人について，より細かな産業分類でみると，製造業では輸送機械（全体に占める割合は8.6％），情報通信機械（5.9％），化学（5.5％），電気機械（3.5％），生産用機械（3.5％）が大きな割合を示しているのに対して，非製造業では卸売業（25.1％）が圧倒的に大きな割合を示していることがわかる．

3 日本の対外直接投資と投資受入国における経済発展

本章の冒頭で議論したように，直接投資の受け入れは，量的効果および質的効果を通じて，投資受入国の経済発展に貢献する．本節では，日本企業による直接投資の投資受入国への量的および質的効果を通じての経済成長への影響を検討する．

3.1 量的効果：雇用，売上高，貿易

日本企業の海外現地法人の現地での雇用，売上高，輸出，輸入状況を把握することで，日本の直接投資受入国における経済成長への量的効果を検討する．

日本企業の海外現地法人で雇用されている常時従業員数は全世界では，2003年度から2012年度にかけて，377万人から558万人へと1.48倍伸びている（表8-2）．そのうち発展途上地域の現地法人で雇用されている常時従業員数は263万人から434万人へと1.65倍の伸びを示したのに対して，先進地域の現地法人で雇用されている常時従業員数は113万人から124万人へと1.1倍しか伸びていない．2012年度でみると，アジアの現地法人で雇用されている常時従業員数は394万人で他の地域と比べて，圧倒的に大きな数値を示している．実際，アジアの現地法人で雇用されている常時従業員数は全世界の現地法人で雇用されている常時従業員数の70％を占めている．アジアの中では，中国・香港で操業する現地法人で雇用されている常時従業員数は168万人で絶対的にも大きいが，伸び率も高い．ASEAN4の現地法人での常時従業員数は143万人と中国・香港の次に多いが，伸び率は中国・香港と比べると低い水準にある．絶対数では，

表8-3 現地雇用者に占める日本企業の現地法人の従業員数(1000人,2012年)

	常時従業者数 (A)	雇用者数 (B)	(A)/(B) %
中国	1,590.4	767,000.0	0.2
香港	87.2	3,660.0	2.4
台湾	111.1	10,860.0	1.0
韓国	80.9	24,681.0	0.3
フィリピン	217.9	37,607.0	0.6
マレーシア	161.4	12,723.0	1.3
タイ	665.1	38,950.0	1.7
インドネシア	389.6	110,808.0	0.4
シンガポール	84.6	3,275.0	2.6
ベトナム	338.2	51,700.0	0.7
インド	179.9	434,600.0	0.0
ブラジル	92.5	104,745.4	0.1
メキシコ	99.3	52,847.5	0.2
アルゼンチン	9.1	18,850.7	0.0

注:インドの雇用者数は2011年.
出所:常時従業者数は経済産業省,海外事業基本調査2012年実績
http://www.meti.go.jp/statistics/tyo/kaigaizi/result/result_43.html
2014年5月25日にアクセス.
雇用者数については,ブラジル,メキシコ,アルゼンチンの雇用者数は World Bank, *World Development Indicators* on line, その他の国・地域については, Asian Development Bank, *Key Indicators for Asia and Pacific 2014*に基づき筆者作成.

それほど多くはないが,中南米の海外現地法人で雇用されている常時従業員数の伸びは大きい.

　日本企業の海外現地法人で雇用されている常時従業員数を確認したが,現地での雇用者数と比較をすることで,雇用面での日本企業の貢献度を見ることができる.表8-3には,日本企業の海外現地法人で雇用されている常時従業員の多い途上国について,現地でのすべての雇用者数に占める日本企業の現地法人で雇用されている常時従業員数の割合(現地法人雇用比率)が示されている.同表の数字によると,日本企業の現地法人雇用比率は最も高い国(シンガポール,香港)で約2.5%であるのに対して,同比率が低いインドやアルゼンチンでは0.1%に満たない.同比率が1%以上の国々としては,シンガポール,香港の他にマレーシア,台湾が含まれるが,これらの国々は高所得国であると同

第8章　直接投資——日本の投資と開発途上国の発展

時に比較的に人口（雇用者数）が小さい．このことから，日本企業は高所得国かつ人口の小さな国では，雇用創出にある程度の貢献をしているが，低所得国かつ人口の大きな国では，雇用面での貢献は大きくないことがわかる．

　日本企業の海外現地法人における売上高の推移をみることにしよう．全世界で操業する海外現地法人の売上高は，2003年度から2012年度にかけて145兆円から199兆円へと1.37倍増加した（表8-2）．一方，日本国内での売上高は，それほど伸びなかったことから，日本企業にとっての海外生産比率（現地法人売上高／（現地法人売上高＋国内法人売上高））は2003年度から2012年度にかけて，15.6％から20.3％へと上昇した．ちなみに，産業別に見ると，海外生産比率が最も高いのは輸送機械で40.2％であり，情報通信機械（28.3％），汎用機械（26.6％）と続く[4]．

　発展途上地域の中では，中南米およびアフリカの現地法人での売上高の伸びが高い．アジアの現地法人の売上高の伸びは，中南米やアフリカの現地法人の売上高の伸びよりは低いが，売上高は極めて大きい．実際，全世界で操業する現地法人の売上高に占めるアジアで操業する現地法人の売上高の割合は，2012年では44.9％（2003年では30.1％）となっている．アジアの中では中国・香港での現地法人の売上高が最も大きく（全体の17.6％），その後に，ASEAN4（14.8％），NIEs3（10.2％）と続く．世界および各地域・各国における売上高に関する情報の入手は困難なことから，売上高における日本企業の現地法人の貢献についての分析は行わない[5]．

　日本企業の海外現地法人による貿易動向を見ることで，貿易面での投資受入国経済への貢献を検討しよう．全地域で操業する海外現地法人の輸出額および輸入額は2003年から2012年にかけて，それぞれ，51兆円と62兆円から79兆円と75兆円へと，1.5倍と1.2倍に増加した（表8-2）．売上高が同期間で1.4倍に増加したことから，輸出・売上高比率は上昇したのに対して，輸入・売上高率

4）　経済産業省，『海外事業活動基本調査（2013年7月調査）概要』，
　　http://www.meti.go.jp/statistics/tyo/kaigaizi/result/result_43/pdf/h2c43-2.pdf.
5）　各国における売上高の情報の入手には，産業連関表が便利であるが，産業連関表は多くの開発途上国で作成されていない．また，作成されていたとしても5年に一度といったような頻度で作成されている．

は低下したことがわかる．発展途上地域と先進地域と比べると，輸出額および輸入額共に，発展途上地域での伸びが先進地域での伸びを上回っている．2012年の数値でみると，全地域で操業する海外現地法人による輸出額と輸入額に占める，発展途上地域（先進地域）の割合は，各々，53.9%（46.1%）と47.3%（52.7%）であり，輸出額では発展途上地域，輸入額では先進地域の割合が大きい．輸出額および輸入額共に，発展途上地域の中では，アジアが大きな割合を占めている．具体的には，全地域に占めるアジアの割合は，輸出額で44.9%，輸入額で38.7%である．

日本企業の海外現地法人の進出先国の輸出への貢献については，統計の問題から厳密な数値を求めることは難しい．本分析で用いた輸出額の中で，相対的に比較が可能と思われる海外現地法人によって輸出された製品の金額と貿易統計から入手した輸出額を用いて比率を計算したところ，輸出総計については，中国（本土），ASEAN4, NIEs3について，各々，4.5%，14.0%，4.3%であった[6]．日本企業の海外現地法人については，産業の中でも特に電機分野での輸出活動が活発であるが，同分野の輸出に占める日本企業の海外現地法人による輸出の割合は6.6%，13.4%，4.3%となっている．これらの数値は，日本企業によるアジアの投資受け入れ国の輸出の拡大への貢献が大きいことを示していると思われる．

3.2 質的効果：生産性向上効果

開発途上国への直接投資が大きく拡大し，また，直接投資が技術移転のチャンネルとして重要な役割を担うようになっている状況を踏まえて，本項では，直接投資による技術移転について，日本企業の果たしてきた役割について検討する．

対内直接投資による投資国から投資受入国への技術移転は，2つの形態をとる．1つは，親会社から海外現地法人への技術移転であり，企業内技術移転である．もう1つは，海外現地法人から投資受入国の国内企業への技術移転であ

---

6) 輸出額はRIETI, RIETI-TID2012（RIETI Trade Industry Database 2012）から入手した．

り，技術スピルオーバーと呼ばれている．技術スピルオーバーが実現するには，企業内技術移転が不可欠である．企業内技術移転は，技術者の親会社から海外現地法人への派遣や海外現地法人の技術者の親会社での研修などによって実現する．一方，技術スピルオーバーは，途上国の国内企業による海外現地法人との取引を通じての技術習得，海外現地法人で技術を習得した従業員による国内企業への転職や企業の設立などによって実現する．

親会社から海外現地法人への企業内技術についての実証分析は，主にデータの入手可能性が限られていることから，あまり行われていない．Urata and Kawai（2003）は，日本の製造業企業について親会社と海外現地法人の全要素生産性の格差を計測し，その格差によって技術移転の進捗状況を計測した．つまり，海外現地法人の全要素生産性が親会社の全要素生産性よりもかなり低い場合には，技術移転が進んでいないのに対し，格差が小さければ技術移転は進んでいると解釈したのである．彼らの分析からは，発展途上地域では，アジア，中南米，中近東で操業する海外現地法人では技術移転が比較的に進んでいるのに対して，アフリカで操業する海外現地法人では，技術移転があまり進んでいないことが示された．さらに，企業内技術移転は，教育を受けた人材，活発な研究開発投資，大きな製造業部門，日本企業の海外子会社の集積があるような国々において，進展していることが確認された．Banga（2004）は，インドの電子電機産業，自動車産業，化学産業で操業する日本企業および米国企業の海外現地法人および国内企業について生産性変化の比較を行い，日本企業の海外現地法人において生産性の上昇率が最も高く，その次に高いのが国内企業，生産性の伸びが最も低いのが米国企業の海外現地法人であることを示した．この観察結果は，日本企業において企業内技術移転が進んでいることを示唆している．

技術スピルオーバーに関する実証分析は，マクロレベルの統計を用いた研究や企業に関するミクロレベルの統計を用いた研究など，数多く行われているが，技術スピルオーバーの有無に関しての分析結果は様々であり，結論には至っていない[7]．ただし，技術スピルオーバーが観察された研究からは，技術スピル

---

7) 東アジアにおける技術移転については，Nabeshima（2004）によるサーベイが有益である．

第Ⅲ部　これからの日本の国際協力──日本発「スマート・ドナーモデル」の構築を目指して

オーバーは教育水準の高い国において実現する可能性が高いことが示されており，技術スピルオーバーを実現するにあたっては直接投資受入国の技術吸収能力が重要な要素であることを示唆している．また，企業レベルによる分析から，技術スピルオーバーには，国内企業の海外現地法人との緊密な取引関係，労働の移動性などが重要な要素であるという観察結果が認められている．

日本企業の海外現地法人による技術スピルオーバーの有無に関する研究の存在は確認できないが，Belderbos et al.（2000）の日本の電気電子機械企業による調達行動に関する分析では，それらの企業では日本などの海外からの調達が多く，現地企業からの調達が限られていることが示されており，この分析結果は，技術スピルオーバーの可能性が低いことを示唆している．ブリンブル・浦田（2008）は，タイで操業する日本企業や他の外国企業の海外現地法人についての分析を行い，Belderbos et al.（2000）と同様に，日本企業は現地企業との関係が希薄であることを示した．

海外現地法人による研究開発活動は投資受入国の研究開発能力を向上させ，技術スピルオーバーに貢献する可能性が高いことが考えられるが，日本企業の海外現地法人における研究開発活動は活発なのだろうか．先述した Banga（2004）は，インドで操業する日本企業と米国企業の海外現地法人における研究開発活動を比較し，研究開発・売上比率は米国企業と比べて日本企業において，より高いことを確認した．一方，劉（2014）による中国で操業する外国企業の現地法人についての研究では，日本企業の海外現地法人が欧米企業の現地法人と比べて，研究開発に積極的ではないことが示されている．これらの研究からは，対立するような観察結果が示されており，日本企業の研究開発を通じての技術スピルオーバーへの貢献についての結論を下すには，さらなる研究が必要である．

前節の量的効果に関する分析で，直接投資は投資受入国の輸出を拡大させる効果を持つことが示された．ここでは，輸出拡大による生産性向上効果（質的効果）について，簡潔に触れておこう．輸出拡大は様々な形で，経済発展を促進する．輸出によって獲得する外貨は発展に必要な原材料，資本財，技術などの輸入を可能にする．特に新しい技術を体化した資本財やライセンシングなどを通じて輸入した技術は，生産性の向上を可能にし，経済発展に重要な貢献を

第8章　直接投資——日本の投資と開発途上国の発展

する．また，輸出拡大そのものがさまざまなチャンネルを通して生産性の向上を促す「輸出による学習効果（Learning by exporting）」の可能性も高い．例えば，企業が輸出を通じて海外市場で活動することで，新しい技術など生産性を向上させるような情報の入手が可能になる．また，競争の激しい海外市場で競争するには，新商品や新技術を開発することが重要であり，その結果として生産性が向上する．日本企業による直接投資の投資受入国の輸出拡大については，前述したが，それらが投資受入国の生産性の向上に貢献した可能性が高いことを指摘しておきたい．

4　日本企業による対外直接投資先国の決定因

直接投資を受け入れることで，直接投資受入国は経済成長の推進が期待できることを前節で説明した．それでは，直接投資の誘致を成功させるためには，投資受入国はどのような政策・対策を講じるべきであろうか．この問いに答えるために，本節では，アジアを中心とした発展途上地域における日本企業の投資目的・動機と，投資を行うにあたっての阻害要因について検討する．

4.1　直接投資の動機

対外直接投資の動機はさまざまであるが，大きく分けると，進出先市場での販売，進出先市場から他国への輸出，天然資源など生産に必要な要素の獲得に分けられる[8]．製造業部門，サービス部門における対外直接投資については，前者の2つの動機が多く，第三の資源獲得といった動機は，鉱業部門に多い．ただし，生産に必要な要素の定義を技術やブランドなどに拡張するならば，製造部門やサービス部門においても第三の動機による直接投資も少なくない．ここでは，前者2つの動機に注目することで，分析を行う．

進出先市場での販売（現地販売）を目的とした直接投資は，多くの人口を擁

---

8) United Nations（1998）では，これらの動機による直接投資を，市場追求型，効率追求型，資源・資産追求型と呼んでいる．

表8-4　日本企業にとって中期的有望事業展開先国・地域および有望理由（数、%）

	1位 インドネシア	2位 インド	3位 タイ	4位 中国	5位 ベトナム	6位 ブラジル	7位 メキシコ	8位 ミャンマー	9位 ロシア	10位 米国
回答社数	215	208	185	183	146	113	81	60	60	54
優秀な人材	5.1	13.5	15.7	6.6	25.3	3.5	2.5	10.0	3.3	14.8
安価な労働力	38.1	33.7	32.4	16.9	57.5	12.4	28.4	70.0	6.7	1.9
安価な部材・原材料	5.1	5.3	8.1	15.8	6.2	4.4	7.4	6.7	3.3	1.9
組み立てメーカーへの供給拠点として	25.1	23.1	31.9	26.8	11.0	15.9	45.7	5.0	21.7	20.4
産業集積がある	14.9	11.5	31.4	25.1	8.2	9.7	29.6	0.0	8.3	27.8
他国のリスク分散の受け皿として	9.3	5.3	11.9	1.6	18.5	2.7	11.1	20.0	5.0	1.9
対日輸出拠点として	6.0	2.9	9.7	6.6	4.8	0.9	1.2	8.3	1.7	3.7
第三国輸出拠点として	13.5	13.9	28.6	17.5	11.6	7.1	27.2	10.0	1.7	7.4
原材料の調達に有利	3.3	4.3	3.2	7.1	0.7	4.4	2.5	1.7	3.3	5.6
現地マーケットの現状規模	30.7	25.5	34.6	61.2	12.3	31.0	29.6	8.3	30.0	70.4
現地マーケットの今後の成長性	84.2	87.0	60.0	67.8	66.4	88.5	60.5	53.3	76.7	53.7
現地マーケットの収益性	7.9	2.9	8.6	9.3	6.8	1.8	8.6	1.7	8.3	22.2
商品開発の拠点として	0.5	2.4	3.2	6.0	0.7	0.9	2.5	1.7	0.0	14.8
現地のインフラが整備されている	3.7	1.4	29.7	9.8	2.7	3.5	7.4	0.0	3.3	29.6
現地の物流サービスが発達している	2.3	1.0	12.4	3.8	1.4	1.8	4.9	0.0	1.7	27.8
投資にかかる優遇税制がある	2.8	1.0	21.1	2.2	6.8	1.8	7.4	5.0	3.3	1.9
外資誘致などの政策が安定している	3.3	1.4	13.5	1.1	2.7	1.8	6.2	0.0	1.7	3.7
政治・社会情勢が安定している	6.5	2.9	16.2	1.6	12.3	5.3	6.2	1.7	1.7	35.2

注：1）回答社の中で該当項目を有望理由に回答した企業の割合。
　　2）網掛けは20%以上の数値。
出所：国際協力銀行、「わが国製造業企業の海外事業展開に関する調査報告——2013年度　海外直接投資アンケート結果（第25回）」（2013年11月）に基づき筆者作成。

第8章　直接投資——日本の投資と開発途上国の発展

する市場や所得水準の高い人々が居住する市場，さらには将来，経済成長が期待されるような市場において実施される．高関税等によって保護されており，輸出が難しい市場においても，現地販売動機の直接投資は行われるが，その場合でも，ある程度の規模の市場の存在が前提となる．表8-4には，国際協力銀行（Japan Bank for International Cooperation：JBIC）が行った日本企業の直接投資動向についてのアンケート調査の中で，中期的有望事業展開先国・地域に関する有望理由についての問いに対する回答の結果が示されているが，1位から9位までに選ばれた開発途上国については，8位のミャンマーを除く8か国について，現地マーケットの今後の成長性が有望理由の1位に挙げられている．また，現地マーケットの現状規模を2位ないしは3位に挙げている国も多い．直接投資を誘致するにあたっての市場の規模の重要性に対する認識は，アセアンが1992年にアセアン自由貿易地域（ASEAN Free Trade Area：AFTA）を形成する1つの重要な要因であった．当時，中国経済の順調な成長によって直接投資がアセアンから中国へシフトするような動きを見せていたことから，直接投資の低下を恐れたアセアン諸国は，AFTAにより統合市場を形成することで，直接投資を引き付けることを狙った．

　進出先市場から他国への輸出を目的とした直接投資は，豊富な低賃金労働，産業集積の存在，開放的な経済環境など，効率的な生産を可能とするような国・地域で行われる．近年，生産・流通工程を工程毎に切り離し，直接投資を用いて，それらの工程を最も効率的に行うことを可能とするような国・地域に配置するフラグメンテーション戦略を実践し，生産ネットワーク（サプライチェーン）を構築・運営する多国籍企業が増えているが，そのような直接投資も進出先市場から他国への輸出を動機とした直接投資とみなすことができる．上述した国際協力銀行によるアンケート調査の結果から，タイ，メキシコへの関心が高い理由として，第三国輸出拠点あるいは対日輸出拠点を挙げている企業が多い．また，産業集積の存在もタイやメキシコへの直接投資先としての魅力を高めている．さらに，インドネシア，インド，タイ，ベトナム，ミャンマーへの投資に関心が高い理由として，安価な労働力の存在が重要であるとしている．これらの観察結果は，日本企業の発展途上地域への直接投資の動機として進出先市場からの輸出が重要な位置を占めていることを示している．組み立て

第Ⅲ部　これからの日本の国際協力——日本発「スマート・ドナーモデル」の構築を目指して

メーカーへの供給拠点として有望であると答えた企業はインドネシア，インド，タイ，中国，メキシコ，ロシアに多いが，これらの企業は生産ネットワークに組み込まれていると思われる．

4.2　直接投資の阻害要因

　開発途上国にとって直接投資を誘致するにあたって，投資受入国としての魅力を持つことが重要であるが，それらは直接投資の動機によって異なることを見てきた．ここでは，直接投資を躊躇させる要因を検討することで，直接投資を引き付けるにあたって重要な要素を明らかにする．直接投資抑制要因は，直接投資の動機には関係なく問題となる要因である．表8-5には，日本企業が有望とみる国における課題について，回答企業の中で該当項目が課題であると回答した企業の割合が示されている．また，それらの割合が20％を超えている項目については網掛けで示されている．ここでは発展途上地域での課題に関心があることから，10位の米国における課題には触れずに，1位から9位までの途上国についての課題に注目する．

　最も多くの国について指摘された課題は「他社との激しい競争」である．この課題は企業にとっては深刻な課題ではあるが，受入国，特に受入国の国民にとっては，課題というよりは好ましい状況であることから，受入国政府が対応すべき課題ではない．「他社との激しい競争」を除外すると，「法制の運用が不透明」が9か国中，7か国において指摘されており，多くの途上国で課題であることがわかる．この問題は特に中国で深刻であり，回答企業のうち55％の企業によって指摘されている．9か国中6か国について指摘されている課題は，「管理職クラスの人材確保が困難」，「労働コストの上昇」，「治安・社会情勢が不安」であり，4か国について指摘されている「労務問題」も含めると，工場で働く単純労働者だけではなく管理職などさまざまなレベルの労働者の獲得や就業に問題があることがわかる．「インフラが未整備」を課題として指摘された国は5か国であり，上述したような項目と比べると限定的であるが，ミャンマーおよびインドでは，極めて多くの企業が問題であるとしている．多くの日本企業によって指摘された課題数（網掛けの項目）を国別にみると，中国が13

第8章　直接投資──日本の投資と開発途上国の発展

表8-5　日本企業にとって中期的有望事業展開先国・地域における課題（数、％）

	1位 インドネシア	2位 インド	3位 タイ	4位 中国	5位 ベトナム	6位 ブラジル	7位 メキシコ	8位 ミャンマー	9位 ロシア	10位 米国
回答社数	194	194	157	179	132	99	70	56	56	40
法制が未整備	12.4	14.9	1.9	10.6	18.9	10.1	5.7	48.2	8.9	0.0
法制の運用が不透明	30.4	30.9	8.9	55.3	29.5	23.2	17.1	26.8	33.9	0.0
徴税システムが複雑	8.8	24.7	3.2	14.0	4.5	17.2	7.1	3.6	5.4	2.5
税制の運用が不透明	17.5	19.1	3.8	25.7	16.7	22.2	12.9	5.4	7.1	0.0
課税強化	10.3	8.2	8.3	24.6	5.3	9.1	7.1	3.6	8.9	17.5
外資規制	10.3	12.9	7.6	23.5	7.6	11.1	5.7	16.1	10.7	0.0
投資許認可手続きが煩雑・不透明	12.9	16.0	3.2	26.3	14.4	11.1	7.1	10.7	25.0	0.0
知的財産権の保護が不十分	4.1	5.7	3.2	46.4	6.1	5.1	8.6	5.4	3.6	0.0
為替規制・送金規制	3.1	11.3	5.1	31.3	9.1	14.1	2.9	16.1	8.9	0.0
輸入規制・通関手続き	13.4	13.9	5.7	19.6	9.8	24.2	12.9	8.9	16.1	2.5
技術系人材の確保が困難	20.6	13.4	22.3	11.2	19.7	12.1	20.0	16.1	5.4	5.0
管理職クラスの人材確保が困難	26.8	13.4	22.9	21.2	27.3	18.2	31.4	25.0	16.1	12.5
労働コストの上昇	41.2	18.0	56.1	77.1	26.5	20.2	22.9	12.5	14.3	20.0
労務問題	26.8	25.3	15.3	25.7	9.1	15.2	21.4	8.9	3.6	22.5
他社との激しい競争	29.9	33.0	46.5	62.0	24.2	29.3	20.0	10.7	26.8	85.0
代金回収が困難	3.6	7.2	1.3	24.0	4.5	8.1	1.4	3.6	5.4	0.0
資金調達が困難	3.1	6.7	3.2	6.7	3.0	3.0	2.9	10.7	7.1	0.0
地場裾野産業が未発達	12.9	10.3	4.5	4.5	18.9	10.1	11.4	19.6	7.1	0.0
通貨・物価の安定感がない	12.4	13.9	1.3	3.9	12.1	28.3	8.6	8.9	3.6	0.0
インフラが未整備	31.4	57.2	7.6	10.6	40.9	23.2	12.9	64.3	8.9	0.0
治安・社会情勢が不安	21.1	24.2	14.0	31.8	4.5	26.3	48.6	25.0	14.3	0.0
投資先国の情報不足	7.7	11.9	2.5	2.8	9.8	23.2	12.9	32.1	30.4	0.0

注：1）回答社の中で該当項目を有望理由に回答した企業の割合。
　　2）網掛けは20％以上の数値。
出所：表8-4に同じ。

で圧倒的に多い．因みに，中国に次いで多いのはブラジルで9つの課題が多くの企業によって指摘されている．中国については，多くの課題を抱えているにもかかわらず，有望な国とみなされているわけで，投資市場としての魅力がきわめて高いことがわかる．

本節における，日本企業に関しての対外直接投資の動機と進出先における課題に関する分析から，直接投資誘致に関して重要な政策課題が浮き彫りになった．具体的には，経済成長を推進するようなマクロ経済運営，対外的に開放的な貿易・投資政策，法制度運用における透明性の確保，人材育成，インフラ整備などが重要である．これらの課題への対応としては，各国政府自身による対応だけではなく，国際機関や外国政府などからの支援を有効に活用すべきである．

4.3 日本の対外直接投資の投資先決定要因：定量的分析結果

日本の対外直接投資の投資先国の決定因について，企業に対するアンケート調査の結果に基づいて記述的分析を行ったが，それらの分析結果を補完する目的で，日本の対外直接投資先国の決定因について，投資先国の特徴を明示的に考慮し，統計的手法を用いて行われた分析の結果を紹介しておこう．Urata and Kawai（2000）は，1984年から1994年の期間において行われた日本企業による対外直接投資の投資先国に関する情報と，投資先国の経済的属性に関する情報を用いて，日本企業が投資先として選択する可能性の高い国々の経済的特徴を明らかにした．彼らの分析結果では，日本企業の途上国への対外直接投資については，小さな為替レート変動幅，大きな経済規模，低いインフレ率，高い教育水準，整備されたインフラ，高い統治能力（ガバナンス），進んだ産業集積などの経済的属性を持つ国々が日本企業による直接投資を引き付ける可能性が高いことが示されている[9]．これらの分析結果は，上述したアンケート結

---

9) 深尾・程（1996）は日本の製造企業による対外直接投資先に関する分析を行い，Urata and Kawai（2000）と同様に，市場規模，低賃金などが重要な決定要因であることを示した．さらに，債務リスクによって示される安全度の高い国が日本からの直接投資を引き付ける要因であることを示した．

果の分析と整合的である．

Urata and Kawai（2000）は，大企業と中小企業による直接投資先の決定因の比較も行ったが，その分析からは，中小企業による対外直接投資先の決定においては，インフラと産業集積が特に重要な要素であることが明らかにされている．これらの分析結果は，大企業と比べて中小企業は，資金や人的資源の面などで制約が大きいことから，事業環境や他企業との関係などによって大きな影響を受けることを示唆している．例えば，1つの重要なインフラとして電力供給があるが，大企業は自社で発電設備を建設することが可能であるが，中小企業は資金的制約から自社での発電設備の装備は難しく，地域における電力供給に頼らざるを得ない．そのような中小企業が対外直接投資を行う際に，電力の安定的供給が確認できる国・地域を選択することは当然であろう．これらの分析結果は，経済発展における中小企業の重要性を理解し，中小企業による直接投資を歓迎する途上国にとって有益な情報である．

5 経済協力と直接投資

5.1 日本政府による日本企業の対外直接投資に対する支援

日本政府は日本企業による対外直接投資に対してさまざまな支援を提供している．その背景には，対外直接投資は日本企業のビジネスチャンスの拡大を通じて，競争力の向上を実現し，収益率を上昇させ，日本経済に好ましい効果をもたらすといった考え方があると思われる．

少子高齢化が進み，市場成熟度の高い日本市場は将来急速に拡大する可能性は低いが，他方，高成長が予想され，中所得層の購買力が大きく拡大する可能性の高いアジア市場におけるビジネスチャンスは旺盛である．アジア市場における拡大するビジネスチャンスを獲得する手段として，日本企業による対外直接投資は重要である[10]．また，日本では高賃金などにより事業運営費が高いことから，日本で生産された製品は国際市場では競争力を持たない．そのような製品は対外直接投資を用いて低賃金労働が豊富に存在する国での生産に切り替

えれば，当該企業の売上・収益が増大する．さらに，日本企業は対外直接投資により設立した海外現地法人を媒介とした外国企業との取引・交流を通じて，新たな技術や経営ノウハウなどの情報を入手し，自社の経営効率を高めることもできる．

このようにさまざまなメリットをもたらす対外直接投資であるが，日本は他の先進諸国と比べて，対外直接投資水準が低い．経済規模を考慮した対外直接投資残高・GDP 比率（2012年）を見ると，日本は17.8％で，米国（34.6％）やEU27（58.8％）などの先進諸国と比べるとかなり低く，台湾（47.5％）やマレーシア（39.7％）といった途上国よりも低い[11]．これらの観察結果は，日本企業は海外でのビジネスチャンスを十分には活用できていないことを示しており，日本政府による日本企業の対外直接投資への支援は正当化されるであろう．

本項では，日本政府による日本企業の対外直接投資支援策を概観し，日本政府の重要な対外経済政策手段である政府開発援助（ODA）に焦点を当て，日本企業による対外直接投資との関係を検討する．

日本政府による日本企業の対外直接投資を支援する政策としては，投資環境を整備するための二国間投資協定の締結，海外投資市場に関する情報の提供，海外投資に関するリスク軽減措置などがある．これらの支援策を簡潔に紹介しておこう．

二国間投資協定は，自国の投資家とその投資財産を投資受入国において差別的扱いや収用などからの保護を目的として締結されてきた[12]．二国間投資協定は対外直接投資が活発化した1990年以降に急増し，全世界でみると2012年末では2857に達している[13]．日本は2013年末までに，開発途上国を中心に23の二国間投資協定に署名しているか，あるいは発効させている．その他に，10の経済

---

10) 2014年6月に発表された安倍政権による「日本再興戦略」（改訂版）において，日本企業の海外ビジネスを支援することの重要性が唱えられている．
http://www.kantei.go.jp/jp/singi/keizaisaisei/pdf/honbun2JP.pdf
11) JETRO 資料．https://www.jetro.go.jp/world/statistics/data/wir2013outstock_gdp.pdf
2014年7月13日アクセス．
12) 経済産業省（2014）．
13) 経済産業省（2014）．

第8章 直接投資——日本の投資と開発途上国の発展

連携協定において二国間投資協定と内容がほぼ同じ投資章を設けている[14]．対外直接投資を行うにあたって，進出先国における投資政策や市場動向などに関する情報を入手することは不可欠であるが，それらの情報の入手にあたっては，日本貿易振興機構（Japan External Trade Organization：JETRO）が支援を提供している．特に，資金面や人材面での厳しい制約がある中小企業にとっては，このような支援が有益である．また中小企業に対しては，中小企業基盤整備機構が，情報収集や調査など海外進出に当たっての支援を提供している．直接投資を行うにあたっての大きな障害は資金制約と投資リスクへの対応であるが，日本企業の直接投資に対しては，国際協力銀行（JBIC）が融資を提供する一方，日本貿易保険（Nippon Export and Investment Insurance：NEXI）がリスクに対する保険を提供している．これらの日本企業による対外直接投資に対する支援措置は，日本企業による対外直接投資を推進する効果を持つことは間違いないが，その程度を定量的に計測することは難しい．

政府による開発援助は，被援助国への直接投資を拡大させる効果を持つ可能性がある．例えば，供与された開発援助が被援助国のインフラの構築・整備に使用されるならば，被援助国の投資環境が改善し，対内直接投資が推進される．これまでの実証研究では，このような仮説の妥当性についての分析結果はさまざまであり，一意的ではない．そのような研究の中で木村・戸堂（2007）は，日本の開発援助の直接投資への効果について興味深い分析結果を報告している．木村・戸堂の分析では，日本のインフラ分野での開発援助には，被援助国への全世界からの直接投資を拡大させる効果は認められなかったが，日本からの直接投資を拡大させる効果は認められた．彼らは，この効果を「先兵効果」と呼ぶが，そこには，日本企業が日本から供与された開発援助によって提供された活動に携われば，被援助国の投資環境などに関する情報を入手することが可能となり，それが直接投資の実現を促すという背景がある．また，日本からの援助が被援助国に日本の商習慣や規則，システムを持ち込む可能性もあり，その結果，日本企業にとって投資しやすい環境が整備され，日本からの直接投資を拡大させる，というようなメカニズムが働いている可能性があると説明してい

---

14) 実証分析によれば，二国間投資協定は直接投資を促進する効果はあるが，その影響は極めて小さいことが示されている．Sauvant and Sachs（2009）を参照．

る．木村・戸堂は他の援助国についても先兵効果についての有無を検証したが，それらの国について先兵効果は確認できなかった．

日本の開発援助の直接投資に対する先兵効果は，Blaise（2005）による中国に関する分析でも認められている．Blaiseは，日本の直接投資の中国での投資先（省レベル）の決定要因を分析し，経済規模，インフラ整備状況，日本企業による集積と共に日本からの開発援助が日本の直接投資を引き付ける要因になっていることを明らかにした．

木村・戸堂およびBlaiseの分析結果は，他の援助国と比べて，日本においては開発援助を実施する政府と直接投資を実施する企業との間に緊密な関係が存在することを示唆している．このような官民協力・協調は，開発援助の効果的使用を促すが，他方，他国からの直接投資を排除する可能性もあり，そのような場合には，資源の非効率的な使用をもたらす．

5.2 技術移転促進のための支援

日本政府・経済産業省は，対外直接投資で海外に進出した日本企業に対して技術面での支援を提供する事業を組織し運営している．主な事業は2つである．1つは，日本企業の海外現地法人の従業員の技術能力向上を目的とした研修事業であり，もう1つは日本企業の海外現地法人に対する技術的支援のための専門家派遣事業である．研修事業には，海外現地法人の従業員を日本に招聘する形で行われる受入研修と，日本から講師を現地に派遣し，そこで従業員を対象とした講習会を開催する海外研修がある．研修事業は1959年に設立された海外技術者研修協会（Association for Overseas Technical Scholarship：AOTS）によって開始されたが，AOTSは2012年に後述する海外貿易開発協会（Japan Overseas Development Corporation：JODC）と統合され海外産業人材育成協会（Overseas Human Resources and Industry Development Association：HIDA）が新組織として出発したことから，現在ではHIDAにより実施されている．受入研修は通常3〜4か月の期間で行われ，HIDAは，研修生が日本での生活に慣れるように，日本語，日本文化，日本での生活・習慣などについての講習を行うのに対し，受入企業は研修生に技術的訓練を提供する．一方，海

第 8 章　直接投資──日本の投資と開発途上国の発展

外研修は一度に多くの従業員に対する研修を提供する目的で，日本から講師を派遣するプログラムである．受入研修および海外研修では，技術面だけではなく管理面についての研修も行われている．研修プログラムの企画・運営や手続きなどは HIDA が行うが，経費については日本の政府開発援助によって一部は賄われるものの，参加企業も負担しなければならない．研修事業について，1つの特筆すべきことは，研修修了生による同窓会（AOTS 同窓会）活動である（AOTS 同窓会については，第7章（園部）も参照）．AOTS 同窓会は，2012年時点で，43の途上国，71か所において組織されており，同窓会活動だけではなく，技術や経営についてのセミナーなどの開催を通して，技術・経営能力の向上に励んでいる．

　日本企業の海外現地法人へ専門家を派遣する事業は，1970年に開発途上国の工業化を推進することを目的として設立された JODC によって始められたが，上述したように JODC と AOTS が統合され HIDA が発足したことで，現在では HIDA によって運営されている．HIDA は技術面での問題を抱えている日本企業の海外現地法人からの要請を受けて，専門家を派遣し，問題の解決に取り組む．専門家は他企業から派遣される場合もあるが，多くの場合，海外現地法人の親会社から派遣される．専門家派遣事業の経費の一部は日本の政府開発援助により賄われるが，参加企業も負担をしなければならない．上述した研修事業と専門家派遣事業は，日本企業の親会社から海外子会社への企業内技術移転の推進を目的としているが，専門家派遣事業については，日本企業の進出先国の現地企業に対する技術支援も義務付けられており，技術スピルオーバーを促すことも重要な目的であるとみなされている．

　表8-6には，HIDA による研修事業と専門家派遣事業への参加者数が示されている．研修事業への参加者（研修生）の1959年度から2013年度にかけての54年間の累計は，ほぼ37万人であり，その内訳は，受入研修が19万人，海外研修が17万人となっている．研修事業参加者を地域別にみると，アジアが圧倒的に多く，全体の86％を占めている．国別では，中国が6万人強で最も多く，全体の17％を占めている．中国の後に，タイ（14％），インドネシア（10％）が続く．東南アジア諸国の中でアセアンに加盟している10か国の総計についてみると，参加者数は18万人であり，全体の約半分を占めている．専門家派遣事業

第Ⅲ部　これからの日本の国際協力——日本発「スマート・ドナーモデル」の構築を目指して

表8-6　海外産業人材育成協会（HIDA）による研修事業および専門家派遣事業への参加人数

	研修事業(1959年度～2013年度累計)						専門家派遣(1979年度～2013年度累計)	
	研修総計	構成比(%)	受入・海外併用研修	研修合計	受入研修	海外研修		構成比(%)
合計	369,350	100	521	368,829	194,711	174,118	7688	100
アジア	316,891	85.8	469	316,422	168,368	148,054	7365	95.8
ブルネイ	133	0.0	0	133	6	127	1	0.0
カンボジア	2,509	0.7	0	2,509	1,840	669	88	1.1
インドネシア	37,639	10.2	62	37,577	18,701	18,876	1429	18.6
ラオス	2,115	0.6	9	2,106	1,647	459	48	0.6
マレーシア	24,873	6.7	62	24,811	14,114	10,697	726	9.4
ミャンマー	5,799	1.6	63	5,736	4,457	1,279	111	1.4
フィリピン	26,143	7.1	49	26,094	14,878	11,216	604	7.9
シンガポール	4,375	1.2	7	4,368	1,472	2,896	46	0.6
タイ	51,430	13.9	24	51,406	27,801	23,605	1810	23.5
ベトナム	25,165	6.8	54	25,111	14,067	11,044	403	5.2
ASEAN	180,181	48.8	330	179,851	98,983	80,868	5266	68.5
アフガニスタン	63	0.0	0	63	0	63	0	0.0
バングラデシュ	10,108	2.7	13	10,095	8,010	2,085	34	0.4
ブータン	43	0.0	0	43	0	43	0	0.0
中国	61,876	16.8	36	61,840	27,804	34,036	1369	17.8
中国（香港）	1,064	0.3	5	1,059	20	1,039	5	0.1
中国（マカオ）	20	0.0	0	20	0	20	0	0.0
中国（台湾）	1,282	0.3	7	1,275	11	1,264	221	2.9
インド	29,598	8.0	45	29,553	18,353	11,200	179	2.3
カザフスタン	391	0.1	0	391	359	32	0	0.0
韓国*1	11,502	3.1	0	11,502	4,477	7,025	186	2.4
キルギス	191	0.1	0	191	185	6	0	0.0
モルディブ	176	0.0	0	176	138	38	0	0.0
モンゴル	1,222	0.3	21	1,201	755	446	28	0.4
ネパール	2,556	0.7	0	2,556	1,612	944	3	0.0
パキスタン	6,976	1.9	12	6,964	4,304	2,660	38	0.5
スリランカ	6,344	1.7	0	6,344	3,030	3,314	36	0.5
タジキスタン	10	0.0	0	10	0	10	0	0.0
東ティモール	1	0.0	0	1	0	1	0	0.0
トルクメニスタン	105	0.0	0	105	102	3	0	0.0
ウズベキスタン	318	0.1	0	318	225	93	0	0.0
沖縄	275	0.1	0	275	0	275	0	0.0
日本	2,589	0.7	0	2,589	0	2,589	0	0.0
中東	6,879	1.9	18	6,861	1,939	4,922	46	0.6
アフリカ	10,047	2.7	18	10,029	4,320	5,709	83	1.1
中南米	25,710	7.0	5	25,705	14,703	11,002	157	2.0
大洋州	895	0.2	0	895	239	656	3	0.0
ヨーロッパ	8,823	2.4	11	8,812	5,133	3,679	31	0.4
北米	105	0.0	0	105	9	96	3	0.0

出所：海外産業人材育成協会（HIDA）内部資料に基づき筆者作成．

に参加した専門家の1979年度から2013年度にかけての34年間の累計数は約7700人で，そのうち96%の約7400人がアジアへ派遣されている．国別では，タイが最も多く，全体の24%，その次に，インドネシアの19%，中国の18%と続く．アセアン諸国へ派遣された専門家は全体の約70%を占める．

研修事業と専門家派遣事業の参加者の地域構成では，アジアが圧倒的に大きなシェアを占めていることがわかったが，発展途上地域で操業する海外現地法人数の中ではアジアで操業する海外現地法人数の割合は92.1%（表8-2）であることを考慮するならば，技術支援においてアジアで操業する海外現地法人を特別に重視しているということはないようである．ただし，アジア域内については，海外現地法人数では，アセアンよりも中国が多いことを勘案すれば，研修事業と専門家派遣事業ではアセアンが重視されていることが確認できる．

6 結び

日本企業による対外直接投資は21世紀に入り急増している．背景には，人口減少による国内市場の縮小と，アジアを中心とした途上国市場の拡大があるが，この傾向は将来においても継続する見込みであることから，今後も日本企業による直接投資は拡大することが予想される．そのような状況において，日本企業の業績は海外での業績に大きく左右されるようになる．日本企業は有能な人材が豊富に存在し，事業が効率的に行えるような自由で透明性が高く，安定的で公正な市場を選んで投資する．日本企業の直接投資を誘致し，技術移転などを通じて自国の経済発展の推進を狙っている途上国は，日本企業に投資先として選ばれるように投資環境を整備しなければならない．

途上国は日本からの直接投資の誘致に成功したならば，日本企業の持つ技術や経営ノウハウを吸収し，技術水準を向上させ，生産性を上げることで，持続的な経済発展を実現させることができる．技術や経営ノウハウを効果的に吸収するには，人材育成，知的財産権の保護，競争市場の確立・維持などが不可欠である．

途上国が日本および他の国々からの外国企業による直接投資を引き付け，外

国企業の持つ技術や経営ノウハウを吸収するための具体的な政策としては，投資自由化・円滑化，知的財産権の保護，人材育成などを含んだ包括的な経済連携協定（自由貿易協定）を日本をはじめとする多くの国々と締結するとともに，世界銀行やアジア開発銀行などの国際機関や日本などの先進諸国からの政府開発援助を活用することが有効である．さらに，直接投資の誘致にあたって極めて重要な課題であるインフラ整備には，効果的な官民パートナーシップ（PPP）が不可欠である．

　以上のような直接投資誘致戦略および技術・経営ノウハウ吸収戦略を途上国が実施することを，ODAおよびその他の国際協力手段を通じて支援することが，日本には望まれる．具体的には，途上国における投資誘致戦略の策定能力の向上や技術吸収能力の向上に貢献するような支援が有効である．日本企業の海外子会社を対象とした従業員研修事業，専門家派遣事業について本章で紹介した．これらはとりわけ，東アジア型産業発展に資するような人材の育成に効果があったと思われる．日本発のアイディアで国際開発協力を先導するスマート・ドナーを目指すうえで，今後もこのような人材育成に引き続き取り組むことが重要であろう．

引用文献

■英語文献

Banga, Rashmi（2004）"Impact of Japanese and US FDI on Productivity Growth：A Firm-Level Analysis," *Economic and Political Weekly*, 39(5)：453-460.

Belderbos, Rene, Giovanni Capannelli, and Kyoji Fukao（2000）"The Local Content of Japanese Electronics Manufacturing Operations in Asia," in T. Ito and A.O. Krueger（eds.）, *The Role of Foreign Direct Investment in East Asian Economic Development*, University of Chicago Press：9-47.

Blaise, Severine（2005）"On the Link between Japanese ODA and FDI in China：A Micro Economic Evaluation Using Conditional Logit Analysis," *Applied Economics*, 37(1)：51-55.

Nabeshima, Kaoru（2004）"Technology Transfer in East Asia：A Survey," in S.

Yusuf, M.A. Altaf and K. Nabeshima (eds.), *Global Production Networking and Technological Change in East Asia*, Oxford University Press for the World Bank: 395-434.

Sauvant, Karl P. and Lisa E. Sachs (2009) *The Effect of Treaties on Foreign Direct Investment: Bilateral Investment Treaties, Double Taxation Treaties, and Investment Flows*, Oxford University Press.

United Nations (1998) *World Investment Report 1998: Trends and Determinants*, New York and Geneva.

Urata, Shujiro and Hiroki Kawai (2000) "The Determinants of the Location of Foreign Direct Investment by Japanese Small and Medium-sized Enterprises," *Small Business Economics*, 15(2): 79-103.

――― (2003) "Overseas R&D Activities and Intra-Firm Technology Transfer: The Case of Japanese Multinationals," in S. Lall and S. Urata (eds.), *Competitiveness, FDI and Technological Activity in East Asia*, Edward Elgar: 103-142.

■日本語文献

ブリンブル,ピーター・浦田秀次郎(2008)「日本・欧米・アジア企業のタイにおける企業行動:日本企業にとっての示唆」『日本企業の東アジア戦略――米欧アジア企業との国際比較』深尾京司・日本経済研究センター編,日本経済新聞出版社:247-273.

木村秀美・戸堂康之(2007)「開発援助は直接投資の先兵か?重力モデルによる推計」RIETI Discussion Paper Series 07-J-003.

経済産業省(2014)『2014年版 不公正貿易報告書』.

深尾京司・程勲(1996)「直接投資先国の決定要因について――わが国製造業に関する実証分析」『フィナンシャル・レビュー』大蔵省財政金融研究所, 38:1-31.

劉曙麗(2014)「中国における日系企業の研究開発活動及びその決定要因――中華系・その他の外資企業との比較」2014年度日本国際経済学会春季大会発表資料(東京・法政大学).

第9章 教育普及
産業発展につながる教育支援

黒崎 卓

1 はじめに

　日本の国際協力に関して今後鍵となる分野の1つが，教育である．教育は，開発途上国の人間開発の中核としてそれ自体が評価されるものであると同時に，途上国が生産性を持続的に向上させ，産業発展と貧困削減を実現していく上で不可欠な人的投資でもある．そして日本は，途上国の人材育成や教育支援にこれまで力を入れてきたし，その際に途上国の産業発展につながることを強く意識してきた点が，人間開発それ自体に価値を置いて教育支援を重視する援助の潮流（第3章（高橋）参照）とは異なっていると思われる．日本がスマート・ドナーになるための道標を提示する上で，産業発展につながるような人材育成・教育支援の重視が鍵となるのではないか？　本章はこのような観点から，途上国における教育普及支援のための政策介入と国際協力について考察し，今後の日本の教育支援について展望する．

　途上国を舞台とした国際教育開発協力は，第2次世界大戦後，アジアやアフリカで多くの独立国が誕生した際に，旧宗主国を中心とした国づくり支援として始まった[1]．高等・職業教育と初等教育のどちらを優先するかなどの戦略は，その折々の思潮の影響で揺れ動いたが，1990年代になっても基礎的な教育機会

---

1) 国際教育開発の変遷について，本章では字数の制限ゆえにこのパラグラフのみの記述にとどめる．より詳しくは，澤田（2003）や黒田・横関（2005），關谷・芦田（2014）を参照されたい．

を剥奪された国民が多数残ったのが現実であり，その克服が2000年採択のミレニアム開発目標（MDGs）に謳われた．しかし本章執筆時点の見込みでは，MDGsの8大目標の1つ「万人に初等教育を保証する」("achieve universal primary education")の達成は厳しそうである[2]．

このような文脈の下，以下，第2節では，教育と経済発展の関係を経済学の立場から整理する．特に，産業発展や生産性向上における教育の重要性に着目する．その上で第3節では，途上国の多くが教育を産業発展につなげるという点で大きな課題を抱えていることを，南アジア諸国のケースを中心に明らかにする．なぜそのような問題が継続しているかについて第4節にて経済学的に考察した上で，教育の成果を上げるための国際開発協力の革新的試みを第5節にて紹介する．これらの議論を，日本の今後の教育支援政策にどのように活かしたらよいかの試論は，最終第6節で行う．

2 教育と経済発展，生産性向上

教育は，生産性や所得の向上を通じて経済成長を促進させる（大塚・黒崎 2003）．いわば教育には「機能的価値」がある．もちろん教育の普及それ自体が経済発展の一側面であることも重要であり，これは教育の「内在的価値」と考えることができる．

教育がもつ生産性・所得向上促進効果，すなわち機能的価値に着目するのが，人的投資としての教育である．教育は人々の認知能力・科学知識（cognitive ability, scientific knowledge）を向上させ，行動規範・規律（aptitude, discipline）を持った人的資産を生み出すことから，教育には投資としての収益率が存在する．そして周りの労働者がすべて同等の科学知識・行動規範を持っていれば，その労働者の科学知識・行動規範が，より効果的に生産性を高める．経済学の用語を使うと，投資としての教育には，「正の外部性」があるというわけである．このため，教育投資に関しては，個人や家計にとっての私的

---

[2] 例えば国連開発計画（UNDP）のウェブサイト（http://www.undp.org/content/undp/en/home/mdgoverview/mdg_goals/mdg2/，2014年5月15日アクセス）を参照．

収益率よりも，社会的収益率が高いのが一般的となる．ゆえに，個人・市場にまかせていれば学校教育への人的投資は社会的に望ましい水準よりも過少になり，政府が介入して国民全体の教育水準を引き上げることが経済効率という観点からも正当化される．

加えて教育には，国民国家形成を推進するという役割もあり，これも社会的収益率を引き上げる．この役割もまた，教育への政策介入が正当化されるもう1つの理由となる．

学校教育の経済効果と経済発展段階については，神門（2012）の仮説が興味深い．神門は，行動規範や規律の面での教育の成果が，農耕社会段階から初期工業化段階（資本蓄積が成長の主たる源泉）への移行において特に重要となるのに対し，認知能力や科学知識は，初期工業化段階から高度工業化段階への移行において重要性が増し，脱工業化段階では行動規範や規律の機能はほぼ役割を失い，認知能力や科学知識が教育の成果として決定的に重要になるという見取り図を示している．経済発展論という点では，初期工業化段階から高度工業化段階への移行が特に注目される．既存研究からは，この移行が，物的資本の蓄積に代わって全要素生産性向上が成長の源泉となるプロセスと重なっていることが明らかになっている．教育投資がもたらす生産性向上の中身が，質的に変化するのが，この移行期ということになる．

以上のメカニズムゆえに，教育と所得水準の間には，国を単位としたマクロで見ても，家計や労働者を単位としたミクロで見ても，強い正の相関関係が生じる．マクロの教育達成水準について代表的な推計値となっているBarro and Lee（2010）による成人平均教育年数を，図9-1にプロットする．図に示された141か国中，平均教育年数が最も低いのはモザンビークの1.81年，最も高いのはアメリカ合衆国の13.09年であった．ちなみにBarro and Lee（2010）の成人平均教育年数に関する推計値は，図に示した15歳以上人口に対応した系列の他に，25歳以上人口に係るもの，女性人口だけの系列，平均教育年数を初等・中等・高等教育の段階別に分けた系列も公開されている．

ただしこの相関関係をもって，教育投資が経済成長を推し進める因果関係があると解釈してはいけない．図9-1に表れた正の相関関係は，教育投資が生産性を高めて経済成長につながるというインパクトだけでなく，経済成長の結

第Ⅲ部　これからの日本の国際協力──日本発「スマート・ドナーモデル」の構築を目指して

図9-1　国別の平均教育年数と所得水準（2010年）

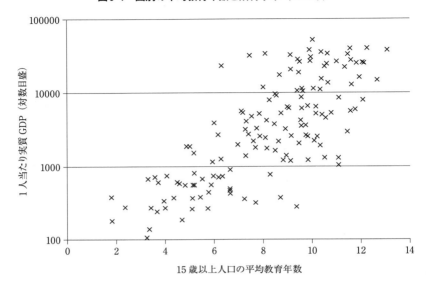

注：プロットしたのは，両者のデータがマッチングできた141か国である．縦軸の実質GDPの単位は，購買力平価ドル（2000年価格）．
出所：Barro and Lee（2010）の教育年数データ（http://www.barrolee.com/data/ より2014年5月15日アクセス），World Development Indicators（http://databank.worldbank.org/data/ より2012年9月20日アクセス）に基づき，筆者作成．

果として教育投資が進んだという逆の因果関係や，経済成長と教育の両方に影響する第三の要因を通じた見せかけの関係も含んでいるからである．教育がマクロの経済成長を推進する効果を正確に検出するためには，内生性の問題と言われる後二者を計量経済学的にコントロールする必要がある．これについては，成長要因の計量経済学的推計に関する既存研究[3]を参照されたい．また，以上は一国の経済成長と教育の関連に焦点を当てているが，経済成長につながる産業発展を *Kaizen* によって実現する開発戦略と教育の関係については，第7章（園部）を参照されたい．

教育投資により生産性・所得が向上することに関しては，労働者の賃金を被

3）　Barro and Sala-i-Martin（2003）や Durlauf et al.（2005）の文献リストを参照．

説明変数としたミクロ計量分析，いわゆるミンサー方程式[4]を推計する作業を通じて，ほとんどの途上国で確認されている．Banerjee and Duflo（2005）は，ミンサー式を推定して得られた教育のミクロの収益率を，77か国に関して整理している．それによると，収益率の平均は年利8.96％とかなり高く，77か国の間で2.7％から15.4％の範囲に分布しており，平均教育年数が低い国（途上国）ほど高めの収益率になっている．

3 途上国の教育開発が抱える課題：南アジア諸国を中心に

図9-1の横軸に示した国別の平均教育年数が世界の地域別にどのように分布しているかを，25年前，50年前の数字と合わせて示したのが表9-1である．平均教育年数は，過去50年間で途上国のほとんどの地域において顕著に向上した．表に示すように，大きく地域別に見ると，南アジアとサブサハラアフリカ，中東・北アフリカの3地域が最下位グループだった1960年の構図が，中東・北アフリカ地域が抜け出し，2010年では，南アジアとサブサハラアフリカの2地域と，それ以外の世界との間に顕著なギャップがあるという構図に変化した．南アジア7か国には，平均教育年数11.1年という例外的な達成を遂げているスリランカも含まれているから，同国を抜くとさらに南アジアの相対的地位は下がる．また，15歳以上人口ではなく15歳以上女性で見ると，サブサハラアフリカの平均教育年数は南アジアを上回り，南アジアが抱える深刻な教育面での課題が浮かび上がる．

そこで以下では，インド，パキスタン，バングラデシュという南アジアの3つの人口大国（すべて1947年までは英領インドとして植民地支配下にあった）に焦点を当てて，より詳細に途上国の教育開発が抱える課題を整理したい．まずインドは，新興経済として注目を集めているが，約12億6000万の総人口には，高度な教育を受けたことのない，莫大な人口が含まれる．国連推計では，2010年前後での15歳以上人口の識字率は63％にすぎず，初等教育を修了できずにド

---

4) ミンサー方程式の導出に関する日本語での紹介としては，澤田（2003）の補論を参照．

第Ⅲ部　これからの日本の国際協力——日本発「スマート・ドナーモデル」の構築を目指して

表9-1　地域別の平均教育年数推移

2010年時の分類	国数	15歳以上人口の平均教育年数				
		1960年平均	1985年平均	2010年		
				平均	最小値	最大値
先進国	24	6.7	9.1	11.3	7.2	13.1
先進国以外						
東アジア・太平洋	19	2.4	5.2	7.9	4.1	11.9
ヨーロッパ・中央アジア	20	5.5	8.7	10.9	8.7	12.1
ラテンアメリカ・カリブ	25	3.1	5.3	8.2	4.9	10.6
中東・北アフリカ	18	1.1	3.8	7.2	3.7	11.4
南アジア	7	1.1	2.9	5.3	3.7	11.1
サブサハラアフリカ	33	1.5	3.2	5.2	1.8	9.6

出所：Barro and Lee（2010）の教育年数データ（http://www.barrolee.com/data/ より2014年5月15日アクセス）を用いて，筆者作成．標本数は146か国の完備パネルデータ．「平均」は各国の15歳以上人口でのウェイト付け平均．

ロップアウトする児童の比率は34％に達する．億単位の数のインド人が，初等教育すら十分受けることなく現在に至っており，そのほとんどは，経済成長の恩恵をあまり感じていない（小原 2014, 佐々木 2011）．バングラデシュは，近年，輸出向け縫製業の伸長やマイクロクレジットの普及が貧困削減との関連で注目されている．輸出向け縫製業やマイクロクレジットの伸びた時期は，初等教育の普及が急速に進んだ時期でもある（日下部 2007）．他方パキスタンは，これら3つの国の中では相対的に国民所得が伸び悩んでおり，教育面での男女格差が特に深刻である（黒崎 2013）．

　これら3か国の教育課題には共通点が多い．さまざまなタイプの公立学校，さまざまなタイプの私立学校が併存し，都市部には英語教育を徹底して行う伝統あるエリート私立学校が見られる一方で，農村の公立学校は教員が少なく，時には教員数1人の学校すら見られ，教員のずる休みが問題になるなど，深刻な教育の質の問題を抱えてきた．近年は，低所得層の親をターゲットにした低額私立学校が，都市・農村を問わず，激増している．社会的地位上昇の鍵として，教育熱は富裕層・中間層のみならず，低所得層にまで生じている．3つの国とも2010年前後に，義務教育を子どもの権利として無償で保障するための法整備を実施し，それを実現するための制度・組織の整備を進めている．

　インドとパキスタンの教育統計を見る際には，小学校の純就学率（当該年齢

児童の何％がそれに対応した学年に就学しているかという比率）が，粗就学率（当該学年に就学している児童の総数を，当該年齢児童の人口で割った比率）よりも顕著に低いことに留意が必要である．2つの数字の差は，留年や標準年齢を超えての入学が頻繁であることを示している．両国が抱える教育の質の問題については，NPO である南アジア教育開発フォーラム（South Asian Forum for Education Development：SAFED）からも詳細な情報が得られる．政府の経済白書にも引用されたパキスタンの ASER 報告書（Annual Status of Education Report）（SAFED 2011）を見ると，例えば，国語のウルドゥー語（ないし州公用語のスィンディー語）の2年生用教科書を読むことができる5年生の比率は52％，2年生用英語教科書を読むことができる5年生の比率は42％，3年生用算数教科書の計算ができる5年生の比率は34％であった．インドとパキスタンの教育の質の低さについては，ほとんど差がないことが判明している（Das et al. 2012）．

4 教育普及の阻害要因に関する経済学的分析

　このような状況が生まれた背景を，経済学的に考察しよう．以下，日本人研究者が関わった南アジアでの実証研究に主に依存しつつ，議論を展開する．

　教育は，現時点で働いて得られる所得を犠牲にして能力を高め，それによって将来の生活水準を高める投資という側面を持つ．公立学校中心に進められた過去の教育が，そもそも私的収益率をともなっていなかったならば，教育投資を控えることは経済的に合理的な行動となる．Kurosaki and Khan（2006）は，パキスタンの北西辺境州農村部1990年代に関し教育の私的収益率を推定した．収益率は統計的に有意に検出され，とりわけ非農業に就業した場合に高いことが判明したが，それでも年率4〜5％の値だった．途上国の他のケースに比べて，これは低い方に位置する．したがって，低い教育投資が低い収益率への合理的反応だった可能性を否定できない．この見方は，2000年代バングラデシュにおける教育普及の急伸，とりわけ女子の男子へのキャッチアップの説明としても重要である．一般に南アジアでは未婚女性が賃金所得を得る機会が非常に

第Ⅲ部　これからの日本の国際協力——日本発「スマート・ドナーモデル」の構築を目指して

限られていた上に，父系制の地域が多く，その場合には娘は嫁として婚出してしまうこともあり，女子に教育を与えることは「無駄」とみなされることが多かった．しかしバングラデシュで急伸した輸出向け縫製業は，多数の未婚女性を縫製工として雇うようになり，縫製工として雇われる上で最低限の読み書きは必須とみなされるようになった．バングラデシュでの女子就学率上昇は，彼女たちへの教育投資の収益率が上昇したことへの家計の反応と解釈することが可能である．

　投資として捉えた場合，現時点での手元の資金が不足し，不足資金を借り入れによって賄うこともできないという信用制約も，教育水準を引き下げる．インド南部のアーンドラ・プラデーシュ州農村部の2005年調査データを用い，不破他（2006）およびFuwa et al.（2012）は，信用制約下にある家計ほど子どもの労働従事が増え，就学時間だけでなく子どもの余暇時間（余暇時間は子どもの健やかな成長を促す意味で広義の教育投資に含めることができる）が犠牲になっていることを明らかにした．農業の不作，稼ぎ手の病気など，世帯に生じた一時的ショックは，子どもの教育中断につながり，適切な教育のタイミングを逃したことが恒常的な悪影響となる（Sawada and Lokshin 2009）．さらには，教育投資がペイするのは非農業部門で知的作業を伴う仕事に就けた場合であって，非農業で所得が高い就業を得る確率が低い階層は，そもそも教育投資に魅力を感じないであろう．このような階層分断の可能性をKurosaki and Khan（2006）は指摘している．教育投資がペイするとわかっている親は少数であり，その情報が不足している家計はそもそも教育投資を重視しないことも考えられる（Jensen 2012）．

　以上の議論の焦点は，教育の需要面での制約にあった．南アジアにおいて教育開発が遅れてきた理由は，教育の供給面にも見いだされる．公立学校で提供される教育の質があまりに低いため，就学していても何の学力も得られないという問題である．

　供給面での制約のうち，劣悪な教育設備，教員の資格や教育技能の不足，不適切なカリキュラムなどに関しては，1990年代以降，パキスタン，インド，バングラデシュすべてにおいて一定の改善が見られる．

　他方，改善があまり見られないのが，パキスタンやインドの農村部公立学校

における教員の怠業の問題である(黒崎 2004, Andrabi et al. 2007). ずる休みなど教員の怠業が公立学校の教員に関して特に指摘される背後に, 労務管理や学校ガバナンスの問題がある. 熱心に教えて子どもの学習成果が上がろうと, 怠業して授業をさぼっても同じ給与であり, かつ怠業教員に対するペナルティもないならば, 教員は怠業する誘因を持つであろう. この解釈には, 公立小学校と私立小学校とを比較した経済学者の定量的研究を通じて, 実証的な裏付けが与えられつつある. Andrabi et al. (2007) によると, 私立学校で高卒教員に教わる子どもの英語の学力は, 公立学校で大学卒の教員に教わる子どもの学力よりも顕著に高い. Andrabi et al. (2007) は, この理由として, 教育技能が高く熱心に教える教員であればあるほど給与水準が高くなる私立学校の雇用システムと, 教育技能や就業態度に給与水準が関係ないか, むしろ負の関係になってしまう公立学校の雇用システムの違いを指摘している.

5 教育の質改善のための革新的試み

以上のような問題に取り組む上で, さまざまな社会実験が途上国の教育セクターを対象に進められている. 以下では, 南アジアにおいて注目されている例をいくつか紹介する.

条件付き所得移転(conditional cash transfer:CCT)

途上国全体で最も有名なのは, メキシコにおける奨学金プロジェクト PROGRESA (Programa de Educación, Salud, y Alimenación) である. PROGRESA は, 農村の貧困家計の母親に対し, 子どもの学校出席などを条件に, 奨学金を毎月給付し, 女子の中学校就学率の改善に一定の成功を収めた(Parker et al. 2008). 導入時にランダム化比較対照試験[5](randomized controlled trial:RCT)となるように制度設計されたことが, その重要な特徴である. RCT で得たデータから, PROGRESA の CCT が女子の中学校就学率を改善させ, 家計の消費を安定化

---

5) 医学での実験の手法を応用して無作為に政策の治験と比較を割り振る手法を RCT と呼ぶ. RCT に関する日本語での紹介としては, 不破(2008), 黒崎(2009)などを参照.

させ，子どもの教育への所得ショックの影響を弱めたことが判明している．

　類似のプロジェクトが，南アジアでも多数試みられた．バングラデシュでのCCTのインパクトを評価したRavallion and Wodon（2000）は，子どもの就学にプラスの影響があったものの，児童労働が減る度合は就学時間が増える度合よりも小さいことを明らかにした点が興味深い．パキスタンのバローチスターン州で行われた女子奨学プログラム（Baluchistan Girls' Fellowship Program）も一種のCCTであった．これは，南アジアの教育介入をRCTで評価した先駆け的なプロジェクトである．実証結果から，都市部では女子の就学率が顕著に上昇したのに対し，農村部では効果が限定的だったことが判明した（Kim et al. 1999, Alderman et al. 2003）．農村部でのこのような介入は，質の良い教員の確保が困難であるためコストに見合わなかったのであろう．

給食

　CCTの難点は，支給されるのが現金であるが故に，家計がそれを子どものための教育資金として使う保証がないことである．これに対し，給食は，学校に出席した子どもだけが食べるという点でCCT同様の「条件付き」が満たされているだけでなく，確実に子どものお腹に入って，栄養となる．ただし経済学的観点からは，親は，家庭での食事配分において，給食を得ている子どもへの配分を減らし，その分，成人や給食を得ていない子どもに回す可能性があるため，給食での摂取カロリーがそのまま子どもの栄養摂取増加分にはならないことが懸念される．

　インドでは，1995年に給食計画（Mid-Day Meal Scheme：MDMS）が開始され，2008年度にはすべての公立初等学校において実施されるようになった．MDMSは，世界最大の給食プログラムであり，子どもの栄養改善に一定の貢献をなしていると見られている（Khera 2006）．しかしその有効性には地域差・階層差も大きい．小学校での給食は，政府が上から一方通行で実施しているのではなく，地域社会・市民社会が参加し，モニターし，不適切な状況があれば修正させるという草の根機能を果たす中で，実施されてきた．筆者が観察してきたアーンドラ・プラデーシュ州の農村部では，食事を準備して給仕するのが，マイクロクレジットの供与でも知られる村の女性自助組織（Self-Help

Groups：SHG）だったこともあり，この草の根機能が良好だった（黒崎 2014）．ビハール州など，インドで最も貧困が深刻な地域では，住民組織や市民運動の伝統も弱く，そのことが給食の教育推進効果を弱めている可能性がある．

　パキスタンでは全国レベルの給食は導入されていない．2002年から2005年にかけて全国4035の農村部の公立女子小学校において，試験的に給食が導入され，女子生徒の栄養失調が顕著に低下し，就学率が40％上昇した（Badruddin et al. 2008）．ただし，この分析結果をプログラム拡張の場合に期待できる効果の推計として信頼してよいかに関しては，留保が必要である．RCTではなく，行政の論理により試行学校が選定されたため，そもそも好影響が期待される学校が主に対象となった可能性があり，そのような場合には分析結果がバイアスを有してしまうからである．

情報

　教育の成果を上げるための情報介入は，教育の需要サイド，供給サイド両方で施行されている．需要面では，Jensen（2012）によるRCT実験が注目される．この実験では，インド農村部の女子中高校生をターゲットとし，業務プロセスアウトソーシング（business process outsourcing：BPO）業に関する就職情報がランダムに提供された．情報を受けた女子中高校生は，その後，結婚年齢が上がり，進学率が上昇した．卒業後の就業率も，BPO産業に限らず上昇した．労働市場に関する情報制約が小さくなることで，教育投資が推進された例であると解釈できる．

　供給面での情報介入として特筆されるのが，パキスタンで行われているLEAPS（Pakistan：Learning and Educational Achievements in Punjab Schools）プロジェクトである（Andrabi et al. 2007, Andrabi and Khwaja 2009, 2010）．このプロジェクトではまず，パキスタン・パンジャーブ州の3つのモデル県において，2003年から2007年にかけて，詳細な農村・学校・教員・生徒・家計調査が，緻密に設計されたサンプリングに基づいて実施された．そこで明らかになったのは，公立・私立間，公立学校内部，私立学校内部で教育の質に関するさまざまな差異があるにもかかわらず，住民はそれをほとんど知らないということであった．そこでLEAPSの社会実験では，各生徒の成績を

本人と親に示し，親および教員に対して地域の学校すべての成績の詳細を示す「報告カード」を配布する RCT が実施された．これは，教員に対して自分が勤める学校の相対的パフォーマンスを意識させ，親に対してより良い学校への転校を考慮させる効果がある．実験の結果，生徒の成績が平均で顕著に上昇したこと，その上昇は，初期時点で成績が悪かった私立学校で最も顕著で，公立学校でもある程度見られたが，初期時点で成績がよかった私立学校には影響がなかったこと，私立学校の学費が平均で18％減少したことなどが明らかになった．これをもとに，Andrabi et al. (2010) は，私立学校への支援強化の必要性（具体的には，公立の女子高校拡張により私立小学校への女子教員供給を増やすこと，金融面・教育技能面での支援を行うことなど），公立学校の運営に地域住民の関与を高め，教員の教育パフォーマンスに報酬が反応する制度を導入すること，家計に私立・公立学校両方で利用可能なヴァウチャーを配布すること，公立・私立両方をカバーした学校の質に関する情報公開を高めること，などの政策提言を行った．

とはいえこの政策提言が功を奏するためには，学校に関する情報が整備され，公開される必要がある．日本の ODA として2004年から2010年までパキスタンで実施された「パンジャーブ州識字行政改善プロジェクト」は，このような文脈において，行政サイドの学校情報管理能力を高めることを通じて，試行地域における教育推進に貢献したと考えられる[6]．また，同州では，これに続く日本の ODA として「ノンフォーマル教育推進プロジェクト」が実施されており，不登校児童の把握や彼らのニーズに合った教育カリキュラムの設定など，きめの細かい支援が継続されている．

以上の他にも，南アジアの学校を舞台に，教育の質を上げるためのさまざまな社会実験が進められ，その多くが RCT を採用している[7]．教員のやる気を

---

[6] ただし，パンジャーブ州政府シンクタンクによるこのプロジェクト第一フェーズの評価報告書は，目標達成率の低さや成人学校で行われている学習成果の不足を理由に，プロジェクトを低く評価している（Khaliq-uz-Zaman and Ghaffar 2009）．この評価は，教育行政が地域の現状を正確に評価できるようになったという情報面での成果を無視したものと筆者は考える．

[7] 詳しくは Poverty Action Lab のウェブサイト（http://www.povertyactionlab.org/education）などを参照されたい．

第 9 章　教育普及

引き出すためには，上記の情報面での介入だけでなく，インスタントカメラによる監視といったアイディアも試されている．

6　結び

　本章は，途上国が抱える教育開発の課題に関し，主に経済学の視点から，南アジア地域を中心に展望し，近年国際社会が試行しているさまざまな取り組みを紹介した．そこで明らかになったのは，教育においても経済学的知見が重要なことである．親や子どもが認識する教育の投資としての価値をいかにして引き上げるか，教員が熱心に教育するために必要な誘因は何か，校長が教員をきちんと監督する仕組みをどう担保するか，など経済学の考え方が活きてくる場面が予想以上に多いのが，途上国の教育開発である．

　とはいえ，ずる休みをする教員という南アジアの教育カルチャーは，日本での歴史的な教育普及のプロセス（国際協力機構 2003）からかけ離れており，したがって，そのような文脈での国際教育開発協力に日本の比較優位があるのかという疑問が生じるかもしれない．筆者は，教員や校長にインセンティブを与えるための仕組み作りそのものには日本の ODA の比較優位はないかもしれないが，そのような仕組みを支える情報システムの構築や，実利性に富むカリキュラム整備などの分野で日本の強みが発揮できると考えている．要は，きめの細かい援助を途上国の行政官と一緒に考えながら進めていく日本的アプローチは，他のドナーの教育開発へのアプローチとの補完性が高いということである．その場合重要になるのは，他ドナーと十分な情報交換・意見交換を進めることであろう．

　この点で，關谷・芦田（2014）が紹介しているホンジュラスでの日本の ODA スキーム「算数指導力向上プロジェクト」（Proyecto de Mejoramiento de Ensenanza Tecnica en el Area del Matematica：PROMETAM）は興味深い．ヨーロッパ系ドナーが中心となって進めていたセクター・ワイド・アプローチとコモン・バスケット（第 3 章（高橋）参照）が，ホンジュラスで機能不全に陥りつつあったタイミングで，PROMETAM は，それまでの国定教科書

とは比べ物にならない，格段に完成度の高い教科書を完成させた．日本的なきめの細かさと，実利性に富むこの教科書は，その後，コモン・バスケットの資金を用いて全国レベルに広められた．PROMETAMは，教育面でのスマート・ドナーとして日本が優れた役割を果たした好例のように思われる．

　本章で明らかにしたように，教育行政全体のガバナンス改善・情報活用能力改善は非常に重要であり，パキスタンでの日本のODAはその後者に焦点を当てた意義のある試行であったと考えられる．とはいえこのようなタイプの介入は，RCTのような手法でインパクトを明確に検出するのにはそぐわない．ランダムに介入を割り振ること自体技術的に困難である上に，成果は短期的でなく中長期的なものだからである．国際社会において，このような介入の意義を訴えるための新たな評価方法や，説得的な宣伝手法も求められている．

　また，本章では詳しく触れることができなかったが，教育を普及させる上では，教育セクターではなくそれ以外の側面，とりわけ労働市場活性化のための介入が効果的となる可能性もあることを最後に指摘しておきたい．東アジア諸国で産業発展・貧困削減・教育普及が同時かつ急速に進む過程においては，教育普及を後押しした最も有力な要因は，非農業就業機会の増加であった（大塚・桜井 2007）．産業発展のための支援については第7章（園部）が詳しいが，そこで示された産業発展支援政策が功を奏すれば，非農業就業機会が増加し，教育普及につながることが考えられる．つまり産業発展に有効な支援戦略は，実は間接的に教育開発にも有効な戦略かもしれないのである．

引用文献

■欧文文献

Alderman, Harold, Jooseop Kim, and Peter F. Orazem (2003) "Design, Evaluation, and Sustainability of Private Schools for the Poor : The Pakistan Urban and Rural Fellowship School Experiments," *Economics of Education Review*, 22 (3) : 265-274.

Andrabi, Tahir, Jishnu Das, and Asim I. Khwaja (2009) "Report Cards : The

Impact of Providing School and Child Test-Scores on Educational Markets," Mimeo, February 2009, Pomona College/World Bank/Harvard University.
―――― (2010) "Education Policy in Pakistan : A Framework for Reform," IGC Pakistan, Policy Brief, December 2010.
Andrabi, Tahir, Jishnu Das, Asim I. Khwaja, Tara Vishwanath, Tristan Zajonc, and the LEAPS Team (2007) *Pakistan: Learning and Educational Achievements in Punjab Schools (LEAPS)*. February 2007, LEAPS.
Badruddin, Salma H., Ajmal Agha, Habib Peermohamed, Ghazala Rafique, Kausar S. Khan, and Gregory Pappas (2008) "Tawana Project-School Nutrition Program in Pakistan : Its Success, Bottlenecks and Lessons Learned," *Asia Pacific Journal of Clinical Nutrition* 17 (S1) : 357-360.
Banerjee, Abhijit V. and Esther Duflo (2005) "Growth Theory through the Lens of Development Economics," in P. Aghion and S. Durlauf (eds.) *Handbook of Economic Growth, Volume 1A*, Amsterdam : North Holland : 473-552.
Barro, Robert J. and Jong-Wha Lee (2010) "A New Data Set of Educational Attainment in the World, 1950-2000," NBER Working Paper, No. 15902.
Barro, Robert J. and Xavier Sala-i-Martin (2003) *Economic Growth*, 2nd edition, Cambridge, MA : MIT Press.
Das, Jishnu, Priyanka Pandey, and Tristan Zajonc (2012) "Learning Levels and Gaps in Pakistan : A Comparison with Uttar Pradesh and Madhya Pradesh," *Economic and Political Weekly*, 47 (26/27) : 228-240.
Durlauf, Steven. N., Paul A. Johnson, and Jonathan R.W. Temple (2005) "Growth Econometrics," in P. Aghion and S. Durlauf (eds.) *Handbook of Economic Growth, Volume 1A*, Amsterdam : North Holland : 555-677.
Fuwa, Nobuhiko, Seiro Ito, Kensuke Kubo, Takashi Kurosaki, and Yasuyuki Sawada (2012) "How Does Credit Access Affect Children's Time Allocation? Evidence from Rural India," *Journal of Globalization and Development*, 3(1) : 1-26.
Jensen, Robert (2012) "Do Labor Market Opportunities Affect Young Women's Work and Family Decisions? Experimental Evidence from India," *Quarterly Journal of Economics*, 127(2) : 753-792.
Khaliq-uz-Zaman and Bushra A. Ghaffar (2009) *Evaluation of Model Districts for Literacy Campaign to Achieve 100% Literacy*. PERI Publication No.393, Lahore : Punjab Economic Research Institute.
Khera, Reetika (2006) "Mid Day Meals in Primary Schools : Achievements and Challenges," *Economic and Political Weekly*, 41 (46) : 4742-4750.
Kim, Jooseop, Harold Alderman, and Peter. F. Orazem (1999) "Can Private School

Subsidies Increase Enrollment for the Poor? The Quetta Urban Fellowship Program," *World Bank Economic Review*, 13(3): 443-465.
Kurosaki, Takashi and Humayun Khan (2006) "Human Capital, Productivity, and Stratification in Rural Pakistan," *Review of Development Economics*, 10(1): 116-134.
Parker, Susan W., Luis Rubalcava, and Graciela Teruel (2008) "Evaluating Conditional Schooling and Health Programs," in T.P. Schultz and J. Strauss (eds.), *Handbook of Development Economics 4*, Amsterdam: North-Holland Elsevier: 3963-4035.
Ravallion, Martin and Quentin Wodon (2000) "Does Child Labour Displace Schooling? Evidence on Behavioural Responses to an Enrollment Subsidy," *Economic Journal*, 110: C158-C175.
SAFED [South Asian Forum for Education Development] (2011) *Annual Status of Education Report (Rural) ASER-Pakistan 2010*. January 2011 (www.asercentre.org).
Sawada, Yasuyuki and Michael Lokshin (2009) "Obstacles to School Progression in Rural Pakistan: An Analysis of Gender and Sibling Rivalry Using Field Survey Data," *Journal of Development Economics*, 88(2): 335-347.

■日本語文献

大塚啓二郎・黒崎卓編(2003)『教育と経済発展――途上国における貧困削減に向けて』東洋経済新報社.
大塚啓二郎・櫻井武司編(2007)『貧困と経済発展――アジアの経験とアフリカの現状』東洋経済新報社.
小原優貴(2014)『インドの無認可学校研究:公教育を支える「影の制度」』東信堂.
黒崎卓(2004)「連載 南方見聞録②――人的資本と小学校の『質』」『経済セミナー』2004年5月号:42-43.
―――(2009)『貧困と脆弱性の経済分析』勁草書房.
―――(2013)「パキスタンの教育制度の特徴と課題」科学研究費基盤B「南アジアの教育発展と社会変容」報告書, 2013年3月12日.
―――(2014)「インドのフィールドと開発経済学から見た児童労働問題」日本ILO協議会『Work & Life 世界の労働』18:11-17.
日下部達哉(2007)『バングラデシュ農村の初等教育制度受容』東信堂.
黒田一雄・横関祐見子編(2005)『国際教育開発論:理論と実践』有斐閣.
神門善久(2012)「工業化の二段階仮説と人的資本」社会経済史学会編『社会経済史学の課題と展望』有斐閣:155-168.

国際協力機構（2003）『日本の教育経験：途上国の教育開発を考える』総研 JR03-26, 国際協力機構・国際協力総合研修所.
佐々木宏（2011）『インドにおける教育の不平等』明石書店.
澤田康幸（2003）「教育開発の経済学：現状と展望」大塚・黒崎（2003）：13-48.
關谷武司・芦田明美（2014）「国際教育開発の政策と開発現場」栗田匡相・野村宗訓・鷲尾友春編『日本の国際開発援助事業』日本評論社：143-159.
不破信彦（2008）「実証開発経済学の分析手法の最近の動向について：計量経済分析における「内生性」問題を中心に」『農業経済研究』79(4)：233-247.
不破信彦・伊藤成朗・久保研介・黒崎卓・澤田康幸（2006）「インド農村部における児童労働・就学と家計内資源配分」『経済研究』57(4)：328-343.

第10章 国際金融
「東アジア型マクロ経済運営モデル」と日本

高阪 章

1 はじめに

　1980年代以降の景気循環は，先進国・途上国を問わず，内外の金融要因に基づくものがほとんどだ．これらの「金融循環」には，金融深化（金融資産の蓄積と分散），および金融グローバル化（対外債権債務蓄積）の拡大が深く関わっている．先進国ではインフレ・ターゲットなどルール・ベースの金融政策が追求されてきたが，資産市場のバブル崩壊を防ぐことはできなかった．1997年のアジア通貨危機以降，いくつかの新興国でも「事実上のドル・ペッグ制度」を廃し，伸縮的為替レートと資本移動の自由化とともに，名目アンカーとしてインフレ・ターゲットを採用したが，「ボラタイル（変動的）」な国際資本フローと為替リスクは長期成長経路に重大な影響を与えかねない．

　1997年のアジア通貨危機では，外国資本フローの急停止（sudden stop）および逆流によって東アジア新興国は悪夢のような経済停滞を経験した．それまでの「東アジアの奇跡」（World Bank 1993）を支えてきた，事実上のドル・ペッグ為替制度と国内金融システムは構造改革を迫られた．対照的に，2008年のグローバル金融危機では外資逆流の程度は小さく，資本の急停止とその後の長期経済停滞に悩む先進国を尻目に，きわめて短期間に景気回復を遂げている．

　この差はどこから来たのか，またこの「レジリエンス（復元力）」[1]をもたらしたものは何なのかが多くのエコノミストの関心を呼んでいる（IMF 2013）．本章は，東アジア新興国に焦点をしぼり，ラテンアメリカなど他の新興市場地

第Ⅲ部　これからの日本の国際協力——日本発「スマート・ドナーモデル」の構築を目指して

域との比較において，その国際資本市場へのマクロ金融リンケージ[2]と，国内金融システムの展開とのダイナミックな相互依存関係におけるマクロ経済政策運営を分析する．そして，この考察から，2つの危機の間に「東アジア型マクロ経済運営モデル」と言うべき政策レジームが醸成されてきたことを示す．

　実際，ここに至る東アジア新興国の経済発展パターンは，ラテンアメリカや欧州など，他の新興市場地域に見られない新たな展開を見せている．最近の日本経済はともすれば，この東アジアのダイナミズムに埋没している印象があるが，実のところ，日本経済は貿易・投資・金融などさまざまな経路を通じて深く関わっている．その関係は1980年代までの「援助大国」時代とは大きく変容しており，何よりも日本の民間部門が，中国を含む東アジア新興国のダイナミックな経済発展＝東アジアの経済統合化プロセスに大きく，深く，そして精緻に関与・寄与している．本章では，上記「東アジア型マクロ経済運営モデル」の成り立ちが「スマート・ドナー」時代の日本の国際協力のあり方にどのような含意を持つのかを明らかにする．

　以下では，まず，東アジア新興国の金融政策レジームをマクロ経済政策のトリレンマの枠組みで論じる（第2節）．続いて第3節と第4節では金融循環の波及経路である，国際資本フローと国内金融システムを各々検証する．第5節では金融政策レジームのマクロ経済成果を評価する．そこで同定されるのが，「東アジア型マクロ経済運営モデル」ともいうべき金融グローバル化時代の新

1）　ある経済の景気後退が短く，浅いほど，また，景気回復が迅速であるほど，その経済はレジリエンス（復元力）が大きいとみなせる．IMF（2012）は，途上国75か国の多変量パネルデータ分析により，外生ショックが比較的小さかったこと，また政策と政策枠組みが良好であったことがこれら諸国のレジリエンスを高めたと述べている．そこでは，良好な政策とはインフレターゲティングと伸縮的為替レートを指し，金融開放度や資本構成はそれにあてはまらないとしている．

2）　「マクロ金融リンケージ」とは，国際資本移動（対外資産・債務保有）に伴う各国金融資本市場の連関（リンケージ），すなわち，各国の資産価格（金利，株価，債券価格，為替レート，など）の連動と，その結果としての各国マクロ経済変動（景気循環）の連動を総称している．1980年代以降，とりわけ，1990年代以降の資本移動活発化（対外資産・債務の増大）は，それに関わる各国の資産価格水準だけでなく，そのボラティリティ（変動性）の連動性も高め，その結果，実物ショックによるものだけではなく，今回のように金融ショック（バブル崩壊）によるマクロ経済の景気変動の同時化（シンクロナイゼーション）をもたらしている．

第10章 国際金融――「東アジア型マクロ経済運営モデル」と日本

興国の政策アプローチである．最後に，第6節では，このような東アジアのダイナミズムの中で，日本経済あるいは日本企業が果たしてきた役割を振り返る．かつての援助大国と卒業国が織りなす，新たな国際分業に基づく地域経済統合化が東アジアの過去・現在・未来を形成する．

2　東アジアのマクロ経済運営：通説への挑戦

　開放経済の政策当局は金融政策レジーム選択に当たって，(1)金融政策の自律性，(2)自由な資本移動，(3)為替レート安定，の3つのうち2つの目標しか達成できないという「マクロ経済政策のトリレンマ」に直面する．資本移動の活発化を背景に，対ドル固定レートに基づく「ブレトンウッズ体制」は1973年に崩壊し，すべての先進国は為替安定を放棄し，他の2つの目標を選択して変動レート制度を採用した．このとき，途上国の多くは取り残され，旧来の固定レートを継続するのか先進国の後に続くのか判断に迷ったが，多くは従来通り，米ドルなど主要通貨に対して実質的には固定レートを維持した．その結果，1980年代，90年代の一連の新興国通貨危機はいずれも外資流入とその結果としての危機前の通貨高から始まっている．

　国際機関などで支配的な政策処方箋は，トリレンマの「コーナー解」，すなわち3つの政策目標の1つを完全に放棄し，固定レートを維持するか，資本市場を完全に自由化するか，またはその両方（つまり，自律的金融政策の放棄）かであった．東アジアでは香港が1983年以来この第三のコースを選択し，中国は2008年まで第一のコースを選んだ．他の新興国は，公式には伸縮的為替レートと資本移動の自由を標榜していたが，実際には程度の差はあれ，為替安定や自由な資本移動のコーナー解から距離をおいた．東アジア新興国も例外ではない．

　各国の金融政策レジームがトリレンマのどこに位置しているかを実証的に推定した一例として図10-1を見てみよう．三角形の各辺は為替安定・金融開放度（資本移動の自由）・金融自律性という3つの政策目標を表し，各辺からの距離が小さいほど目標の達成度が高い．日本など伸縮的為替レートの下で金融

第Ⅲ部　これからの日本の国際協力——日本発「スマート・ドナーモデル」の構築を目指して

図10-1　政策トリレンマ：東アジア新興国，1986～2009年

出所：Ito and Kawai（2011）．
注：各辺の政策目標（金融自律など）からの距離が近い（遠い）ほど，その政策目標の達成度は大きい（小さい）．例えば，頂点は金融自律と金融開放を維持し，為替安定は放棄していることを示す（日本など先進国の場合があてはまる）．

開放と金融自律性を維持する政策レジームはトップコーナーに，中国のような固定レートと資本規制のレジームは左下のコーナーに位置する[3]．これに対して，インドネシア，韓国，マレーシア，タイは，1990年代には多少の位置の変化が見られるものの，2000年代後半に入ってもトップコーナー（伸縮的為替レートと自由な資本移動）から距離を置いていることが示されている．

他方，インフレ・ターゲット政策（IT）を採用する（とされる）国の数は増えている．ITは変動レート採用が前提だ．物価安定が固定レートの代わりにマクロ安定化のアンカーとみなされるからだ．新興国でもインフレ・ターゲット国が出てきており，前述の4つの東アジア新興国も含まれる．だが，図10-2が示すように，東アジア（図では「その他アジア」）の為替レートは「ラテンアメリカ」など他の地域に比べると，（実質実効）為替レートは安定しており，他方で外貨準備の増加を見ると，こちらは他地域に比べて加速的に増加している．

実際，新興国のインフレ・ターゲット国の政策当局は，「テイラー・ルール」[4]におけるようなインフレと産出ギャップだけではなく，為替安定をも追求している「節（ふし）」がある．とりわけ，政策当局によっては，何らかの

3）ただし，各尺度は定義に依存し，定義が異なれば，その値は，水準，変化率，トレンドとも異なることに留意する必要がある．

第10章　国際金融——「東アジア型マクロ経済運営モデル」と日本

図10-2　為替レートと外貨準備

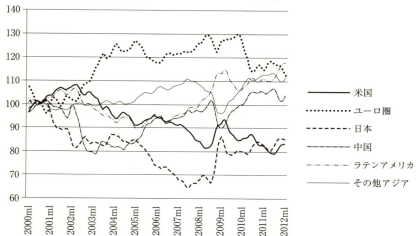

a．実質実効為替レート（指数，2000年＝100，3か月移動平均）

米国
ユーロ圏
日本
中国
ラテンアメリカ
その他アジア

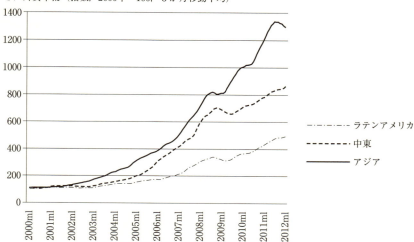

b．外貨準備（指数，2000年＝100，3か月移動平均）

ラテンアメリカ
中東
アジア

出所：IMF, *World Economic Outlook*, April 2012.

第Ⅲ部　これからの日本の国際協力——日本発「スマート・ドナーモデル」の構築を目指して

望ましい為替水準を維持することが目的であり，外貨準備増加の少なくとも一部は意図せざる結果であったものと推測される．この解釈は東アジア新興国がトリレンマの非コーナー解に位置している推定結果と符合する[5]．

　東アジア新興国でも巨額の外資流入による通貨高を防ぐため外為介入が行われ，その結果，外貨準備蓄積が加速していることはよく知られている[6]．その際，介入はしばしば非対称であり，時折発生する資本逆転の場合を除けば，ほとんどが通貨高に対抗する介入である．図10-3はタイと韓国の事例だ．1997年の通貨危機における絶望的な通貨防衛（ドル売り）の後は，外為介入といえばほとんどすべて通貨高（折れ線グラフの下降）に対抗するドル買い（プラス（上向き）の棒グラフ）であることがわかる．

　マクロ安定化政策の最終目標は，国内均衡と対外均衡だ．国内均衡は物価の安定と労働など生産要素の完全雇用（GDPギャップの最小化）であり，対外均衡は持続的な経常収支である．マクロ経済政策トリレンマは，この最終目標を達成するための政策枠組みに関わる．変動レートの下でも，対外均衡は重要性を失っていない．というのも，市場，とりわけ国際資本市場は決して自動的に対外均衡を達成するものではないからだ．

　相対的に深い金融システムを持つ先進国でも，「マクロ・プルーデンス政策」[7]の名の下に，金融部門へのプルーデンス政策はマクロ安定化政策との協調が模索されている．金融グローバル化の下では，新興市場はますますボラタ

4）　Taylor（1993）の提唱した政策金利運営の公式で，自然失業率水準に対応したGDP水準からのギャップおよびインフレ・ターゲットからのギャップの組み合わせを最小化する．

5）　例えば，Ostry et al.（2012）は，インフレ・ターゲット新興国の金融政策の反応関数を推計し，当局がインフレおよび産出ギャップに加えて為替安定（実質実効レート）も考慮していることを見いだしている．この追加的な政策目標に対しては追加的な政策手段，すなわち外為市場介入が用いられている．

6）　アジア通貨危機以後の東アジア新興市場の外貨準備蓄積は歴史的にも他国と比べても突出している．従来の議論では，外貨準備蓄積の動機は大きく2つあり，1つは通貨危機対策としての予備的動機に基づく自己保険，もう1つは，為替安によって国際競争力を維持しようとする重商主義（mercantilism）だ．Aizenman et al.（2011）は，これらに加えて，為替レート安定化がもう1つの動機だとしている．Jeanne（2007）は，大幅な外貨準備蓄積は東アジア新興市場に集中しており，その額は予備的動機に基づく理論モデルで説明できる水準を大幅に上回っていると論じている．

第10章　国際金融——「東アジア型マクロ経済運営モデル」と日本

図10-3　為替レートと外為市場介入

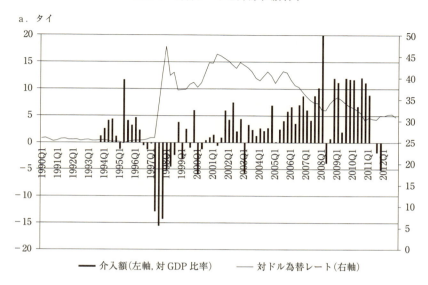

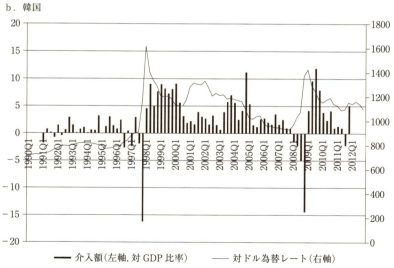

出所：IMF, *International Financial Statistics* に基づき筆者作成．

イルになる資本フローに対して一層安全な政策手段で武装する必要がある．新興市場の初期条件は相対的に浅い国内金融市場であり，これには信用市場，外為市場，そして未発達な証券市場が含まれる．1990年代の一連の金融危機と資本逆転を経験して，東アジア新興国は，非オーソドックスだが旧来の政策手段，すなわち外為介入と資本規制に継続して依存してきた．「通説（conventional wisdom）」とも言えるトリレンマにおけるコーナー解ではなく，新たなグローバル経済環境の下では非コーナー解が選択されてきたのである．

3　東アジアのグローバル金融リンケージ

3.1　対内投資の変容

IMF（2009）は，グローバル金融危機直前までの先進国から新興市場への資本フローのうち，債務フローである「銀行ローン」と「証券投資」の残高（対GDP比率）の推移を地域別に検討している．

それによれば，受け入れ地域別には，まず，銀行ローンでは，1997年のアジア通貨危機までは最大の受入地域はアジアで，ラテンアメリカがそれに次ぎ，欧州新興市場は無視できるほどの規模であったが，同危機後，アジアとラテンアメリカ両地域へのローンは減少傾向にあり，対照的に欧州新興市場のみが増加傾向を示している．他方，証券投資は，アジアへの流入が着実に増大しているが，それに次ぐラテンアメリカ向けは停滞している．対欧州新興市場投資は，当初の残高は小さいが，一定の増加傾向を示している．このように，銀行ローンと証券投資という資本フローの形態ごとに受入地域間で流入の時系列パター

7）従来，プルーデンス政策とは個別金融機関の過度なリスク負担行動を規制することを目的とするミクロの金融安定化（monetary stability）の手段であった．最近の金融革新・グローバル化やそれによるグローバル金融危機はインフレ・ターゲット政策だけでは資産バブルのような金融システム全体のリスク，すなわちマクロの金融安定化（financial stability）に十分ではないことから，景気循環増幅的なリスク負担行動を抑制するなど，システム全体の安定化のための政策体系，すなわち「マクロ・プルーデンス政策」が模索されている．

第 10 章　国際金融――「東アジア型マクロ経済運営モデル」と日本

ンは大きく異なる．

　また，投資地域別には，日本（オーストラリアを含む），北米と欧州（西欧）の先進国 3 地域から新興市場への投資残高（対投資国 GDP 比率）の推移をみると，銀行ローンでは，北米の投資残高はもともと相対的に小さかったが，1990年代半ばからやや漸増傾向を見せている．それに対し，かつて相当規模あった日本の同残高は1994年頃から減少に転じ，その傾向は2000年代半ばまで継続した．対照的に欧州の銀行ローンは1990年代以降，増加を続け，とりわけ2000年代半ばから急増している．他方，証券投資では，もともと北米の投資規模が最大で，欧州がそれに次ぎ，日豪のプレゼンスは小さかったが，北米と欧州の投資は2000年以降，着実に増加傾向を示した．

　これらの投資パターンの違いは2007年末時点の投資地域別・受入地域別のマトリックスで見るとさらに対照性が鮮明になる．欧州先進国による銀行ローン（図10-4a）は，欧州新興市場で圧倒的なシェアを占めているが[8]，欧州以外のすべての地域でも圧倒的なプレゼンスを示していることがわかる．これに対して証券投資（図10-4b）では，ラテンアメリカ・中東北アフリカ新興市場では北米からの投資が最大であり，アジア・ロシアなど・アフリカの新興市場では北米・欧州の投資が拮抗，欧州先進国は欧州新興市場でのみ最大投資国となっており，日豪はアジアで一定規模のプレゼンスを示すのみだ．すなわち，投資国と受入国の関係は資本形態ごとに異なり，リスクや情報非対称性など多数の投資要因からなる複雑な意志決定の所産であり，その結果として多様な地域別投資パターンを示していることがわかる．

---

8)　外銀のプレゼンス金融発展の分野では，一般に外銀参入は先進的な金融ノウハウの外部経済効果を通じて途上国の金融発展に寄与すると論じられてきた．欧州新興市場の場合もその例外ではないが，外銀の活動が受入国とは独立な，その本国の状況に左右される場合，例えば今回の危機のように本国の金融崩壊によって信用収縮を余儀なくされ，それが途上国に波及する場合，外銀の存在は負の外部効果をもたらす．
　欧州新興市場は旧社会主義中央計画経済であったため，もともと地場金融システムが脆弱であり，外銀の参入がなければ国内金融システムそのものが機能せず，そのため外銀は圧倒的なプレゼンスを示すこととなった（Detragiache et al. 2006）．これとは対照的に，東アジアの一部ではアジア危機後，外銀参入を緩和したが，もともと東アジア新興市場では地場金融システムのプレゼンスが圧倒的であり，その結果，参入規制緩和の後もその状況に基本的な変化はなかった．

第Ⅲ部 これからの日本の国際協力——日本発「スマート・ドナーモデル」の構築を目指して

図10-4 先進国・新興国の金融リンケージ（新興国 GDP 比率，％）

a．銀行債務残高（対先進国地域，2007年）

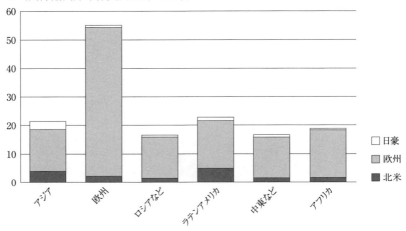

b．証券債務残高（対先進国地域，2007年）

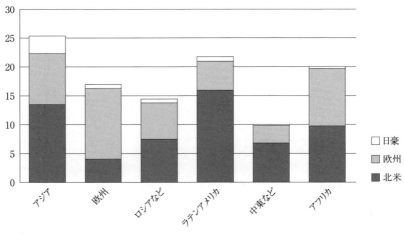

出所：IMF, *World Economic Outlook*, April, 2009, Chapter 4, Figure 4.10.

第10章 国際金融——「東アジア型マクロ経済運営モデル」と日本

さらに注目すべきは，新興市場への外国資本フローのうち，銀行ローンと証券投資は実はその一部でしかないことだ．図10-5は東アジア，欧州およびラテンアメリカ新興市場への形態別外国資本フローを示したものである．1982年のラテンアメリカ通貨危機以来，銀行ローン（図の「その他フロー」）はシェアを下げ，代わりに資本流入の主役となったのは直接投資FDIであった．90年代半ばからは，債券（portfolio bond）・株式（portfolio equity）などの証券投資がこれに加わるが，FDIは継続して圧倒的シェアを占める．しかも，銀行ローン・証券投資は，1997~98年，2000~01年，2007~09年など内外の金融ストレスが高まるとsudden stopその他のボラタイルな動きを示すのに対し，FDIは継続的安定的である．図10-5の東アジアとラテンアメリカはこれらの特徴を明瞭に示している．ただし，GDP比率でみた外資の量的重要性は国内貯蓄率の低い後者がはるかに大きい．他方，欧州新興市場の場合，外資流入の本格化は1990年代の市場経済移行以後であり，2000年代に入って金融開放とともに銀行ローンが急増することとなった．これは国内金融システムが東アジアやラテンアメリカとは異なって外資依存型の発展パターンであることに由来する．実際，外資への依存度（GDP比率）は8~12％と，ラテンアメリカ以上だ．

図10-5が示すように，東アジア新興国は，国際資本市場との「金融リンケージ」という観点から2つの大きな波を経験している．1つは1990年から1997年，もう1つは2000年から2008年にかけてだ．図10-6は，今度はタイ・インドネシアを例として東アジア個別国への外国資本フロー（流入）の推移を資本のカテゴリー別に示している．それぞれの波の終わり（1998年および2008年）には外国資本フローの逆転が見て取れる．1990年代の逆転は2000年代に比べて規模が大きく，また長く続いた．同じような資本逆転が2000年代後半に先進国でも起こった（グローバル金融危機）が，こちらは先進国にとっては，1930年の世界大不況（Great Depression）以来，未曾有の経験となった．

外国資本フローの対GDP比率は，2つの波において大きく拡大した．例えばタイ（インドネシア）では1990年代にはGDPの6％（8％），2000年代には8％（10％）に達し，東アジア新興国平均でもそれぞれ6％に達した．これは国内貯蓄の20~30％に達する規模である．他方，その20年間で資本フローの構成は劇的に変化した．もっとも安定的かつ非債務性の直接投資FDIが「主」

第Ⅲ部　これからの日本の国際協力——日本発「スマート・ドナーモデル」の構築を目指して

図10-5　外国資本フロー（GDP比率，%）

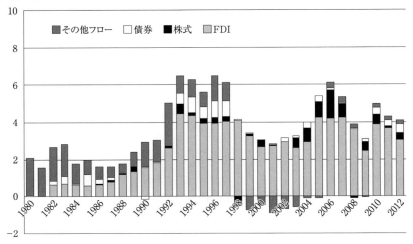

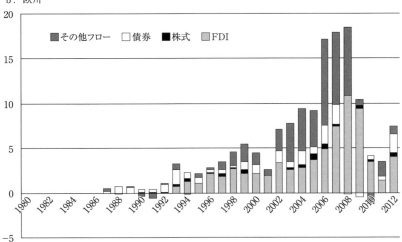

第10章 国際金融――「東アジア型マクロ経済運営モデル」と日本

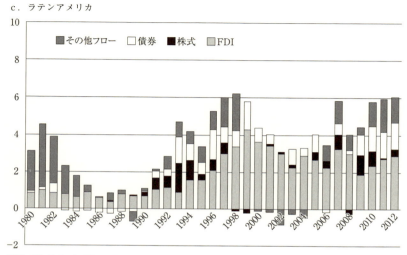

c．ラテンアメリカ

出所：World Bank, *World Development Indicators* に基づき筆者作成.
(http://databank.worldbank.org/data/views/variableSelection/selectvariables.aspx?source=world-development-indicators).

となり，相対的には，ボラタイルなポートフォリオ投資と，もっともボラタイルかつ債務性の銀行ローンなどの「その他投資」が「従」となった（Kohsaka 2011）．

第Ⅲ部　これからの日本の国際協力——日本発「スマート・ドナーモデル」の構築を目指して

図10-6　外国資本フロー（GDP比率，%）

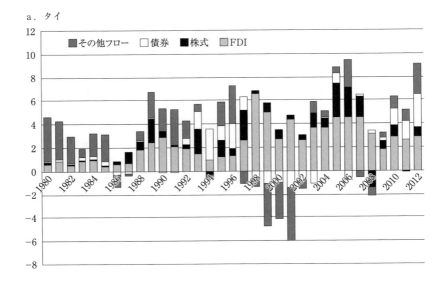

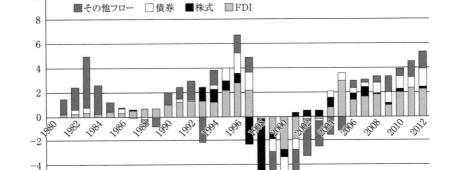

出所：World Bank, *World Development Indicators* に基づき筆者作成．
　　　(http://databank.worldbank.org/data/views/variableSelection/selectvariables.aspx?source=world-development-indicators).

第10章 国際金融——「東アジア型マクロ経済運営モデル」と日本

図10-7 対外資本フロー：東アジア（GDP比率，%）

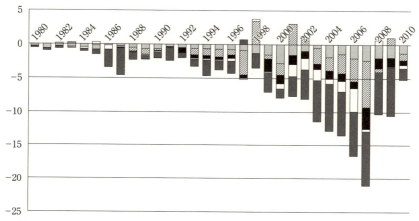

出所：IMF, *International Financial Statistics* に基づき筆者作成．

3.2 対外投資と地域統合化

　次に，外資流入だけでなく，これら新興国の対外投資の動向が国際資本市場とのリンケージを理解する上で欠かせないことに注目したい．外為介入を除いた対外投資は域内平均で2007年にGDP比率で10％に達した（図10-7）．介入を含めると実に20％を超える．東アジア新興国の金融リンケージを論じる際には，外国資本による対内投資だけではなく，国内資本による対外投資をグロスベースで論じる必要がある．この点は，東アジア新興国が先進国並みの金融発展段階にあることを意味しているのではないが，新興国の非コーナー解である金融政策レジームと金融リンケージの関係を論じる際には無視できないポイントだ．というのも，それは以下に述べる域内投資の深化の意味するところに関わるからだ．

　ここまで，東アジア新興市場では，外国資本フローの主役はFDIであり，証券投資は銀行ローンに代わって，FDIに次ぐ重要な資本形態となったことを確認した．また，FDIが継続的安定的であるのに対して，証券投資（およ

第Ⅲ部　これからの日本の国際協力──日本発「スマート・ドナーモデル」の構築を目指して

び銀行ローン）は金融ストレスに敏感であり，FDIが量的に最大のカテゴリーであるのに対して，証券投資・ローンはボラティリティの主役であり，資本フロー全体の動向を左右する存在であることもわかった．さらに，投資国である先進国を地域別に見ると，投資先ごとに明確な「地域バイアス」が存在することも確認済みだ．

「地域バイアス」は，いわゆる投資の「ホームバイアス」の一種であると考えられる．ホームバイアスは，現実の投資が標準的な投資理論から考えられる最適投資ポートフォリオから離れ，国内投資商品に偏っていることをいうが，これは投資行動が限定合理的であるというよりは，資本市場の不完全性を反映していると考えられる．この「不完全性」には，規制その他による取引費用の内外格差，それに加えて投資機会に関する情報の内外格差が含まれる．

情報の不完全性・非対称性は，しばしば，地理的時間的距離に依存する．実際，東アジア新興市場における投資の「地域バイアス」は証券投資にあって顕著である．表10-1は，2009年末における国際証券投資（株式）の国・地域間残高を示したものであるが，これによれば，東アジア新興市場への国際株式投資残高は約1兆2000億ドルで，そのうち，アメリカが37％，欧州（EU15か国）が30％を占めるが，東アジア新興市場自体の投資額が19％を占めるに至っており，欧州に次ぐ主要な投資地域となってきている．むろん，投資先としての同地域は，国際株式投資残高の世界総額13兆ドルからみれば，10％足らずを占めるのに過ぎないが，途上国地域のなかでは傑出した投資先であること（ラテンアメリカ新興市場の約3倍）を考えれば，域内投資循環がダイナミックに拡大していることは今後の同地域の成長ファイナンスを考える上で見過ごせない新しい動きである．

実は，域内投資循環の高まりは証券投資だけではない．それどころか，東アジア新興市場への資本フローの大部分を占めるFDIにおいてこそ，域内投資シェアが着実に高まっている．表10-2は2009年末におけるFDI残高のグローバルな地域配分を示している．EUは全体として世界最大のFDI投資主体であり，その結果，ほとんどの地域で最大の投資主体となっているが，例外は東アジアである．域内投資の全体に占めるシェアは同表の対角線上の欄で示され，EUにおける域内投資は全体の7割を占め，地域統合効果を反映している．東

第10章 国際金融——「東アジア型マクロ経済運営モデル」と日本

表10-1 株式投資残高の地理的配分（2009年末）

投資受入国・地域	投資総額（百万ドル）	東アジア新興市場	EU新興市場	ラテンアメリカ新興市場	EU15	日本	米国	全世界
東アジア新興市場	1,211,671	18.8	0	0.1	29.6	0.3	37.1	100
EU新興市場	48,715	0.9	4.9	0	49.2	3.9	30.4	100
ラテンアメリカ新興市場	436,625	1.1	0	1.5	28.2	0.1	59.4	100
EU15	5,868,468	2	0.4	0.7	55	0.6	26	100
日本	702,276	3.4	0	0	32.3	—	52.8	100
米国	2,013,655	3.4	0.2	1.8	51.8	11.4	—	100
全世界総額	13,671,585	5.5	0.3	0.7	43.3	4.3	29.2	100

注：東アジア新興市場：中国、インドネシア、韓国、マレーシア、フィリピン、シンガポール、台湾、タイ。
EU新興市場：ブルガリア、チェコ、エストニア、ハンガリー、ラトビア、リトアニア、ポーランド、ルーマニア、スロバキア、スロベニア。
ラテンアメリカ新興市場：アルゼンチン、ベルギー、デンマーク、フィンランド、フランス、ドイツ、ギリシャ、アイルランド、チリ、コロンビア、メキシコ、ペルー、ベネズエラ。
EU15：オーストリア、ベルギー、デンマーク、フィンランド、フランス、ドイツ、ギリシャ、アイルランド、イタリア、ルクセンブルク、オランダ、ポルトガル、スペイン、スウェーデン、英国。
出所：IMF, Coordinated Portfolio Investment Survey (http://cpis.imf.org/) に基づき筆者作成。

表10-2 対外直接投資の地域別配分（2009年末）

受入地域	投資地域（%シェア）												合計
	EU	その他欧州	北アフリカ	サブサハラ・アフリカ	北米	中米	南米	ペルシャ湾岸	その他中東	中央・南アジア	東アジア	オセアニア	(百万ドル)
EU	73.3	5.6	0	0.2	17.9	0	0	0	0.3	0.1	1.9	0.7	10,475,322.90
その他欧州	73.7	3.6	0	0.4	20.9	0	0	0.1	0.6	0.2	0.5	0	1,139,186.00
北アフリカ	70.6	5.8	0	0	21.4	0	0	0.7	0	0.7	0.7	0	74,811.20
サブサハラ・アフリカ	66.5	3.6	0	8.8	13.7	0	0	0.1	0.1	2.7	4.4	0.2	182,747.70
北米	59.8	6.6	0	0.2	21.1	0	0	0	0.5	0.1	8.8	3	3,083,587.00
中米	26.3	3.8	0	0	37.9	0	0	0	0.1	0.8	30.9	0.1	1,400,345.30
南米	58.1	3.4	0	0.1	33.6	0.2	0	0	0	0	4.6	0	525,818.20
ペルシャ湾岸	56.5	10.6	0	3.5	15	0	0	7.7	0.1	1	5.7	0	88,871.60
その他中東	35.2	18.8	0	0	34.7	0	0	2.7	7.8	0.7	0.1	0	32,521.20
中央・南アジア	41.4	4.3	0	0	25.4	0	0	0.1	0.6	6.3	19.8	2	632,673.90
東アジア	31.3	2.3	0	1.3	24.1	0	0	0	0	0.6	39.1	1.2	1,100,531.50
オセアニア	32.8	4.7	0	0.8	34.8	0	0	0	0	1.4	12.5	13	361,287.20
その他	69.4	12.7	0	0	4.3	0	0	0	0	2.5	3.1	7.9	1,068,821.00
全世界合計	63.1	5.6	0	0.4	20.5	0	0	0.1	0.3	0.5	7.8	1.6	20,166,526.10

出所：IMF, Coordinated Direct Investment Survey (CDIS), Table 7-o (http://cdis.imf.org/) に基づき筆者作成。

第10章　国際金融——「東アジア型マクロ経済運営モデル」と日本

アジアにおける域内投資は39％と北米におけるそれ（21％）をはるかに上回り，EUに次ぐ規模に達していることがわかる．主役は日本の他，香港・韓国・シンガポール・台湾からの投資である．これに比べると，ラテンアメリカおよび欧州新興市場における域内投資はミニマルである．

このように，貿易フロー同様，資本フローにおいても域内依存度の高まりが見いだせる．直接投資FDIだけでなく，株式投資においても，「旧新興国」の香港，韓国，台湾は「新新興国」のASEAN4（インドネシア，マレーシア，フィリピン，タイ）や中国において投資国として重要性を増している．この動きは資本市場の欠陥である情報非対称性を補う合理的なものであり，先進国による投資のボラティリティを緩和するものだ．このことからも，東アジア新興国の経済発展を考察する時，北（先進国）から南（途上国，新興国）への資本フローだけを見ているだけではもはや不十分であることがわかる．

東アジア新興国の国際資本市場との金融リンケージからみると，外国資本フローに加えて公的外貨準備の動向に注目する必要がある．これら各国の巨額の外貨準備蓄積についてはさまざまな議論があるが，なかでも東アジア新興国は最も早くから最も急速に外貨を蓄積している点で傑出している（図10-2）．さらに同諸国ではさまざまな組み合わせで「外貨スワップ協定」を締結しており，各国が外貨流動性の確保に並々ならぬ注意を払っていることがわかる．

以上，東アジア新興国の国際資本市場との金融リンケージの進展は次のように要約できる：

(1)　外国資本流入については，安定的で「非債務性」の直接投資FDIが最大の構成要素となっており，しかも，その域内投資がますます重要な役割を果たしてきている．これは，各国の資本勘定自由化政策の特徴および域内の国際分業ネットワーク拡大に伴う頑健な工業化成長を反映している．

(2)　ローンや債券投資などの「債務性」フローは，資本市場の思惑に敏感で，そのボラタイルな動きは景気循環を抑制するのではなく，増幅する傾向にある．ただし，このような資本市場に固有の不完全性は域内投資の増大によって軽減される可能性がある．

(3)　公的外貨準備の蓄積は為替安定化の副産物だが，東アジア新興国で特に目立つ．外貨準備は資本市場ボラティリティのバッファー（緩衝）の役割を果

たしており，それが過剰であるかどうかは今後見守る必要がある．

 国内金融システムの発展

4.1 貯蓄・投資バランス

次に，外国資本フローと国内金融システムの関係に目を転じよう．外資は国内金融とどう連関しているのか．

最初に，経済成長に必要な資本形成を資金調達面で支える上で，外資がどの程度の重要性を持っているかをみる．そのために，投資と貯蓄のバランスの推移を観察しておこう．図10-8は，東アジアと欧州およびラテンアメリカの新興市場の投資と貯蓄の対GDP比率の推移を示したものである．これによれば，東アジアでは，投資率・貯蓄率とも1980年代から90年代にかけて上昇トレンドを示したが，1997年のアジア危機に直面して投資率が急落し，その後の回復も遅いことから，貯蓄率が投資率を有意に上回る状況が続いており，特に2000年代半ばからはその差がむしろ拡大傾向にあることがわかる．もっとも貯蓄率・投資率ともにGDP比率で（地域平均）35~40％に達する水準の高さであり，加えて貯蓄率の上昇は著しく，ネットベースで見る限り，国内投資は外資＝海外貯蓄に頼らずとも国内貯蓄で十分賄える状況にある．

一方，欧州とラテンアメリカの新興市場は東アジアとは対照的である．まず，投資率は貯蓄率を継続して上回っており，この地域の投資率を維持するためにはネットベースで外資流入が不可欠である．また，そもそも国内貯蓄率の水準自体がGDP比率で25％と，40％を超える東アジアのそれを両地域の新興市場は大きく下回っている．もっとも，新興市場全体では，欧州やラテンアメリカが例外的なのではなく，逆に東アジアが例外的存在であると言える．

4.2 国内金融システムの「深さ」

次に，これらの国内貯蓄がどのようにどの程度国内投資のファイナンスに用

第10章 国際金融――「東アジア型マクロ経済運営モデル」と日本

図10-8 貯蓄率・投資率（GDP比率，%）

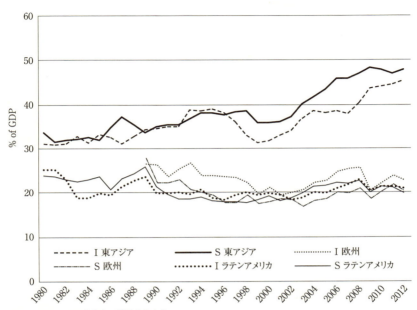

注：I, Sはそれぞれ投資率，貯蓄率を表す．
出所：World Bank, *World Development Indicators* に基づき筆者作成．
（http://databank.worldbank.org/data/views/variableSelection/selectvariables.aspx?source=world-development-indicators）．

いられているのかを見てみよう．投資は，内部留保など自己資金による「内部金融」と，借入・債券株式発行などによる「外部金融」によってファイナンスされるが，通常，新興市場を含めて途上国の場合，外部金融では，銀行など金融仲介機関の役割が最も重要である．そこで，金融仲介規模の指標として銀行部門の対民間部門信用のGDP比率の推移を見ると，東アジア全体では，その金融仲介規模は1980年以降，強い増加トレンドを維持しており，アジア危機以降若干の停滞が見られるものの，その残高は地域平均でGDPに匹敵する規模となっている．これに対して，欧州およびラテンアメリカの新興市場の同指標は，2000年代半ば以降の急増によってもたかだか50％程度となっている．金融仲介規模，すなわち「金融深化」の程度においても，東アジアは新興市場の中では例外的な存在であることがわかる．

第Ⅲ部　これからの日本の国際協力——日本発「スマート・ドナーモデル」の構築を目指して

しかしながら，これらの観察事実は必ずしも同地域の新興国の金融システムが金融グローバル化の逆風に対抗するのに十分「レジリエント」であることを意味しない．例えば，図10-9はタイとインドネシアにおける国内金融仲介の程度を示したものだ．ここで注目すべきは，民間部門への金融仲介，すなわち（民間信用＋民間債券）の規模だ．明らかに，民間部門への国内信用はGDP比率で見てアジア危機前のピーク水準を回復しておらず，しかもそれは民間債券市場の拡大で十分に代替されていない．つまり，1997年以降，国内貯蓄の相当部分が公的債券を通じて公的部門に仲介され，民間部門への国内金融仲介は縮小したままだ．タイ，インドネシアは決して例外ではなく，東アジア新興国の典型例だ．

さらに，もう1つ注目すべき事実として，最近の企業貯蓄率の上昇が挙げられる（図10-10）．先進国・新興市場に共通して2000年前後から企業貯蓄率が上昇トレンドを示しているが，東アジアにおいても同じ現象が指摘できる[9]．特に中国，韓国などのANIEsで企業貯蓄率は強い上昇傾向を示しており，停滞気味，あるいは下落傾向を示す家計貯蓄率と対照的な動きを示している．以前に比べ，企業部門は全体として配当を抑制し，内部金融のために留保利潤を蓄積しているのだ．

以上から，東アジア新興国の国内金融システムの動向は次のように要約できる：

(1)　アジア危機後の国内金融システムの回復は完全とは言い難い．実際，各

---

9)　先進国については，特に2000～01年のITバブル崩壊後，企業貯蓄率の上昇が共通してみられる．IMF（2006）は，これは1990年代の過剰な債務および資本形成を調整するための一時的な現象ではなく，構造変化の結果である可能性を示唆している．また，中国など東アジア新興市場についても企業貯蓄率は最近上昇傾向を示している．特に，中国については，国有企業における配当率の低さ，それを可能にしている企業統治の脆弱性が論じられることが多い．これに対し，Bayoumi et al.（2010）は，中国についても企業貯蓄率が高い原因の一部は先進国などと共通の要因によるグローバルな現象であると論じている．

Bates et al.（2009）によれば，米国企業の現金保有比率（対総資産）は1980年以降，明確な上昇トレンドを示しており，それは金融リスクの高まり，資本支出の低下と研究開発支出の増加に対応する構造的な変化に基づき，新興高成長企業で著しい．各国における企業貯蓄率上昇が同じ構造的な要因に基づくものであるとすれば，先進国の多国籍企業のみならず，新興市場の多国籍企業についても同様の変化を想定することは自然な解釈だろう．

第10章 国際金融──「東アジア型マクロ経済運営モデル」と日本

図10-9 金融仲介規模（GDP比率%）

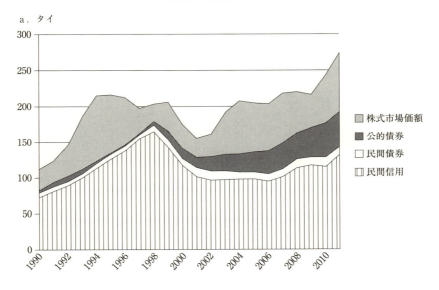

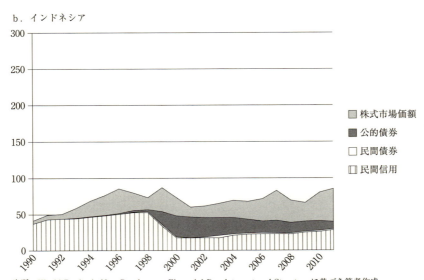

出所：World Bank, *A New Database on Financial Development and Structure* に基づき筆者作成．

図10-10　企業貯蓄率と家計貯蓄率（GDP比率，%）

a．企業貯蓄率

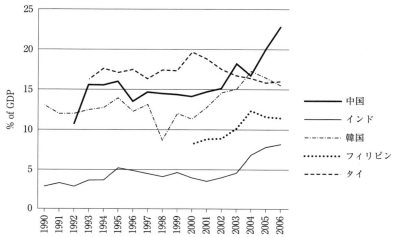

b．家計貯蓄率

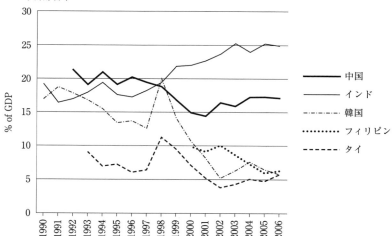

出所：IMF, *World Economic Outlook*, October 2008, Figure 6.4.

第10章　国際金融——「東アジア型マクロ経済運営モデル」と日本

国の民間部門への金融仲介規模は危機前の水準に達しておらず，これは実体経済の回復，動態とは対照的だ．特に目立つのは民間信用の縮小とそれを代替すべき民間債券市場の成長の遅さだ．

(2) 他方，実体経済の成長は国内金融システムを通じた外部金融より，直接投資FDI（多国籍企業内）および自己金融（企業貯蓄）といった内部金融への依存度を高めている．

東アジア地域では，新興国の国際資本市場との金融リンケージはもはやネットベースでは論じられなくなった．実際，同地域の新興国はグローバル金融市場とのリンケージをグロスベースで拡大しており，外国投資を受け入れつつ，対外投資を拡大している．さらに，外国資本フローの構成は直接投資が主となり，不安定なポートフォリオ投資とその他投資は従だ．それにもかかわらず，国内金融深化は停滞している．非金融法人企業部門は金融仲介（銀行信用）への依存度を下げているが，民間債券市場の発展はそれを代替するには程遠い．言い換えると，企業部門は2000年代に内部資金と直接投資への依存を高めた．この「内部金融化」トレンドが一時的なものなのか，また将来にわたって持続可能なものなのかが注目される．

5　「今度は違う」：東アジア型マクロ経済運営モデル

現在までのところ，東アジア新興市場のマクロ経済の成果は他地域の新興市場を凌駕してきた．相対的な低インフレ，高成長，為替安定と経常収支黒字が達成されてきたし，財政収支も相対的に健全であり，金利も十分プラスを維持してきた．この地域の非コーナー解の金融政策レジームが，失敗であったと論じることは難しいだろう．

けれども，2つの危機前後の状況を比較するとマクロ経済成果にいくつかの違いがあることに気づく．アジア危機前の数年間の安定した高成長は経常収支赤字を伴い，それは歴史的に高い投資率によるもので，インフレ率は5％前後に制御されていた．他方，グローバル危機に先立つ2000年代ではやや成長率は低下したものの，低インフレで安定した成長を維持した．加えて経常収支は国

第Ⅲ部　これからの日本の国際協力——日本発「スマート・ドナーモデル」の構築を目指して

図10-11　1人当たりGDP（2005年米国ドル固定価格，指数2005年＝100）

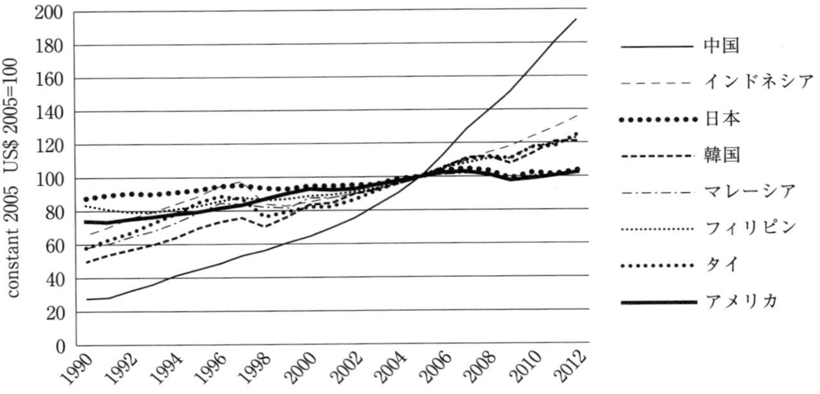

出所：World Bank, *World Development Indicators*. より筆者作成．

内投資の停滞によって赤字から黒字に転化している．

　さらに，危機後の回復過程に目を向けよう．図10-11は，2005年を100とした，これら諸国の1人当たり実質GDPの推移を示したものだ．アジア危機後の回復は予想外に早かったとはいえ，危機の打撃は今回の危機より甚大で不況は深刻であり，危機前のピーク所得水準を回復するのにより長い時間を要した．例えば，インドネシアは7年，韓国3年，マレーシア5年，フィリピン3年，タイも7年といった案配だ．対照的にグローバル金融危機後の不況は相対的に浅く，危機前のピーク所得水準への回復は1年程度で，日本やアメリカとは強いコントラストを示している．

　政策運営に関して，太平洋新興国の経験から重要な教訓は，(1)伸縮的であるより，安定的な為替レート，(2)自由な資本移動より適切に管理された資本フロー，(3)情報の不完全性に鑑みて，海外貯蓄より国内貯蓄が重要であることがわかる．控えめに言って，これらの非オーソドックスな政策ミックスは，むしろ，金融グローバル化の下での新興市場の金融政策レジームを追求する上で十分に検討に値するものだ．

　東アジア新興国は，アジア危機の手痛い経験から多くを学んだ．第一に，無条件のグローバル金融統合化，すなわち資本勘定自由化は極めてリスクが高い

第10章　国際金融――「東アジア型マクロ経済運営モデル」と日本

ことは骨身にしみた．実際，1997年に気づいたのは，グローバル金融リンケージは「破壊的な力をもつもので，ボラティリティを増幅し，恐るべき危機を発生させることがあるのであって，決して成長を促進し，投資機会を増やしてリスク分散を手助けするものではない」(Prasad 2011) ことであった．第二に，真に必要なときに信頼できる国際安全ネットというものはないということだ．国際金融における「最後の貸し手」と擬されるIMFは，これまでアジアに関心が薄く，その支持者（国際銀行）もアジアのことはあまりよく知らなかった．支援条件として強制される政策処方箋といえば，東アジアとは程遠い，どこかの典型的な規律の乏しい途上国に対する，決まり切った緊縮政策で，それはむしろショックを深刻化し，回復を遅らせた．

アジア危機以来，東アジア新興国は公式にはインフレ・ターゲットを採用，伸縮的為替レートで資本勘定を自由化し，プルーデンス規制を強化した．けれども，現実には，為替安定を図り，外為市場に介入，他方で，多様な意図的なプルーデンス手段で資本フローをコントロールしてきた．政策目標は金融自律性の下での安定と成長であり，そのためには完全な金融開放は実際的な中間目標たり得ない．そして，彼らは正しかった．新興市場は急速にグローバル危機から回復した．さらに，新興国はますますボラタイルになった国際金融フローに対してもこれまでのところ，レジリエントに見える．

東アジア新興国は，ボラタイルな外国資本フローの破壊的な力に適切に対処してきた．外為市場介入と資本規制が，追加的政策手段であった．海外貯蓄への依存度を最小化し，ボラティリティの小さい資本フローへと多様化を図った．驚くべきことに，民間部門もまた同じことを内部金融化で達成した．国内金融システムは先進国ほどではないが，他の途上国よりは深い．このような「東アジア型マクロ経済運営モデル」が，1997年の危機に比べて，「今度は違う」(Reinhart and Rogoff 2009の書名)[10]と言えるレジリエンスとパフォーマンスを生み出したものと言えよう．

---

10)　もっとも，こことは180度違って，Reinhart and Rogoff (2009) では，この表現は金融関係者の奢りを示すものとして逆説的に使用され，現実には今度も同じ過ちを繰り返したことを揶揄して用いている．

第Ⅲ部　これからの日本の国際協力──日本発「スマート・ドナーモデル」の構築を目指して

 6　結び：東アジアで生きる日本

　本章で対象としてきた東アジア新興市場は，もはや援助対象国ではないか，または卒業段階にある国々である．したがって，マクロ金融リンケージの観点から日本の役割を論じるにあたっても，地域金融協力を除けば，公的金融よりはむしろ民間ベースの国際協力が中心となる．

6.1　地域金融協力

　通貨危機は周辺国にも「伝染効果」(contagion) を引き起こすことから，地域協力の枠組みが必要だと考えられてきた．アジア通貨危機直後に日本を中心に構想された，「チェンマイ・イニシアティブ」(Chiang Mai Initiative：CMI) は，外貨流動性の相互融通・マクロ政策対話・資本流入の監視からなる地域的政策枠組みである．他方，これも日本が旗振り役となった「アジア債券市場イニシアティブ」(Asian Bond Markets Initiative：ABMI) は域内に域内通貨建て債券市場を育成しようとする地域協力の枠組みである．前者は通貨危機予防と危機管理の両面において地域セーフティネットを作り上げる試みであり，いわば，地域レベルのマクロ・プルーデンシャル政策の枠組みとみなせる．後者は，域内通貨建て債券発行を容易にすることによって，主要国通貨の為替変動の影響を受けない国際資金調達を可能にし，国際資本市場における「原罪」(original sin) 問題，すなわち外貨建て債務による為替リスクから免れることと，地域協力の枠組みで債券市場の制度整備を促進することの一石二鳥をねらったプログラムである．

　けれども，前者の CMI（やそれを多角化した CMIM（Chiang Mai Initiative Multilateralisation））については，今回の危機までの経験では，融通スキームはそれ自体，IMFとの協調融資条項や国際資本市場に対してマイナスのシグナル効果を内包するために，必要なときには利用が躊躇われるという基本的矛盾があり，「最後の貸し手」機能の有無が疑問視されている．実際，今回の危

第10章 国際金融——「東アジア型マクロ経済運営モデル」と日本

機についても CMI だけでなく，いくつかの二国間スワップ協定が締結されたものの実効性には疑問符がつけられている[11]．また，為替安定目標自体も，主要国通貨間の為替レート変動に対して CMI は無力であり，域外取引における為替安定には寄与が期待できない．

後者の ABMI についても，そもそも各国国内市場で金融非仲介が進行しており，それを代替する債券市場の整備・発展のモメンタムも強くない．また，民間企業部門は外部金融よりは内部金融を強化しており，外資系企業は本国との企業内金融のパイプを強化している．加えて，中国を除けば，投資率自体がマクロではアジア危機以降低迷しており，債券発行による投資ファイナンスに対する民間ニーズそのものが，ABMI を前進させるモメンタムに欠けているのではないかと思われる．

要するに，地域金融協力の枠組みは再考を迫られている．そもそも，域内通貨間だけの為替安定の重要性は低く，共通通貨を模索するには各国の対外取引構造やマクロ経済構造は多様に過ぎる．また，情報不完全性はもともと資本市場に内在する本質的な問題であり，ルールの整備に対するニーズが既存金融部門の現状維持志向を突き崩すほど強くならない限り，国内債券市場の成長すらおぼつかない．こんな状況下で地域レベルの債券市場発展が先行するというシナリオはどれほど現実的なものなのだろうか．

6.2 民間ベースの地域経済統合化

むしろ日本の役割は民間部門で大きく，政府ベースでは民間のイニシアティブを後方あるいは側面から支援することに重点を移すべきだろう．実際，「東

---

[11] Aizenman et al. (2011) はスワップラインが予備的動機に基づく外貨準備蓄積を代替するかどうかを国横断分析によって推計し，代替効果は外貨準備の規模に依存し，限定的なものにすぎないとしている．また，2 カ国間スワップラインの実現性は極めて限定されており，米国連銀などクレディビリティの高い主体と明確なマクロ安定性をもつ新興市場との組合せで，かつ，ライン供与主体（例えばアメリカ）と相手国の間に密接な権益（米銀のプレゼンスなど）が存在しているという条件が整った場合に限られるとしている．ここでもまた，スワップラインが実現するためには，スワップラインが不必要となるような条件が必要であるという基本的矛盾があることがわかる．

第Ⅲ部 これからの日本の国際協力——日本発「スマート・ドナーモデル」の構築を目指して

アジア型マクロ経済運営モデル」は東アジアの地域統合化とともに形成されてきた．すなわち，1970年代，80年代の輸出主導型経済成長が各国のいわば雁行形態型の並列的競合的工業化に基づいていたのに対し，1980年代後半から始まった日本企業の東アジアへの直接投資拡大を嚆矢とした国際分業の広がりは，アジア NIEs によるそれ自体雁行形態型の直接投資拡大を継起し，中国の成長開始，アジア金融危機を経て，高度な相互分業体制，東アジア生産ネットワークを構築した．

先に見た域内相互投資の拡大と深化はまさにこの経済発展パターンの反映であるし，それは1つ生産ネットワークにとどまらず，情報ネットワークの拡大・深化を促すことによって国際資本市場の不完全性を補う地域金融ネットワークを構築しつつある．ただし，日本の金融部門はこの変化に主導的な役割を果たしてはいない．というのも，1980年代の直接投資拡大に呼応して東アジアに拠点を拡大した日本の金融部門は，1990年代初めの国内バブル崩壊から東アジアから撤退・縮小を余儀なくされていたからだ．アジア通貨危機はこの動きに「だめ押し」をしたにすぎない．

しかし，東アジアに拡大した製造業を中心とする生産ネットワーク自体が金融ネットワークを構成したという意味では日本の（非金融）企業の役割は大きい．何よりも海外直接投資とは金融フローそのものであることに注目する必要がある．それは所有関係を持つ企業グループ内におけるクロスボーダーの融資であり，利潤再投資であり，株式投資に他ならないからだ．すなわち，直接投資は「内部金融」とみなして差し支えないのである．マクロ・ファイナンスの観点から見れば，日本は金融部門ではなく，非金融部門が東アジア型マクロ経済運営モデルを支えたのであり，東アジアの「内部金融化」の主役のひとりだということができる．

グローバル金融危機によって欧州新興国を中心に活発に海外融資活動を展開してきた欧州系金融機関が昔日の日本の金融部門同様，海外撤退を余儀なくされている．これと対照的に今度は構造改革を経た日系金融機関の東アジア進出が始まっている．日系非金融部門企業の海外展開を考えれば，金融部門がそれにキャッチアップしていくのは当然であり，ようやく正常化が始まったと言える．ただし融資水準はアジア危機以前のレベルを回復するとは限らない．東ア

第10章　国際金融——「東アジア型マクロ経済運営モデル」と日本

ジアで必要とされる外資の水準や構成は大きく変わっているからだ.

　他方，日本の金融部門には新しい役割がある．国内に蓄積された巨大な金融資産の効率的運用だ．「失われた20年」間に金融部門はゼロ金利で国内貯蓄者から巨額の所得移転を享受し続けた．これが続くようであれば，さしもの戦後日本の経済成長の成果も灰燼に帰してしまう．東アジアのレジリエンスが「奇跡」以来の所得収束プロセスを再び持続させている今，東アジアで生きる日本には願ってもない，そして他地域には羨ましい投資機会を提供してくれている．このビジネスチャンスをどう活かすか．今度は金融部門が国内貯蓄者にお返しをする番だと言えよう．

引用文献

Aizenman, Joshua, Yothin Jinjarak, and Donghyun Park (2011) "International Reserves and Swap Lines: Substitutes or Complements?" *International Review of Economics and Finance*, 20(1): 5-18.

Bates, Thomas W., Kathleen M. Kahle, and Rene M. Stulz (2009) "Why Do US Firms Hold so Much More Cash than They Used to?" *Journal of Finance*, 64(5): 1985-2021.

Bayoumi, Tamim Bayoumi, Hui Tong and Shang-Jin Wei (2010) "The Chinese Corporate Savings Puzzle: A Firm-Level Cross-Country Perspective," *NBER Working Paper*, No. 16432.

Detragiache, Enrica, Thierry Tressel, and Poonam Gupta (2006) "Foreign Banks in Poor Countries: Theory and Evidence," *Journal of Finance*, 63(5): 2123-2160.

IMF (2006) *World Economic Outlook*, April.

——— (2008) *World Economic Outlook*, October.

——— (2009) *World Economic Outlook*, April.

——— (2012) *World Economic Outlook*, April.

——— (2013) *World Economic Outlook*, April.

Ito, Hiro, and Masahiro Kawai (2012) "The Trilemma Challenge for SEACEN Member Economies: New Measures of the Trilemma Hypothesis and Their Implications on Asia," in V. Pontines and R. Siregar (eds.), *Exchange Rate Ap-*

preciation, Capital Flows and Excess Liquidity: Adjustment and Effectiveness of Policy Responses, Kuala Lumpur: South East Asian Central Banks (SEACEN).

Jeanne, Olivier (2007) "International Reserves in Emerging Market Countries: Too Much of a Good Thing?" *Brookings Papers on Economic Activity*, 38(1): 1-80.

Kohsaka, Akira, ed. (2011) *Macrofinancial Linkages and Financial Deepening in the Pacific Region*, Osaka: Japan Committee for Pacific Economic Outlook.

Ostry, Jonathan D., Atish R. Ghosh, and Marcos Chamon (2012) "Two Targets, Two Instruments: Monetary and Exchange Rate Policies in Emerging Market Economies," *IMF Staff Discussion Note*, SDN/12/01.

Prasad, Eswar S. (2011) "Role Reversal," *Finance and Development*, 48(4): 26-29.

Qureshi, Mahvash S., Jonathan D. Ostry, Atish R. Ghosh, and Marcos Chamonet al (2011) "Managing Capital Inflows: the Role of Capital Controls and Prudential Policies," *NBER Working Paper* No. 17363.

Reinhart, Carmen, and Kenneth Rogoff (2009) *This Time Is Different: Eight Centuries of Financial Folly*, Princeton University Press.

Taylor, John B. (1993) "Discretion Versus Policy Rules in Practice," *Carnegie-Rochester Conference Series on Public Policy*, 39(1): 195-214.

World Bank (1993) *The East Asian Miracle: Economic Growth and Public Policy*, Washington, DC: World Bank.

第11章 環境

日本の環境ODAの展開とアジア地域環境ガバナンスの構築[1]

松岡俊二

1 はじめに：日本の環境戦略とスマート・ドナーへの模索

　本章はスマート・ドナーの兼ね備えるべき条件とは何かという観点から，日本の環境ODAの展開とアジア環境ガバナンスの形成の構築について考察する．アジア地域では，TPP（Trans-Pacific Strategic Economic Partnership Agreement：環太平洋戦略的経済連携協定）やRCEP（Regional Comprehensive Economic Partnership：東アジア地域包括的経済連携）などによる経済統合の進展が注目されているが，こうした経済統合の裏側には，急激な経済成長による大気汚染，水質汚濁や二酸化炭素の排出増加による気候変動の深刻化といった問題が存在する．今やアジアは世界の成長センターとしてGlobal Asiaであると同時に，世界の環境汚染の中心地域としてもGlobal Asiaである．

　アジア諸国の体制を強く特徴づけてきた開発主義を続けるならば，アジア地域だけでなく地球社会としてもいずれ環境資源の制約に直面せざるを得ない．持続可能な地球社会の形成のためには，持続可能なアジアの形成が不可欠である．そのためにもアジア各国における社会的環境管理能力の形成と効果的な環境政策の推進が不可欠である．長らく日本が唯一の先進国であったアジア地域では，1980年代後半から本格化した日本のODAによる二国間環境協力の進展

1）　本稿は，松岡俊二（2013）「日本のアジア戦略——日本のアジア環境戦略と21世紀のソフトパワー」，『ファイナンシャル・レビュー』（財務省財務総合政策研究所編）通巻第116号（2013年9月）pp.140-167を大幅に加筆・修正したものである．

により、アジア諸国の社会的環境管理能力の形成が進んだ（松岡・朽木 2003）.

その後、1992年の国連環境開発会議（United Nations Conference on Environment and Development：UNCED）を契機とした地域環境ガバナンスへの注目から、日本の環境協力戦略も、従来のバイ（二国間）から、ハブ・アンド・スポーク構造による地域環境ガバナンスの構築へと展開するようになった。本章で紹介するタイ、インドネシア、中国などにおける無償資金協力と技術協力による環境センター・アプローチをベースとした東アジア酸性雨モニタリング・ネットワーク（Acid Deposition Monitoring Network in East Asia：EANET）の形成は、日本のアジア環境戦略の典型的事例である.

しかし、1990年代は韓国が北東アジアを中心とした地域環境ガバナンスの構築に乗り出した時期でもあり、アセアンも地域環境協力の推進に本格的な努力を払うようになった時期である。さらに21世紀になると中国が台頭し、国内に深刻な環境問題を抱えながらも、途上国への安価な環境技術の輸出に乗り出してきた。こうして、21世紀前半のアジア地域の環境戦略における主要な国家（国家連合含む）プレイヤーは、日本、韓国、中国およびアセアンとなっている.

1960年代後半からの公害克服の成功経験と公害対策技術の研究開発、さらには1970年代の2度にわたるオイル・ショックを克服する中で進展した省エネ技術革新は、日本を世界一の環境先進国としてきた。たしかに日本は、20世紀末においては、環境技術先進国であり、日本環境産業は国際市場において競争優位にあった.

ところが21世紀に入り、韓国や中国の追い上げや欧米諸国の巻き返しの中で、日本の環境技術や環境ビジネスの国際市場における優位性が大きく揺らいでいる。例えば、日本の世界への環境関連財の輸出額は、2004年の159億ドルから2009年は154億ドルへと微減しているのに対して、ドイツは同じ時期に157億ドルから269億ドルへと大幅に増加させている（1.7倍）。またEU全体で見ても、この間の環境関連財の輸出額は1.6倍に拡大している（『朝日新聞』2010年10月1日）.

こうした日本の環境産業の国際市場における停滞や後退の原因は何なのか。環境立国と言ってきたにもかかわらず、日本のアジア地域における環境協力の

第11章　環境——日本の環境ODAの展開とアジア地域環境ガバナンスの構築

戦略性の欠如こそ根本要因ではないのか．だとすると，こうした環境戦略の弱さの要因は何なのかが問われなければならない．本章はこうした要因として，日本国内の縦割り行政等によるソフトパワーの弱さ，そのことによる中国や韓国との効果的な協力関係の欠如を仮説的に設定し，議論を展開する．

　従来の国際環境ガバナンスの形成をめぐる研究では，ピーター・ハス（Haas 1989）などが，国境を越えた科学者・専門家の科学的知見の共有という知識共同体（epistemic community）の形成によるソフトパワーの重要性を指摘してきた．さらに近年では，知識共同体メンバーとして自然科学者などのアカデミックな専門家だけでなく，専門性の高いNGOや市民社会組織などを含めることの重要性が議論されている．

　こうした議論は，従来の学際研究における文理融合論（interdisciplinary）から，新たな文理社会協働（transdisciplinary：文理融合だけでなく，科学者・専門家と市民社会との協働）による総合知（Integrated and Synthetic Knowledge）の創造へといった議論とも呼応するものである．21世紀の日本のアジア環境戦略を論じる際，問われているのはこうしたビジョンを明確にし，戦略をデザインする総合知のあり方であり，総合知を創りだす知的プラットフォームの形成ではないかと考えられる．そして，このような総合知に基づく日本の環境ODA戦略が形成できれば，日本はスマート・ドナーとして国際開発協力を率いるだけでなく，災害に強いレジリエントで持続可能な地球社会の形成にも大きく貢献するであろう．

　本章の構成は以下のとおりである．次の第2節において，アジア地域環境ガバナンスの形成と発展を概観するとともに，先行研究の評価を踏まえ，論点の整理を行う．第3節では，日本のODAによるアジア環境戦略とアジア環境ガバナンスの構築を分析し，今後の課題を議論する．最後に第4節において，日本がスマート・ドナーになるにあたって重要となるアジア環境戦略と知的プラットフォームの形成について議論し，本章のまとめとする．なお，本章におけるアジアとは，ASEAN＋3（アセアンに日本，中国，韓国を加えた国々）を中心とする東アジア地域とする．

第Ⅲ部　これからの日本の国際協力——日本発「スマート・ドナーモデル」の構築を目指して

 アジア地域環境ガバナンスの形成と発展

2.1　問題の所在

　最初に問題の所在を確認しておきたい．図11-1にアジア諸国の国際環境条約への参加状況（対象国は日本，韓国，中国，ロシア．各年の締結国（破線）と累積国数（太線））と地域環境ガバナンスの形成年を示した．東アジア諸国の国際環境条約への参加状況については，1972年ストックホルム国連人間環境会議などを契機とした1970年代のワシントン条約（1973年採択，1975年発効，1980年日本締結），ラムサール条約（1971年採択，1975年発効，1980年日本締約）などの自然保護関連の国際環境条約の批准が1つの山であり，その後，1992年の国連環境開発会議などの地球環境問題へ対応する国際環境条約への参加が大きなピークを形成している．

　もう1つの注目すべき点は，東アジア酸性雨モニタリング・ネットワーク（EANET，加盟国13か国．1993年頃に日本の環境庁が提唱．1993年第1回専門家会合，1997年試行，1998年第1回政府間会合（IG1），2001年本格稼動）や北西太平洋行動計画（NOWPAP（Northwest Pacific Action Plan），加盟国5か国．1989年設立，1994年の政府間会合で計画決定）といったアジア地域を代表する地域環境ガバナンスが，1980年代後半から1990年代にかけて形成されてきたという事実である．

　ヨーロッパの同様の環境問題を取り扱った地域環境条約である長距離越境大気汚染防止条約（Long-range Transboundary Air Pollution：LRTAP，1979年）や地中海行動計画（Mediterranean Action Plan Pollution Monitoring and Research Program：MEDPOL，1976年）が1970年代に形成されたことを考えると，ヨーロッパは1970年代の最初の国際的環境問題の高まりの中で地域環境ガバナンスの形成が進み，東アジアでは1990年代の地球環境問題への国際社会の関心の高まりを背景に，地域環境ガバナンスの形成が進んだと考えられる．

　アジアの地域環境ガバナンスの議論において，他の地域との「比較という視

第11章 環境──日本の環境ODAの展開とアジア地域環境ガバナンスの構築

図11-1　アジア諸国の国際環境条約への参加と地域環境ガバナンスの形成

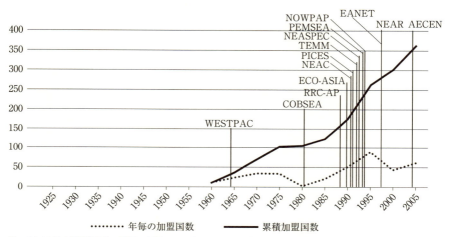

注：1）アジア諸国は日本，韓国，中国，モンゴル，ロシアである．
　　2）破線は，東アジア諸国の1960年以降の各年における国際環境条約への加盟（署名，批准など）件数を示す．実線は，東アジア諸国の1960年以降の国際環境条約加盟の累積件数を示す．
　　3）略称の正式名称は以下の通りである．Sub-Commission for the Western Pacific：WESTPAC, Northwest Pacific Action Plan：NOWPAP, Coordinating Body on the Sea of East Asia：COBSEA, Partnerships in Environmental management for the Seas of East Asia：PEMSEA, North Pacific Marine Science Organization：PICES, Acid Deposition Monitoring Network in East Asia：EANET, Northeast Asian Subregional Program for Environmental cooperation：NEASPEC, Northeast Asian Conference on Environmental Cooperation：NEAC, Tripartite Environment Ministers Meeting：TEMM, Asian Environmental Compliance and Enforcement Network：AECEN：The Environment congress for Asia and the Pacific：ECO-ASIA, Association of North East Asia Regional Governments-Environment Subcommittee：NEAR, Regional Resource Center for Asia and the Pacific：RRC-AP

出所：Lee, Alice Park（2010）"Development Path of Asian Regional Environmental Institutions," mimeo.

点」は避けて通れないポイントであるし，その際，ヨーロッパ地域との比較が1つの重要な論点となる．本章は，「進んだヨーロッパ地域，遅れたアジア地域」といった単純な類型化に陥ることなく，アジア独自の制度進化メカニズムやその条件を考えたいが，とりあえずヨーロッパとの比較で見えてくる問題の所在を確認しておきたい．

1つは，上述した地域環境ガバナンスが形成された歴史的位置である．ヨーロッパ地域が1970年代であったのに対して，アジア地域は主に1990年代に形成されており，こうした20年近い歴史的相違をどのように理解するのかについては，アジアの経済成長が1980年代から1990年代に加速し（World Bank 1993），

第Ⅲ部　これからの日本の国際協力——日本発「スマート・ドナーモデル」の構築を目指して

環境破壊や汚染問題が深刻化してきたことが最も大きな背景である．1970年代の東アジアは日本のみが先進国で深刻な公害問題を抱え，ようやく公害対策の解決策が見えてきたところであり，他のアジア諸国は輸出志向工業化戦略を徐々に強化してきた段階であり，地域共通の課題としての環境問題という認識は薄かった．こうした工業化の進展といった背景とともに，1990年代の地球環境問題への対応の中で，地域における共通の環境問題への協同した対応の重要性という認識が広がってきたことも重要である．経済のグローバル化という流れと環境意識のグローバル化といった1990年代の大きなグローバリゼーションの流れが，アジアの地域環境ガバナンスの形成を促したと考えられる．

　しかし，1970年代に形成されたヨーロッパの地域環境ガバナンスと1990年代に形成されてきたアジアの地域環境ガバナンスには，歴史的時間的な相違だけでなく，制度の性格においてもいくつかの大きな相違がある．ヨーロッパのLRTAPやMEDPOLが，国際条約に基づく法的拘束力のある制度（ダグラス・ノース的に表現するとフォーマルな制度）であるのに対して，東アジア地域のEANETやNOWPAPは，政府間会合などは行うものの，法的拘束力のある国際条約化されておらず，緩やかな制度（インフォーマルな制度）である．東アジアの地域制度の多くに共通するこうしたインフォーマル性が大きな特徴であり，こうしたインフォーマル制度を地域環境ガバナンスの形成や発展という視角からどのように理論化できるのかは今後の大きな課題である．

　こうした東アジアの地域環境ガバナンスのインフォーマル性とも関連して，当然ながら制度の効果をどのように評価するのかという点も問題となる．LRTAPやMEDPOLが実際の汚染削減のための加盟各国の政策協調を含むもので，現実の環境問題の解決へ向けた目に見える貢献があるのに対して，アジアのEANETやNOWPAPはモニタリングや情報交換といったことが主な目的であり，汚染削減のための各国の環境政策の協調や調和ということは直接の目的とはなっていない．また，制度を運営するための財政や事務局が貧弱で，実際の地域の環境問題解決への効果がしばしば疑問視されている．こうした東アジア地域環境ガバナンスの効果の低さという点をどのように理解するのかも大きな論点である．

　次に，こうした論点が従来どのように議論されてきたのかを，代表的な先行

第 11 章　環境——日本の環境 ODA の展開とアジア地域環境ガバナンスの構築

研究に触れつつ明らかにする．

2.2　アジア地域環境ガバナンスの「弱さ」をめぐって

　アジアの地域環境ガバナンスを論じた重要な先行研究としては，MEDPOL と NOWPAP との対比を論じた Chung（1999），LRTAP と EANET を比較して論じた Kim（2007）がある．

　Chung（1999）は，国際関係論の視角から MEDPOL が成功した要因として，制度形成初期における地域覇権国家・フランスの政治的・経済的および知的リーダーシップの発揮とその後の制度の本格化における UNEP（United Nations Environment Programme：国連環境計画）の役割，特に UNEP による地域の知識共同体の形成が果たした役割が大きかったと分析している．そのうえで，Chung（1999）はこうした MEDPOL が成功した条件や要因を東アジア地域で求めることは困難であり，MEDPOL モデルは東アジア地域へは適用できないと論じた．

　NOWPAP を事例とした Chung（1999）の研究は，制度形成期におけるヘゲモニー国家のイニシアティブを重視し，その結果，東アジアでは，中国（環境政策や科学的知識の欠如），日本（歴史問題の存在や政治的イニシアティブの欠如），韓国（政治経済的影響力の欠如）ともに，フランスが果たしたようなリーダーシップを発揮できないとした．しかし，東アジアの地域環境協力制度には日本が主導して形成されたものもある．EANET である．

　Kim（2007）は，酸性雨などの北東アジアの越境型大気汚染問題へ対処する EANET などの地域環境ガバナンスの形成・発展の問題を，環境問題の不確実性や対策費用の認識・判断に基づく国際環境政策への参加の費用と便益という観点と，政策決定を支える科学的認識を形成する科学者・専門家の知識共同体の重要性という観点から分析した．Kim（2007）は，東アジアはヨーロッパと同じような越境型大気汚染問題が存在すると考えられるのに，東アジアではヨーロッパの LRTAP に比較しうるような有効な地域環境ガバナンスがなぜ存在しないのかという問題を設定している．

　Kim（2007）は，こうした東アジアの地域環境制度の形成が効果的に進まな

第Ⅲ部　これからの日本の国際協力──日本発「スマート・ドナーモデル」の構築を目指して

い各国の国内要因として，環境問題の不確実性，言葉を換えれば有効な対策をとった場合の便益が不確かであり，かつ対策に要する費用が大きいと考えられていることを指摘している．Kim（2007）は明示的に述べていないが，要するに，東アジアのように急速な経済成長により社会変化の激しい発展途上社会においては，社会的割引率が高く（一般に先進国では社会的割引率として3％程度，途上国では10％以上を使うことが多い），短期的に必要とされる費用の現在価値の大きさに対して，長期的に得られる便益の現在価値は小さく評価されがちであり，開発主義国家の運営においては，こうした費用便益比率の低い環境政策を推進するモチベーションは低いと言わざるを得ないということである．

　しかし，現在価値化した短期的費用の大きさと長期的便益の小ささという費用便益関係は，当該の環境問題の科学的認識の深化や環境政策への専門的知識の蓄積により変化するものであり，その意味でも，知識共同体の形成が果たすべき役割は大きい．とりわけKim（2007）は，日本の主導的役割に注目しながらも，日本は"active but subdued"（積極的だがビジョンや戦略を明確にしない）な役割に終始し，制度形成や制度発展へ踏み込んでいくことには抑制的でありすぎると評価をしている．さらに，国境を超えた知識共同体の形成という点では，日本の省庁に依存した縦割り研究のあり方が共通知識の形成を決定的に阻害したことを指摘している．具体的には，環境省・国立環境研究所と経済産業省系の電力中央研究所の酸性雨研究がほぼ同じ時期に大規模に行われたにもかかわらず，相互の研究交流がほとんどなく，共通の科学的知識を形成することに貢献しなかったことを指摘している．

　東アジアにおける知的プラットフォームの形成を考えるとき，この指摘はきわめて重要である．本来，東アジアにおける知識共同体の形成を率先すべき立場にある日本が，日本の国内における省庁や学閥による知識の縦割りや分断状況により知識の結集ができないために，対外的なビジョンを明確にすることができず，戦略性を欠いた行動に終止することになったということである．

　これこそ，なぜ「戦略なき日本」になるのかの具体例である．こうした問題点は，日本の科学技術政策や総合科学技術会議のあり方をめぐっても議論されてきたことであり，福島原発事故についても同様の議論がされてきた（松岡 2012）．要するに，司令塔の欠如であり，分散的資源配分であり，戦力の逐次

第 11 章　環境──日本の環境 ODA の展開とアジア地域環境ガバナンスの構築

投入である．その結果，未来社会に対する明確なビジョンが形成されず，戦略も曖昧なまま，狭い目先の対応に終止することになるのである．

以上のように Chung（1999）や Kim（2007）といった先行研究は，多少の表現の違いはあるものの，日本のリーダーシップの欠如と，日本が潜在的に果たすべき知識共同体の形成へのイニシアティブの弱さを指摘している．言い換えれば，日本のアジア環境戦略の弱さこそがアジア地域環境ガバナンスの弱さの大きな要因であるとしている．

次節では，日本のアジア環境戦略の具体的な展開と問題についてまとめたのち，日本の環境 ODA に着目し，アジア地域環境ガバナンスの構築について考察する．

3　日本のアジア環境戦略とアジア地域環境ガバナンス

3.1　日本の環境 ODA と環境センター・アプローチ

日本がアジア環境戦略を進める具体的な手段は環境 ODA である．日本は二国間環境 ODA により，東南アジアや中国といったアジア途上国の社会的環境管理能力の形成を支援し，環境モニタリングのための環境センターなどの地域公共財を整備してきた．アジア地域における地域公共財の整備と各国の社会的環境管理能力の形成を踏まえ，日本は二国間 ODA から多国間の地域環境ガバナンスの構築へと向かっていった．こうした日本の環境戦略は日本自身の公害克服経験と環境技術の高さに裏打ちされたものであった．

日本の ODA は，もともとアジア中心主義，商業主義，経済インフラ中心といった特徴を持ち，要請主義を基本としてきた．しかし，日本自身が1960年代の深刻な公害問題や1970年代の2度の石油危機を公害対策・省エネ対策や環境インフラ整備によって乗り切ったという成功体験を有することもあり，また1992年の地球サミットなどの国際的な環境問題への関心の高まりも反映し，日本の ODA における環境 ODA の位置づけが大きくなっていった．

DAC 諸国における環境 ODA 支出の全 ODA に対する比率でみると（OECD/

DAC-CRS Online Database，1990年から2012年までの統計），日本は3％から4％となっている．日本は，スイス，デンマーク，オランダ，ノルウェーなどと並んで，環境ODAの比率が最も大きなグループを形成している．なお，ここで言う環境ODAはDACの従来のCRS分類に基づく環境分野（カテゴリー410）であり，汚染対策や自然保護などの直接的に環境分野に関わるもので，かなり限定された範囲である．

次に，もう少し広い環境ODAの定義に基づくEnvironmental Marker（環境を主目的にするものだけでなく，主要な目的の1つに環境が入っているものまでも含めたもの）という分類に基づく環境ODA支出の全ODAに対する数字でみると（1990年から2012年までの統計），日本は30％から50％程度の比率となっており，スウェーデン，ドイツ，デンマーク，フィンランドに並ぶトップグループである．

以上はOECD/DACデータに基づくものであったが，次に日本の環境ODAの分野別動向や援助形態別動向を日本の『ODA白書』によって検討する．なお，日本の環境ODAの全体的傾向を知りうる外務省『ODA白書』は，なぜか2007年版白書以降，表11-1や表11-2に示した統計が掲載されなくなり，環境協力や環境ODAという用語も使われなくなった．こうした背景には，おそらく2006年4月の海外経済協力会議の設置，同年5月の行政改革推進法（2008年のJICA法改正による，JBIC海外経済協力業務をJICAに継承させることを規定）の成立，同年8月の外務省国際協力局設置，同年11月のJICA法改正法の成立といった，小泉政権におけるODA制度改革が関連しているものと推察される．ODA制度改革という「どさくさ」の中で，環境ODAといった「くくり」を好まない省庁や勢力が，環境ODAを白書に掲載することを止めてしまったのではないかと考えられるが，誠に残念なことである．

以上のような理由から，2006年度までの数字しか利用できないが，表11-1に日本の外務省データに基づき日本の環境ODAの分野別の配分を示した．もともとは上下水道や廃棄物などの生活インフラに関わる居住分野と汚染対策が主要な分野であったが，2001年度からは気候変動対策が新たな集計項目として設定され，2003年度では気候変動対策ODAが56％を占めている．また，災害対策は，日本の環境ODAの一定シェアを占めてきた（ボックス5（武藤）参

第11章　環境──日本の環境 ODA の展開とアジア地域環境ガバナンスの構築

表11-1　日本の環境ODAの分野別配分（1990〜2006年度）

(単位：10億円)

年度	居住分野 金額	%	森林保全 金額	%	汚染対策 金額	%	災害対策 金額	%	気候変動 金額	%	その他 金額	%
1990	43.2	26.1	12.7	7.7	74.1	44.8	15.6	9.5	—	—	19.6	11.9
1991	60.5	53.7	15.8	14.0	5.1	4.5	19.6	17.4	—	—	3.9	3.5
1992	163.3	58.2	18.0	6.4	30.2	10.8	54.6	19.5	—	—	3.7	1.3
1993	137.4	60.3	16.9	7.4	39.1	17.2	13.6	6.0	—	—	4.8	2.0
1994	112.8	66.9	8.7	5.2	36.2	21.5	5.8	3.4	—	—	5.2	3.1
1995	129.6	54.9	25.2	10.7	18.3	7.7	45.3	19.2	—	—	17.6	7.5
1996	280.3	62.6	37.2	8.3	60.9	13.6	42.9	9.6	—	—	26.6	5.9
1997	99.3	43.4	22.3	9.8	34.5	15.1	38.4	16.8	—	—	34.1	14.9
1998	53.8	13.9	8.2	2.1	235.3	60.7	22.6	5.8	—	—	67.6	17.4
1999	130.3	25.0	8.9	1.7	209.0	40.0	65.6	12.6	—	—	108.3	20.7
2000	102.5	23.4	16.8	3.8	60.8	13.9	42.1	9.6	—	—	216.7	49.5
2001	45.2	16.3	14.3	5.2	64.0	23.1	29.5	10.7	114.7	41.4	9.2	3.3
2002	117.6	30.6	47.4	12.3	92.4	24.1	7.3	1.9	110.6	28.8	8.9	2.3
2003	65.1	19.6	26.0	7.9	35.4	10.7	5.9	1.8	186.6	56.3	12.1	3.7
2004	126.8	29.4	36.1	8.4	70.1	16.3	21.5	5.0	167.2	38.8	9.4	2.2
2005	84.4	28.1	18.3	6.1	70.5	23.5	22.7	7.5	93.7	31.2	10.8	3.6
2006	242.5	60.1	48.5	12.0	62.0	15.4	12.5	3.1	32.9	8.1	5.4	1.3

注：1）東欧への援助を含む。
　　2）バイの援助を対象としている。
　　3）％は各年度の環境 ODA 全体に対する分野比率である。
　　4）2000年度までの環境 ODA の「その他」は自然環境、環境行政、温暖化対策を含む。水質汚濁、環境 ODA に関する統計は存在しない。多様性、環境行政支援を含む。
　　5）本文に述べたように、2007年度以降の『ODA白書』には、環境ODAに関する統計は存在しない。

出所：外務省『ODA白書』（各年版）に基づき筆者作成。

第Ⅲ部 これからの日本の国際協力――日本発「スマート・ドナーモデル」の構築を目指して

表11-2 援助形態別にみた日本の環境 ODA（2000～06年度）

（単位：10億円）

	2000	2001	2002	2003	2004	2005	2006
無償資金	24.4 (22.5)	24.3 (22.6)	25.3 (25.2)	19.6 (23.8)	20.5 (25.2)	25.5 (30.5)	20.0 (24.5)
円借款	386.1 (44.5)	220.3 (32.8)	332.0 (52.8)	286.6 (51.4)	385.1 (58.8)	250.8 (44.3)	364.9 (43.3)
技術協力	28.4 (18.2)	32.4 (20.3)	26.9 (18.4)	25.0 (17.7)	25.4 (16.9)	24.2 (15.7)	18.9 (12.5)
国際機関への拠出	13.6 (4.7)	15.8 (5.5)	12.6 (10.7)	11.2 (10.2)	8.5 (8.3)	8.8 (9.3)	9.8 (10.8)
環境分野全体	452.5 (31.8)	292.7 (23.9)	396.8 (34.1)	342.3 (38.4)	439.4 (44.0)	309.2 (29.4)	413.6 (35.4)
円借款の比率(%)	85.3	75.2	83.7	83.7	87.6	81.1	88.2

注：1）無償と借款は交換公文ベース，技術協力は JICA 支出ベース，国際機関拠出は財政支出ベースである．
　　2）（%）はそれぞれの形態別に占める環境 ODA の比率である．なお，無償には債務削減無償，経済構造改革や草の根無償などのノンプロジェクト無償は含まない．円借款にはプロジェクトおよびノンプロジェクト借款を含むが，債務救済借款は含まない．
　　3）最終行の円借款の比率（%）は，環境 ODA 全体に占める円借款の比率である．
　　4）表11-1と同様に，2007年度以降の『ODA 白書』には，環境 ODA に関する統計は存在しない．
出所：外務省『ODA 白書』（各年版）に基づき筆者作成．

照）．

　しかし，1980年代から本格化してきた日本の環境 ODA がもっぱらインフラ整備などの円借款であったのかというと，実態は必ずしもそうではない．日本の環境援助の実態は，無償資金協力，技術協力，円借款などが意図的に連携し，あるいは意図しなかったが結果として連携し，東アジア諸国の環境管理能力の向上に役立ったという点が重要である．こうした代表的 ODA アプローチが環境センター・アプローチである（国際開発学会環境 ODA 評価研究会 2003）．

　環境センター・アプローチは1980年代後半から始まったもので，日本の環境 ODA 分野の代表的アプローチである．環境センター・アプローチは，無償資金協力を活用して箱ものとしての環境センターを整備し，その「容器」の中に技術協力で環境モニタリング能力の向上や環境情報の整備と環境分野の公務員研修が実施され，環境分野の社会的能力形成を支援するものであった．また，インドネシアや中国では円借款スキームを活用した地方政府のモニタリング体制整備（インドネシアの地方モニタリング能力向上プロジェクト）や環境モデル都市整備（中国における重慶市，大連市，貴陽市）なども環境センター・ア

ローチと連動して実施された（松岡 2007，森・植田・山本 2008）．

　最初の環境センター・アプローチはタイで実施された．1989年の日本・タイ両政府の合意に基づく無償資金協力により，科学技術環境省（現在の天然資源環境省）傘下のタイ環境研究研修センター（Environmental Research and Training Center：ERTC）が建設され，水質汚濁や大気汚染などの環境モニタリング技術の移転や環境研究の推進，環境情報の整備，環境行政官の研修センターとしての役割を果たすようになった．

　その後，インドネシアで環境管理センター（Environmental Management Center：EMC，1999年合意）が，中国では日中友好環境保全センター（環保中心，1992年合意）が，環境モニタリング能力の向上や環境行政の支援を目的として建設され，JICA技術協力事業が行われた．環境センター・アプローチは，アジアだけでなくメキシコ，チリ，エジプトなどでも実施され，日本を代表する環境協力アプローチとなった．またセンターという箱物は整備しないものの，水環境・水質汚濁対策に焦点を当てた環境センターに類似したアプローチがベトナムやフィリピンで行われてきた．

　こうしたアジア地域における環境センター・アプローチの展開は，他の日本の環境ODAとも関連し，東アジア地域における環境モニタリング施設などの地域公共財の整備を進め，EANETなどのアジア地域環境ガバナンスの基盤を形成したのであった．環境センター・アプローチを通じて，日本の環境庁（環境省）は，アジア各国の環境省との人的ネットワークを形成することに貢献し，東アジアにおいて日本が主導する地域環境ガバナンス形成の大きな要因となった（松岡・朽木 2003）．

3.2　環境ODAを核とした日本のアジア環境戦略

　環境ODAをベースとした日本のアジア環境戦略の具体例として，EANET（東アジア酸性雨モニタリング・ネットワーク）について考察する．

　日本の環境ODAによる環境センター・アプローチを基礎に，日本の環境庁を中心にEANETは構想された．EANETは，ヨーロッパのLRTAP（長距離越境大気汚染条約）をモデルとしたものである．1992年の国連環境開発会議で

第Ⅲ部　これからの日本の国際協力——日本発「スマート・ドナーモデル」の構築を目指して

採択されたアジェンダ21において，LRTAPの経験の他地域への普及の重要性が強調され，こうした国際的社会規範の影響を受け，EANETは提唱された．

1993年頃，日本の環境庁はEANET構想を東アジア各国へ提案し，1993年に第1回専門家会合が富山市で開催された．1998年には新潟市で第1回政府間会合（IG1）が開催され，EANETの暫定ネットワークの試行開始を経て，2001年にEANETが本格稼動することとなった．当初のEANETは，日本を中心としたハブ・アンド・スポーク構造であったが，近年，徐々にフラットなネットワーク制度への転換が模索されている．

2003年には，EANET事務局の財政負担の公平化が図られ（国連分担金方式の導入，2005年から実施），組織活動方針や運営方法も文書化された．2010年の新潟市における第13回政府間会合（IG13）では，制度のフォーマル（国際条約）化が試みられたが合意が得られず，結局，「インストゥルメント」（Instrument，条約ではない）と題する文書が採択され，参加各国の環境省代表者などによるこの文書への署名プロセスが取られた（蟹江・袖野 2013）．

こうしたEANETの制度形成を，制度論の視角から考察すると，制度形成の出発点となったクリティカル・ジャンクチャー（critical juncture，重大な岐路）は，1998年の第1回政府間会合およびネットワークの試行開始であったと考えられる．EANETはその出発点から，日本への依存の強さ，機能におけるモニタリングや情報交換の重視といったその後の活動を規定する経路依存性（path dependency）が形成されていた．日本以外の他の参加国にとっては，EANETへの参加によって，日本の技術支援により，各国の社会的環境管理能力が形成されていった．このようなキャパシティ・ディベロップメントこそが，現在まで15年近く続いてきたEANETの自己強化メカニズムであったと考えられる．

EANETの経路依存性を理解するためには，EANETの形成過程における他の制度との関係も重要である．韓国が主導している北東アジア地域環境プログラム（North-East Asian Subregional Programme for Environmental Cooperation：NEASPEC）は，EANETに類似した地域協力制度である．NEASCAPは，1992年の国連環境開発会議を受け，韓国政府の提唱により，1993年に設立された．韓国，日本，中国，北朝鮮，モンゴル，ロシアの6か国が参加し，大

第11章　環境──日本の環境ODAの展開とアジア地域環境ガバナンスの構築

気汚染問題や生物多様性保全など幅広い地域環境協力プログラムを実施している．

　さらに，1998年に国連をベースとし，韓国が提唱して始まった日中韓3か国環境大臣会合（Tripartite Environment Ministers Meeting：TEMM）は，持ち回りで毎年1回会合を開いており，2010年5月に北海道で開催された第12回TEMM会合では，環境教育，気候変動，生物多様性，黄砂，汚染管理，循環型社会，電子廃棄物，化学物質管理，北東アジアの環境ガバナンス，環境産業と環境技術という10の重点分野の行動計画が合意され，TEMMの共同コミュニケの中にはEANETへの言及もある．

　また，EANET，NEASPEC，TEMM以外に，北東アジアの海洋汚染を対象としたNOWPAP，さらにはASEAN+3環境大臣会合（第1回は2002年，毎年開催），東アジア首脳会議・環境大臣会合（East Asia Summit Environment Ministers Meeting：EAS-EMM，第1回は2008年，隔年開催）など，現在のアジアにはさまざまな地域環境ガバナンスが存在し，オーバーラップしている状況にある．

　制度論という視角から見たとき，これらの地域環境ガバナンスが何らかの基軸制度を持ち，相互に補完関係にあり，全体として東アジアの地域環境に関わる「制度の束（bundle of institutions）」を構成し，お互いにビルディング・ブロック（building block）として機能しているのか，それとも競合・分散・相殺する関係（スタンブリング・ブロック：stumbling block）にあるのかは，大変重要な論点である（Pempel 2005）．現状では，どちらかというとスタンブリング・ブロックとして評価せざるを得ない状況であり，明確な将来のアジア環境ガバナンスのあり方は見えない（松岡 2013）．

　こうした点を，EANETの弱さと日本のアジア環境戦略の弱さを中心として考察すると，以下のような問題点が浮かび上がる．

　第一は，日本の環境省が，環境ODAを梃として，苦労して創ってきたEANETのフォーマル化（国際条約化）に際して，環境省と外務省との温度差により，日本政府内で統一的な方向性が明確にできていない点である（蟹江・袖野 2013）．第二は，EANETをサポートする専門家共同体が，もっぱら環境省系の研究機関や研究者に限られており，広くオール・ジャパンの組織になっ

ていないことである。第三は、対外的な摩擦の回避を優先するあまり、広域的汚染の移動メカニズムの解明に十分に取り組んでこなかった点である。

第一の点は省庁間縦割り行政の弊害であると同時に、司令塔の欠如という問題であり、第二の点は省益の優先による国内の幅広い知識共有の欠如であり、第三は、社会的サポートや信頼の欠如ということである。

さらに、国内的な問題だけでなく、対外的にはアジア地域環境ガバナンスに対する日本のビジョンが詰め切れていない点が大きい。現在のアジア地域環境協力制度には、EANET、NEASPEC、NOWPAPといった、大気汚染や海洋汚染といったそれぞれの環境問題の解決のために設立された制度と、日中韓TEMMサミット、ASEAN＋3環境大臣会合（東アジア首脳会議・環境大臣会合）といった首脳会合（政治サミット）の環境分野版としての地域制度が並存している。

今後の東アジアの地域環境ガバナンスは、ある意味で「環境専門制度」と地域統合・地域共同体を志向する政治協力制度の「部分・補完制度としての環境制度」の両輪によって展開していくものと考えられるが、両輪として回していく戦略がないことには、いたずらに国際交渉コストが増大するだけである。

今後のアジア地域協力を考える上では、その中核的役割を担うと考えられるASEAN＋3の動向が重要であろう。さらに、ASEAN＋3を補完する制度として2005年から開始された東アジア首脳会議（ASEAN＋3＋3に相当、すなわちASEAN＋3参加国とオーストラリア、ニュージーランド、インドが参加）に、2011年からアメリカ、ロシアが加わり、ASEAN＋6＋2という空間構造になった状況変化を考えると、1989年に始まったAPECの動向も含め、この地域における地域主義（regionalism）そのものが、グローバル化と地域化（regionalization）の中で、東アジア主義とアジア太平洋主義の間を揺れ動いているのではないかとも考えられる。

3.3　日本のアジア環境戦略と環境政策・環境イノベーション

1990年代の日本は、明確な地域ビジョンを欠いたまま地域環境ガバナンスの形成に乗り出し、EANETやAPFED (Asia-Pacific Forum for Environment

第 11 章　環境——日本の環境 ODA の展開とアジア地域環境ガバナンスの構築

and Development：アジア太平洋環境開発会議），NEAC（Northeast Asian Conference on Environmental Cooperation：環日本海環境協力会議）などさまざまなインフォーマルな地域環境制度を創設してきた．一方，韓国のアジア環境戦略は，NOWPAP, TEMM や NEASPEC といった北東アジア地域における環境協力ガバナンスを重視してきた．

　韓国に比べ，日本のアジア環境戦略における地域戦略は，北東アジア，東アジア，アジア太平洋地域と分散してきた．これは，ある意味では，韓国より日本の国力（ODA も含め）が大きいため，さまざまな空間単位の地域主義に対応する力があったとも言えるが，日本は自らのアジア地域主義の基盤とすべき空間単位を決めきれず，結果的には集中力に欠けるものとなってしまった．日本が豊富な ODA 予算を組める時期では，こうした全方位外交をしながら最適点を探すことも可能だったかもしれない．しかし，日本の国力が相対的に低下している現在では選択と集中が不可欠である．

　21世紀に入ってからの日本の環境産業の国際市場における停滞・後退は，日本企業のイノベーション力の弱さが大きな原因である．環境イノベーションは，画期的な世界一の性能の製品を開発するというプロダクト・イノベーションだけを意味するのではない．途上国では，安価なイノベーション（frugal innovation）とも言われているが，多少性能は落としても，安い製品を開発することが，環境改善に有効である．ところが，日本企業は高スペック・高価格の環境機器にこだわり，その意味でガラパゴス化し，新興途上国の環境市場のニーズに適合できていない．

　例えば，中国の排煙脱硫装置について言えば，日本製品の SOx（硫黄酸化物）99％除去といった高性能かつ高価格より，80％除去で価格は6割といったものの方が導入しやすく，環境改善も進む．ある研究によれば，中国の排煙脱硫メーカーの上位20社を調べたところ，日本の技術を導入しているのはわずか3社で，ドイツの技術を使っているのが9社，アメリカが5社，オーストリアが5社であった（堀井 2010）．日本企業が知的財産の流出を警戒し，自社製品の輸出にこだわったのに対して，欧米系企業は積極的に中国企業と組むことによるマーケットの拡大を目指したのである．

　こうした日本のアジア市場における環境機器輸出のシェア低下や，日本企業

第Ⅲ部　これからの日本の国際協力——日本発「スマート・ドナーモデル」の構築を目指して

のイノベーション力の弱さは企業内のミクロ要因だけでなく，社会的なマクロ要因も存在する．こうした社会的マクロ要因として，適切にデザインされた環境政策は環境イノベーションを促し，企業の国際的競争優位を生み出すというポーター仮説に立つと，日本国内の環境政策と環境技術や環境ビジネスのあり方に注目する必要がある．

　日本の環境政策は，1970年代の公害克服経験の成功体験の自縛から抜けきれず，非常に高度に洗練されかつ硬直的な直接規制体系を作り上げた．当初は，1976年のOECD環境政策レビューが述べたように，日本の直接規制は非経済的であったが，反経済的ではなかった．しかし，1980年代以降は急速に高価な非効率な制度となった．また，日本型直接規制は，硫黄酸化物や窒素酸化物などの伝統的汚染物質に対しては有効であったが，PM2.5や微量化学汚染物質には有効ではなかった．要するに，日本型環境政策は経済的にも環境的にも時代遅れとなってしまった．

　1980年代以降，小さな政府論や環境市場主義の流れの中で，世界の環境政策は汚染課徴金や汚染権取引制度といった環境政策の市場的手法の積極的な活用に乗り出した．また，環境政策の「第三の途」とも言われるISO14000シリーズやCSR（Corporate Social Responsibility：企業の社会的責任）などの自主的アプローチを推進してきた．この間，日本の環境政策は自主的アプローチには取り組んできたものの，市場的手法においては大きく遅れてしまった．

　こうした日本の環境政策の遅れが，日本の環境ビジネスや環境技術の停滞や後退を招いた大きな要因の1つであると，筆者は考えている．政策イノベーションの遅れが環境イノベーションンの遅れを招いたのである．この点は，日本のアジア環境戦略の弱さとも密接に連動している．

　ドイツなどのヨーロッパ諸国やアメリカなどの国際環境協力政策は，要素技術や環境機器の単なる援助ではなく，自国の環境政策や環境制度（モニタリングなど環境測定の公定法も含む）の輸出として戦略的に実施されている．例えば，ドイツは，インドネシアや中国に対して，環境技術の援助だけでなく，クリーナープロダクション（Cleaner Production：CP）に関する法律制定の支援という政策・制度構築そのものを支援し，ドイツのCP技術や環境機器をインドネシアや中国へ輸出することに成功している（『朝日新聞』2010年10月1日）．

第 11 章　環境──日本の環境 ODA の展開とアジア地域環境ガバナンスの構築

　日本も1990年代末からの ODA 予算の削減によって，初めて外務省や JICA は政策・制度支援の重要性を強調するようになった．しかし，日本にアジア諸国がもとめるようなマーケットベースの環境政策の経験がないことは，日本のアジア環境戦略の大きな足かせとなっている．

 結び：日本のスマート・ドナー化の課題とソフトパワー

　本章は，日本の環境 ODA の展開とアジア環境戦略との関係を考察した．日本のアジア環境戦略は，1980 年代以降の環境 ODA によるバイ（二国間）の関係構築と環境センターの設立支援などによる地域公共財の整備を基礎として，1990年代には，日本をハブとし，アジア途上国をスポークとして位置づける，ハブ・アンド・スポーク構造の地域環境ガバナンスを構築してきた．
　しかし，日本国内の環境省と外務省の対立といった縦割り行政は，環境戦略の司令塔の欠如を招き，また国際的にも知識共同体の形成を阻害しただけでなく，国内の知識共有と知識生産も妨げてきた．さらに，日本は地域ガバナンスの構築において，さまざまな課題に対応してさまざまな地域制度を立ち上げるとともに，北東アジア，東アジア，アジア太平洋という 3 つの地域戦略を同時に行ってきたが，地域制度の構築において何を基軸制度とするのか，どの地域単位を戦略的に重視するのかが不明瞭なまま，地域環境制度の分散的形成を行ってきた．こうした分散投資は，日本がアジア地域の唯一の先進国であり，経済力などの国力が強かった時代，言い換えると日本がビッグ・ドナーであった時代においては，リスクヘッジとしての価値があったかもしれない．しかし，韓国や中国やアセアン諸国が経済成長し，それぞれが地域環境制度の形成に乗り出してきた21世紀においては，日本はスマート・ドナーを目指した「選択と集中」を行う必要性が強まっている．
　言うまでもなく，こうした日本のアジア環境戦略は，日本のアジア戦略としての安全保障戦略，政治戦略，経済戦略，社会文化戦略などと緊密に連携すべきものである．根本の日本のアジア地域のあり方に対する考え方や将来ビジョンを明確にし，ビジョン実現のための全体戦略の策定があってこそ，各分野の

第Ⅲ部　これからの日本の国際協力——日本発「スマート・ドナーモデル」の構築を目指して

地域協力制度をどのように創り，位置づけ，全体と連携させるのかという戦略マネジメントの議論が可能となる．日本のアジア環境戦略の弱さは，実のところ日本のアジア戦略そのものの弱さである．それではどうすればよいのか．

　中国や韓国との領土問題を抱え，歴史認識という刺（とげ）を抱える状況で，日本が中国や韓国との政治的関係を好転させることには，二国間の対応だけでは難しい．日本は，アセアン諸国を巻き込んだASEAN+3あるいはインドやオーストラリアも含めたASEAN+6といった地域枠組みを重視すべきであろう．その際，日本はアジア地域の将来のあり方を真剣に構想し，今後のアジアの地域協力制度のグランド・デザインを示すことも重要である．こうした地域制度をデザインする上で，狭い国益ではなく，アジアの地域益に基づく確かなデザイン力を持つ専門的人材育成が不可欠である．

　こうしたアジア地域制度をデザインする大学院レベルの人材育成の有力なアイディアとして，筆者はアジア協働大学院（Asian University Institute：AUI）構想を提案し，そのための民間ベースの政策提言組織としてAUI推進機構を設立した（2013年6月7日設立，AUI推進機構ウェブサイト[2]を参照）．日本がスマート・ドナーとしてアジアや世界に貢献するためにも，日本のソフトパワーを強化し，将来のアジアの知的プラットフォームとしてのAUI創設を提案し，その実現に汗をかくことが重要である．

引用文献

■英語文献

Chung, Suh-Yong（1999）"Is the Mediterranean Regional Cooperation Model Applicable to Northeast Asia?" *Georgetown International Environmental Law Review*, 11：363-399.

Haas, Peter M.（1989）"Do Regimes Matter? Epistemic Communities and Mediterranean Pollution Control," *International Organization*, 43(3)：377-403.

Kim, Inkyoung（2007）"Environmental Cooperation of Northeast Asia：Trans-

---

2）　AUI推進機構ウェブサイト，http://www.gef.or.jp/activity/another_group/aui.htm.

第 11 章　環境──日本の環境 ODA の展開とアジア地域環境ガバナンスの構築

boundary Air Pollution," *International Relations of Asia-Pacific*, 7（3）：439-462.
Lee, Alice Park（2010）"Development Path of Asian Regional Environmental Institutions," mimeo.
OECD Aid Statistics Creditor Reporting System；CSR（2014）and OECD CSR-Environment marker（2014）http://stats.oecd.org/Index.aspx?datasetcode=CRS1（2014年7月10日アクセス）.
Pempel, T.J., ed.（2005）*Remapping East Asia: The Construction of a Region*, New York：Cornell University Press.
World Bank（1993）*East Asian Miracle*, Washington D. C：World Bank.

■日本語文献

蟹江憲史・袖野玲子（2013）「アジアにおける国際環境レジーム形成の課題──EANET 協定化交渉過程からの教訓」松岡俊二（編）（2013）『アジアの環境ガバナンス』勁草書房：33-56.
国際開発学会環境 ODA 評価研究会（執筆責任者：松岡俊二）（2003）『環境センター・アプローチ──途上国における社会的環境管理能力の形成と環境協力, 2002年度特定テーマ評価「環境」第3者評価報告書』国際協力事業団.
堀井伸弘（2010）『中国の持続可能な成長：資源・環境制約の克服は可能か？』アジア経済研究所.
松岡俊二・朽木昭文（編）（2003）『アジ研トピックレポート No.50──アジアにおける社会的環境管理能力の形成：ヨハネスブルク・サミット後の日本の環境 ODA 政策』アジア経済研究所.
松岡俊二（2007）「途上国における環境政策の実施能力とは何か？──インドネシアの水質汚濁対策を中心に」『環境経済・政策学会2007年大会報告要旨集』（2007年10月8日, 滋賀大学）：366-377.
─── （2012）『フクシマ原発の失敗──事故対応過程の検証とこれから』早稲田出版部.
松岡俊二（編）（2013）『アジアの環境ガバナンス』勁草書房.
森晶寿・植田和弘・山本裕美（編）（2008）『中国の環境政策──現状分析・定量分析・環境円借款』京都大学出版会.

Box 5 東南アジアの防災と日本

武藤めぐみ

　日本は歴史的に自然災害の被害を多く受け，その克服に英知を結集してきた．関東地方では16世紀の末から，江戸を洪水被害から守るために利根川の東遷事業が行われ，東京湾に注いでいた利根川は，千葉県の太平洋側に注ぐようになった．近代になってからも荒川放水路をはじめ多くの洪水対策が重ねられ，そのおかげで多くの地域の安全レベルが上がり，都市化と産業集積の実現を可能にした．強大な台風への対応も大きな課題となった．1959年の伊勢湾台風は5238人の死者を出し，その後の防災に関する制度・政策の原点となった．具体的には防災体制づくり（防災組織，情報伝達，避難，応急体制他），防災の観点からのまちづくり（土地利用計画，建物規制，設計基準他），防災施設（治水，海岸保全施設等）の制度体系が整備され，強靭なまちづくりへと誘導が行われた．例えば名古屋市のまちづくりでは，南部一帯を災害危険区域に指定し，構造の規制等を実施するとともに，公共建築物にはより強い規制を実施している．こうした努力が結実し，日本では洪水被害による死者の数，被害面積が着実に減少し，経済成長が自然災害により負の影響を受けることは比較的少なくなってきている．

　東南アジアを概観すると，沿岸部の都市化が進み，自然災害に脆弱な地域に居住する人口が爆発的に増えている．また，世界の成長センターとして産業集積を中心に水平分業，垂直分業のネットワークが発達しており，守るべき経済価値が年々上昇している．これに加え，地球温暖化に伴うリスクの懸念もある．IPCC（Intergovermental Panel on Climate Change：気候変動に関する政府間パネル）の第4次評価報告書（2007）は，アジアの沿岸地域について，長期的には海面上昇，極端な降雨，台風の強大化等により自然災害リスクが高まっていくと警鐘を鳴らしている．2009年にフィリピンのマニラを襲ったオンドイ・ペペン両台風による都市機能停止，2011年のタイのチャオプラヤ川の洪水によるサプライチェーンの寸断，そして2013年にフ

ィリピンのレイテ島・サマール島を襲ったヨランダ台風による極端な高潮等，いずれも記憶に新しい．地震に目を向けると，2006年のインドネシアのジャワ中部地震では建物倒壊により3000人以上が死亡した．東南アジアの国々では，経済成長の軌道に負の影響を与える要素として自然災害への懸念が急速に高まっており，防災対策へのニーズが増している．

　日本は国際社会における防災主流化の議論でリーダーシップをとるとともに，個別の国への支援において防災分野に力を入れてきた．2005年の国連防災会議では「兵庫行動枠組み2005〜2015」の策定を主導し，日本の歴史的な経験を踏まえ，各国の政策体系の中で防災を優先課題に位置付けること，災害リスクを特定し早期警報を向上させること，リスク要因を軽減すること等を国際的に定着させた．個別国向けには洪水対策（構造物，非構造物対策）や災害復旧を資金協力で実施するとともに，技術協力で人や制度・政策づくりに貢献してきた．

　しかし，災害の頻度や規模が高まる中，国によっては防災や復旧・復興が財政に大きな影響を与えるようになってきている．例えばフィリピンでは，ヨランダ台風の復旧・復興費用は1679億ペソと見積もられており，それは財政収入の1割弱に相当する．事前の防災にどれだけ投資し，事後の復旧・復興費用をどれだけに抑えるか，将来にわたる不確実性の中で最適な投資額をどう決定するか，資金手当てはどうするか，などが新しい課題となりつつある．防災分野への支援は，土木工学や社会工学の分野を超えて，財政や金融のアプローチを必要としている．

　こうした新しい課題は Disaster Risk Finance と呼ばれ，国際社会でも議論が始まっている．最初は地震保険制度の導入，カリブ諸国や大洋州諸国を対象にしたリスクプール制度構築，世界銀行の CAT-DDO (catastrophic drawdown option) や JICA の災害復旧スタンドバイ借款など，災害が起こった際の資金手当てに対する保険のアプローチが多かった．最近では事前の防災関連の投資にどうインセンティブを与え，事後の支出を抑えるか，という面に関心が高まっている．しかし，事前の投資の最適水準については実務上手探りの部分が多い．東南アジアにおいては，産業集積等が発達し，特定の地域を守ることの経済価値が上昇していることから，従来以上のレベルの事前投資が要請されることが多い．それに加え，気候変動により引き起こされる極端な現象の規模が大きくなりつつある．どこまでの投資が最適なの

か，国の財政の配分上どれだけが正当化されるのか，国民のリスクに対する考え方によって判断は変わりうるのか，負の影響を受ける環境や社会のコストを勘案するとどうか，所得配分に影響はあるのか等，統一的な枠組みの開発が日本に期待されている．

終章 「スマート・ドナー」として国際社会をリードするために

大塚啓二郎・黒崎 卓

1 はじめに

　開発途上国には１日に1.25ドル以下で生活しているような貧しい人々が10億人近くいると推定されている．日本学術会議の提言「日本の展望――学術からの提言2010」（日本学術会議 2010）が指摘するように，地球規模での貧困の蔓延は，「持続可能な世界」の姿とは相いれないし，「人間の安全保障」を否定するものである．こうした悲惨な貧困問題の解決には，先進国からの支援が必要である（序章（黒崎・大塚））．他方，発展著しい東アジアでは環境問題が深刻化し，かつ自然災害が多発している（第11章（松岡））．それと同時に，各国がインフラの不足という問題に直面しており（第２章（武藤・広田）および第３章（高橋）），日本の経験を踏まえた国際協力が求められている．

　また中国の経済的台頭と政治的勢力拡張主義のために，アジアばかりではなくアフリカでの政治地図が大きく変わりつつあり（例えば第６章（児玉谷）のザンビアの事例を参照），わが国の平和的外交手段としての政府開発援助（ODA）の役割は高まりつつある．しかしわが国では，政治も社会もすっかり内向きになり，財政再建が待ったなしの状況と相まって，ODAは減少を続け，その額はピーク時から半減してしまった（序章（黒崎・大塚））．その結果，ビッグ・ドナーとしての面影はもはやない．これでは，先進国としての責務を果たしていないという国際的な非難を浴びても仕方がない．

　このような現状を考えれば，日本はたとえ少額でもODAを増額させるべき

である．しかしそれと同時に，限られたODA予算を有効に使うことをもっと真剣に考えるべきである．すなわち，日本はスマート・ドナーへの道を追求すべきである．そこで本書は，「これからの日本の国際協力」の目標を，「ビッグ・ドナーからスマート・ドナー」への転換におくべきであることを提案し，その道筋を明らかにした．そのために，第一部ではビッグ・ドナーとしての日本の経験を振り返り，第二部では途上国の立場から日本の国際協力を再評価し，第三部では人材育成（第7章（園部）），直接投資（第8章（浦田）），教育（第9章（黒崎）），国際金融（第10章（高阪）），環境問題（第11章（松岡））について考察することによって，スマート・ドナーへの転換の足がかりを探求した．

日本がスマート・ドナーとして，国際社会にアイディアを出して貢献することが必要になってきた理由は，日本国内の要請だけではない．本書の第2章（武藤・広田），第5章（水野），第10章（高阪）に示された先発アセアン諸国の近年の状況は，途上国の資金調達環境が変化し，一定の条件が備われば，かなりの資金調達が民間部門で可能になっていることを明らかにしている．民間部門の途上国への資金流入は，利潤獲得目的だけでなく，CSRや社会的事業によるものも急増している．他方，内戦が続き，人道的な支援が緊急に必要な途上国は，未だ地球上から姿を消す気配がないどころか，アフガニスタンでの無人爆撃機による攻撃が反米気運をアフガニスタンやパキスタンで高め，先進国からの援助への不信感を強めさせるような事態も生じつつある（黒崎他 2015）．こういったさまざまな国際状況の変化によって，伝統的なODAの位置づけが変わり，その結果として，カネでは買えないノウハウや外部性の大きなアイディアの価値が，日本に限らず，国際開発協力全般において上昇していることが重要である．

終章である本章では，これまでの各章における議論をベースに，まず第2節では日本のODAの比較優位について議論し，第3節では小ドナーとなってしまった日本の最適なODA戦略，つまりスマート・ドナーとしての望ましい国際協力の姿について議論する．最後に結論として，具体的な政策提言について述べることにしたい．

終章 「スマート・ドナー」として国際社会をリードするために

2 日本のODAの比較優位

　多くの途上国は，緊急の貧困救済的な援助への依存体質から脱却し，持続的な経済成長を実現したいと望んでいる．彼らが先進国に期待する援助は，そのための支援である．農業と工業およびそれらを支える商業活動の生産性を向上させ，雇用を増やさなければ，貧困の本格的な削減は覚束ないし，持続的経済成長も起こらない．それは疑いようのないことであるが，こうした産業発展を支援するODAの戦略は未だかつて明らかになっていない．

　第3章（高橋）の議論が明らかにしたように，国際協力の面でリーダー的な役割を果たしてきたイギリスは，明確な産業開発の戦略を持ち合わせていない．また第6章（児玉谷）のザンビアの事例研究が指摘しているように，新興のドナー中国は，自国の利益のためにアフリカで援助を行っている側面が強く，どうやってアフリカを発展させるかについては充分な配慮を払っていない．開発の世界的リーダーである世界銀行も，これまでのところ開発戦略を示していない．事実，世界銀行の代表的な出版物である『世界開発報告』では，産業発展支援の確固たる戦略は議論されていない．『世界開発報告2008──開発のための農業』は，農業発展の重要性に焦点を当てているが，どうやったら農業が発展するかについての戦略は示されていない．『世界開発報告2013──仕事』では，より生産的な仕事の創出こそが貧困削減の根幹であることが強調されているが，どうやったらそうした仕事を創出できるかについてはほとんど何も議論されていない．さすがに世界銀行もこの状態は望ましくないと考えたのか，『世界開発報告2016』（2015年秋に出版予定）では，「開発とイノベーション」を主題にして，いかにしてイノベーションを通じて生産的な仕事を創出するかというテーマを扱う予定であるらしい．これは，国際協力の潮流が産業発展を通じた経済成長の重視へ回帰しつつある兆候のように思われる．こうした状況は，日本が世界に向かって知的な貢献をする絶好のチャンスである．以下では，なぜわれわれがそう考えるかの理由を明らかにしよう[1]．

　1950年代から60年代にかけて独立を果たした途上国の大半は，それまで植民

地として一次産品の供給源という役割を旧宗主国に押し付けられてきた．この植民地体制下の国際分業パターンを打破しなければ真の独立はないというイデオロギーから，これらの新独立国は輸入代替工業化政策を採用した．国内産業を先進国からの輸入品との競争から保護すれば，やがて生産性が上昇して国内産業は競争力を獲得して独り立ちできるようになるという想定の下に，特定の産業分野を優遇する貿易政策や外国為替管理を行ったのである．しかし想定に反して国内産業が成長しないので，規制や経済統制による産業保護はいっそう強化された．その結果，特定の部門が他の部門を犠牲にして利益を得ることになり，その利権をめぐって政治が著しく腐敗し，かつ紛争も生じた．こうして輸入代替工業化の夢は破れたが，利権を貪る政治家によって産業保護政策は続けられた．

そのため1980年代に入ると国際通貨基金（IMF）と世界銀行は，経済統制の撤廃，規制の緩和，国有企業の民営化などを融資の条件とすることによって，途上国の権力者たちに改革を迫った．これがいわゆる構造調整プログラムであり，政府介入による資源配分の歪みの是正と行政の浄化に大きく貢献した．だが，構造調整政策が産業発展を促進したとは言い難い．成長著しい東南アジアの国々は，構造調整プログラムが始まる前から保護主義的な輸入代替工業化政策を放棄していたので，その好調なパフォーマンスと構造調整の関係は不透明である．中進国段階にある多くのラテンアメリカの国々では，構造調整が産業発展を促進した事例と，構造調整が始まるとかえって産業が衰退してしまった事例とに分かれた．アフリカの場合には，構造調整政策が工業化を促した形跡は全くない．

経済学には，経済政策に関して次のような大原則がある．すなわちそれは，民間の経済活動（つまり市場メカニズムによる資源配分）に任せていたのでは，資源が効率的に活用されない場合に限って政策介入は正当化され，その原因を

1） 以下では，日本のODAの比較優位として，産業発展を支援するという立場から特筆される項目に焦点を当てて議論する．しかしこれら以外にも，環境問題，自然災害対策や災害復興，途上国での科学技術振興支援，アジア地域内の金融面での協力など，日本の比較優位が強い分野は存在する．それらのうち科学技術振興支援を除く分野については，第10章（高阪）と11章（松岡）を参照されたい．科学技術振興支援に関する国際協力戦略については，残された今後の研究課題としたい．

終章　「スマート・ドナー」として国際社会をリードするために

直接是正する政策介入ほど大きな効果を上げるというものである．あまりにも迂回的な政策介入は，意図せざる副次的効果を生み，資源配分の効率をかえって悪化させてしまう危険がある．つまり効果的な政策介入の処方は，状況を正しく診断して市場の失敗の原因を特定し，それを是正することから始めなければならない．

　ところが「言うは易く，行うは難い」ために，多くの欧米の開発経済学者やODA政策担当者は，この大原則を途上国の産業発展について実行せよというのは無理であると考えた．基礎的な経済統計は言うに及ばず戸籍や営業許可の制度さえ整備されていない途上国で，産業の実態を正確に把握することはあまりにも難しいと思われたからであろう．いったんそのように決め込んでしまうと，彼らは産業発展支援に対して極端に懐疑的な態度をとるようになった．産業発展支援策を支持するのは，それを実施することの現実的困難を知らない者か，利権を求める者に違いないと思われたので，産業政策（Industrial policy）を話題にすることさえ避けるという風潮が生まれた．

　各国のODA政策は産業発展支援をあきらめた結果，経済理論と関わりなくそれぞれの国の価値観を色濃く反映するものになっていった．北欧諸国のODA政策は，人権擁護や民主化や人道支援を重視している．フランス，イタリア，スペインは，開発より文化的なつながりを重視したODAを展開してきた．それに対してアメリカ，ドイツ，オランダ，イギリス，世界銀行等は，もともとは経済成長を通じた貧困削減を重視していたが，1990年代になると一変してODA政策の重心を人間開発やソーシャル・セーフティ・ネットの構築へシフトさせ，直接的な貧困救済に重きを置くようになった．彼らが経済成長重視を再び意識するようになったのは，最近の数年のことである．

　こうした世界の開発援助の動向に影響を受けながらも，日本はほぼ一貫してアジアの産業発展支援をODA政策の中心に据えてきた．それを支えてきたのはおそらく明治以来の殖産興業，科学技術の導入，戦後の高度経済成長の成功体験であろう．多くの日本人にとって経済発展とは，教育水準を高め，鉄道や道路を建設し，進んだ技術を導入し，経営者も労働者も一体となって懸命に働き，製品の品質や生産性を高め，輸出を増大させることによって実現するものである，と考えられてきた（大塚他 2010，大塚 2014）．天然資源に恵まれな

いので，こうするしか豊かになる方法はないと固く信じてきたといってよい．それを反映して，日本のODAは，長期的な視点にたち，人材育成，技術供与，インフラ投資を通じて産業を育成することを最大の特徴としてきた（ラニス他 2010）．

日本の支援は，アジアの各地で産業発展に大きく寄与した．もちろん，ODAより貿易や直接投資のほうがはるかに巨額であるから，日本の民間企業がアジアの産業発展に果たした役割は非常に大きい（第8章（浦田））．しかし，そもそも企業が直接投資をしたのは，ある程度充実した品質の部品やサービスを安定して調達でき，ある程度良質の労働者を雇用できるように，ODAが下地を作ったからであろう．今やアジアのデトロイトと化したタイの自動車産業への支援は，その好例である．そこでは，政府間の協力に加えて，日タイ間の民間同士の協力も重要な役割を果たした．また第9章（黒崎）が指摘するように，そうした産業の発展が就業機会の拡大を促し，それが子弟への教育投資を刺激するという正の連鎖があったように思われる．そして，教育水準の向上は東アジアの「驚異的発展」に決定的な影響を与えた（第1章（大塚））．

特筆すべきは，「日本的経営」の開発途上国への移転の重要性である（第7章（園部））．従業員と経営者が一体となって取り組む生産性向上活動である *Kaizen* は，日本的経営のシンボルであり，欧米の一流企業も取り入れようと努めている優れた経営的ノウハウである．アジアへ工場進出した日本企業が現地従業員を指導し，ODAで派遣された専門家が現地企業にノウハウを伝授した結果，*Kaizen* はアジア各地で実践されている．この経営上のノウハウの移転が，アジアの経済発展に大きく貢献したことは明らかである．

ところが，日本のこうしたユニークな国際貢献は，世界的には知られていない．もちろん世界中のODA政策の担当者や開発経済学者にとっては，日本のODA供与額が1991年から2000年までは世界一だったことも，日本のODAがアジアを主たる対象としてきたことも周知の事実である．また日本の援助の対象国の経済成長のパフォーマンスが，良好であることもよく知られている．しかしながら，彼らは日本の国際貢献を高く評価しているわけではない．日本が援助した国々は援助なしでも経済成長を遂げられる国々だったのかもしれず，日本の貢献を示す証拠はないと考えられているのである．

終章 「スマート・ドナー」として国際社会をリードするために

　たしかに，日本がある国にODAを供与したという事実と，その国の経済が発展したという事実を並べただけでは，その間に因果関係があるのかどうかは定かではない．だがもっと細かく現実を分析していけばどうだろうか．例えば日本の人材育成プロジェクトがタイで指導した人々のその後の経歴と，そうでない人々の経歴を比べれば，指導を受けた人々のほうが産業の発展に重要な役割を果たしたことが明らかになるかもしれない．また日本はタイのどこにハードインフラを建設し，そのインフラがどれほど利用されたのか，そしてその地域は他の地域と比べてより繁栄したのかどうかを調べれば，インフラ建設の効果をある程度は評価することができるであろう．そうした丹念な分析を積み重ねれば，日本の貢献を疑う余地は少なくなるに違いない．中国の珠江デルタやその他の地域の産業発展にも，日本の援助は大きく寄与したと言われている．その当時データを集めておけば，日本の貢献を容易に示すことができたはずである．残念なことに，日本はデータと理論に裏付けされた形で，産業発展支援の成果を世界に向かって発信してこなかったのである．この分野の研究者とODA政策の担当者，実施を担っている実務家の間の知的交流の不足が，こうした事態を招いてしまった最大の原因である．それが今，外交上の大きな損失をもたらしている．また，日本のODAの成果は国民にも知らされていない．そのことと，過去10数年間のODA予算の激減とは無関係ではなかろう．

　既に指摘したように，開発援助の世界では産業発展の支援戦略が模索されようとしている．求められているのは，輸入代替工業化政策のような経済理論無視の支援策ではなく，理論と科学的エビデンスに支えられた戦略である．ここで言う戦略とは，網羅的な支援をすることではなく，支援に優先順位と時間的順序をつけた政策体系を指す．産業発展の支援の柱として，インフラ建設，金融支援，人材育成，直接投資，技術供与，裾野産業の育成が挙げられるというのは戦略ではない．何から始めてどの段階で次の手を繰り出すかを明示するのが戦略である．アジアにおける産業発展支援の経験そのものは科学的根拠にはならないが，いかなる支援がどの段階で効果的であるかについて，仮説を立てる上でそれはおおいに参考になる．そうした経験に立脚した仮説や，それを修正した仮説の検証を進めていけば，科学的根拠のある開発戦略を構築することができる．アジアでの成功体験に基づく仮説からスタートできるというのは，

そうした仮説のない場合に比べればはるかに有利である．日本は産業発展支援の戦略を構築するという知的な国際貢献を目指すべきであるし，それができるのは日本をおいて他にない．

　アジアで産業発展を支援した経験は，戦略の構築で役立つだけでなく，その実施においても有用であろう．とくに人材育成，技術指導，裾野産業の育成に，日本のODAの専門家は長けている．もちろん，医療や文化も含めて様々な分野で日本はODAを展開し，ノウハウを蓄積している．だが諸外国と比べてとりわけ日本の優位性が強いのは，生産の現場に入り込み，*Kaizen*等の指導を通じて従業員や経営者の能力を開発する人材育成や，農業における技術普及員や農民の指導であろう．さらに日本が得意とし，国際的にもその効果が再評価されているのが，インフラ投資である．人材育成，技術指導，インフラ投資は広い意味での「公共財」への投資であり，それは理論的に正当化できる．限られた予算で大きな効果を上げるには，わが国はこの比較優位を活かす方向への特化を強めるべきである．

　人材の育成や裾野産業の育成には，非常に好ましい副産物が2つある．1つは，指導を通じて現地の人材や企業の能力や信頼性に関して豊富な情報を獲得できることであり，もう1つは国境を越えた人間同士の絆が育つことである．前者は，支援が成功して，先進国の企業が現地に進出することの収益性が高まったあかつきに，現地の誰がパートナーとするのにふさわしいか，誰が管理職となりうる人材か，どの地場企業が取引相手として信頼できるかといった情報が，既にそろっているということを意味する．これは日本企業のビジネスの成功という観点から非常に重要である．また人間同士の絆が育つことは，領土問題などで日本が外国と対立した時に，日本の側に立つサポーターを作ることを意味する．2011年3月の東日本大震災の際に，それまで日本がODAを供与してきた国の多くから多様な支援が寄せられたことからも，このような副産物の重要性が理解できよう．すなわち，ODA政策は外交上の極めて重要な財産を獲得することにつながるのである．

スマート・ドナーを目指して

　日本人が持っている経験知には多くの重要な真理が含まれていると思われるが，そればかりでなく，思い込みや誤解，普遍性に欠ける知識も含まれている．それを整理するには，日本がこれまで行ってきたODAの経験をふまえ，知恵をふりしぼって理論的根拠と実証的根拠を兼ね備えた産業発展支援戦略を確立する必要がある．大事なことは，それによって日本が国際社会における開発戦略のオピニオンリーダーとなり，他国の援助をも結集することで，「小さな日本の援助」を「大きな国際的援助」につなげることである．

　財政再建等の理由によりODAを短期間で大幅に増加させにくい状況下で，日本はこれまでのビッグ・ドナーとしての姿勢から，「多くのドナーのうちの1つ」として，よりスマートなドナーへと姿勢を転換する必要がある．なぜならば，ビッグ・ドナーの最適戦略と他のドナーの最適戦略は異なるからである．ビッグ・ドナーは，自らの援助方針に他のドナーが追随することを期待して，単騎独行的な戦略を採ることが最適であり得るが，そうでないドナーには，他のドナーに対するより慎重な配慮が求められる．より具体的に言えば，一般のドナーにとっては，有効な自己主張と他ドナーとの協調が重要である．日本にとって有効な自己主張とは，日本の援助の長所を国際社会に向けてアピールすることに他ならない．例えば，貧困削減戦略文書（PRSP）に色濃く反映されている成果主義は，いかにも近視眼的であり批判されてしかるべきである．日本の援助の長所は，長期的視野に基づく投資的援助であり，それは人材育成やインフラ重視，そしてその裏付けとしての円借款に象徴されている．それらは懐妊期間が長いことから，拙速に結果を求めがちな成果主義とは相いれないベクトルを持っている．

　また普通のドナーの1つとなった日本は，戦略的に国際的援助協調に参加する必要がある．ここで言う「援助協調」とは，他ドナーから押しつけられる受動的援助協調を指しているのではない．むしろ日本がリーダーシップを取って，日本が推進する国際協力のあり方を，共同で世界にアピールするための能動的

援助協調を考えるべきである．第3章（高橋）の議論からわかるように，これまでリーダーシップを取ってきたイギリスは，援助が目に見えた効果を発揮しないという現実の前に，自信を喪失しつつあるようにも見受けられる．またこの面では，開発経験に共通点が多くOECD開発援助委員会（DAC）加盟を果たした韓国との協調がとりわけ重要となるであろう（第4章（深川）参照）．さらに日本政府は，今や世界の開発研究の中心となっている世界銀行に，日本の主張を理解させる必要がある．

日本の国際協力が産業発展支援に比較優位を有することは前節で述べたとおりだが，以下ではその産業発展支援において，今後の日本がスマート・ドナーとしてとるべき戦略を具体的に考えてみよう[2]．工業化の支援でもっとも重要なことは，人材育成，技術供与，インフラ投資，裾野産業の育成，金融支援，民間企業の直接投資を，どのような内容で，どのような連係で，どの程度の規模で実現すべきかである．それこそが，最適な工業化支援政策の骨子である．それを過去のデータの分析や，社会実験から解明し，世界に発信することが，わが国の開発研究者に課せられた役割である．言うまでもなく，それには国際競争力のある研究が必要であり，高度な知的発信能力が必要である．

園部・大塚らの途上国における産業発展に関する一連の研究は，東アジアにおける産業発展が始発，量的拡大，質的拡大の3段階を経る事実を検出し，第2および第3番目の段階では企業の地理的集積が不可欠の役割を担うことを示した（園部・大塚 2004, Sonobe and Otsuka 2006）．この研究は，その後サブサハラ・アフリカとの比較研究に拡張され，東アジアで示された見取り図がサブサハラ・アフリカの工業化においても概ね当てはまることが確認された．またサブサハラ・アフリカの場合には，経営者の人材不足が産業発展の大きな制約となっていることが，詳細な実証分析によって検証された（Sonobe and Otsuka 2011, 2014）．

さらにこの研究では，ガーナ，ケニア，エチオピア，タンザニア，ベトナムにおいて，「Kaizen Management Training」と称してランダムに選ばれた企業経営者に数週間のトレーニングを行い，その生産性向上への効果が分析された．

---

[2] 農業支援についても，類似した議論をすることは可能である．これについては，日本学術会議（2011）「提言 ODAの戦略的活性化を目指して」を参照されたい．

終章 「スマート・ドナー」として国際社会をリードするために

それによれば，経営者研修は経営効率の改善に大きな効果があり，利潤が増大して，銀行からの借り入れによって投資が増大する傾向が見られる．つまり経営効率の向上は，利潤を高めて再投資を可能にするばかりでなく，収益率の高い企業を識別して信用を優先的に供与することを可能にする．また研修を受けた企業の経営効率の向上は，他企業への知識の伝達（スピルオーバー）を通じて産業全体の効率を向上させ，産業発展に寄与する．ここから導かれるのは，産業育成に関しては人材育成が最優先されるべきであるということである[3]．このような人材育成が功を奏せば，経営効率が大幅に改善され，長期的には企業規模が拡大する可能性がある．そうなれば，工業区建設のようなインフラ投資が必要になるであろうし，大規模投資が採算に乗るようになれば，金融支援がより重要になるであろう．

つまりわれわれが提唱したいのは，人材育成→インフラ支援→金融支援→民間の直接投資という，官民が一体となった国際協力の連鎖である．特に，現在まではしばしば見過ごされてきた経営者の育成が発展の鍵である．そうした人材の育成なしには，インフラ投資の収益率が高いはずなく，金融支援が高い収益を生むこともあり得ない．また，産業発展の基盤がないところに直接投資が行われることもあり得ないであろう．

園部・大塚の一連の研究の成果にしたがえば，東アジアの工業化戦略と，南アジアあるいはサブサハラ・アフリカの工業化戦略との間には，基本的な相違はない．ただし言うまでもなく，経済の発展段階が異なることに応じて，育成すべき産業や移転すべき知識の水準や内容は異なるであろう．第3章（高橋）のアフリカに対する支援のあり方に関する議論では，サブサハラ・アフリカ各国に固有の事情が重視されているが，それを踏まえたうえで，人材育成，技術供与，インフラ投資による工業化をはかることは実証的にも理論的にも正当化されるであろう．第3章（高橋）の議論とここでの議論に，大きな矛盾はない．また，第2章（武藤・広田）のフィリピンやインドネシアへの日本の国際協力に関する議論では，都市開発のような新しいインフラ投資への支援が強調されているが，その一方で，工業化に成功していないこれらの国々に対しては，工

---

[3] 世界銀行が経営者向けの「Kaizen」研修プロジェクトに関心を示し，日本人研究者と共同で，ガーナ，ケニア，エチオピア，タンザニア，ベトナムでそれを実施してきた．

業化支援を重視しなければならない．人材育成からインフラ投資へという工業化支援は，途上国政府の理解のもとに積極的に推進すべきである．同様に第5章（水野）のインドネシアに関する議論では，インドネシアは援助を受けることから卒業しようとする段階にあることが指摘されているが，そういう面はあるにしても，第1章（大塚）で指摘しているようにこの国は工業化の劣等生であり，工業化のための支援は依然として重要なはずである．

4 結び

　本書の出発点は，ビッグ・ドナーではなくなった今，日本はスマート・ドナーとして過去の経験にねざした比較優位を活かし，新しい国際協力戦略を考え，国際的なリーダーシップをとるべきであるという問題意識にある．この問題意識の下，本書は，日本の比較優位は長期的な視野に立った産業発展支援にあるので，それを活かした戦略を打ち立てることが重要であることを明らかにした．しかしそのような戦略を考えるためには，これまでの日本の国際的支援のやり方の問題点を認識しなければならない．以下ではそれについてまず議論し，結論として，優先順位と科学的根拠に基づく開発戦略を打ち立てていくべきであることを強く主張したい．

　日本の国際協力の現状には，大きく言って2つの問題点がある．第一に，これまで日本では研究者とODA担当者の知的交流が乏しかったために，研究面での成果がODAに十分に反映されてこなかったことが挙げられる．例えば，外務省が2010年に発表した『開かれた国益の増進』では，ODA予算の減少という状況の中でODAの効率化が議論されているが，学術研究の成果を積極的に取り入れようとする姿勢は見受けられない．しかしながら，最近の開発経済学の進歩は目覚ましく，特に第7章（園部）や第9章（黒崎）でも議論したように比較実験によって政策の効果を計測するという手法が，政策形成に対する研究の有用性を高めている．例えばこの分析手法は，*Kaizen* 経営者研修の効果の分析に適用され，それによって経営者能力の重要性が国際的に認識されるようになってきた．

終章　「スマート・ドナー」として国際社会をリードするために

　第二の問題点は，日本のODA政策では，日本のユニークで貴重な経験が明確に認識されていないことである．日本が重視してきたのは工業での人材育成，技術指導，インフラ投資であり，それらは広い意味での「公共財」への投資である．こうした投資は理論的に正当化できるばかりか，いずれも最近になって国際的援助コミュニティがその重要性を認識しつつある支援である．わが国は過去の経験を活かし，途上国が実施する開発政策に関して，国際的なリーダーシップを発揮することを念頭に，戦略的な支援を実施していくべきである．

　こうした状況を踏まえて，本書は，国際協調をリードしうるような，科学的根拠に基づく「スマート・ドナー」への道を提言してきた．

　工業化支援策については，これまでの比較実験に基づく研究によって，日本的な経営を指導する「*Kaizen*」研修が中小企業の経営効率を高め，経営者の投資意欲を増大させることがわかってきた．研修を受けた企業の経営効率の向上は，他企業への知識の伝達（スピルオーバー）を通じて産業全体の効率も向上させ，経営破綻リスクの低下と雇用の増大をもたらし，貧困削減と経済成長に寄与する．また経営効率の改善は，収益率の高い企業を識別して信用を優先的に供与することを可能にする．だからこそ，経営者研修は信用の供与に先立って実施されるべきである．また，革新と投資の組み合わせをてこにして企業規模の拡大が見られる段階では，工業区の建設によって産業の発展を目指すべきである．そしてこのような政策体系を日本が中心となって戦略的に支援すべきである．

　究極的には産業発展を根底で支えるのは社会インフラである．よって途上国は，今まで以上に工業や農業の発展をサポートするようにインフラ投資を実施するべきであり，これを日本など先進国が戦略的に支援すべきである．さらに，将来的にはこうした援助が，日本からの直接投資の呼び水となり国益に結びつくことを考慮すべきである．本書で提起した戦略に則って行動すれば，日本はスマート・ドナーとして国際社会をリードし，世界中が悩んできた貧困削減の実現に大きく貢献することができるだろう．

引用文献

■英語文献

Sonobe, Tetsushi and Keijiro Otsuka(2006)*Cluster-Based Industrial Development: An East Asian Model*, Hampshire：Palgrave Macmillan.
――――(2011)*Cluster-Based Industrial Development: A Comparative Study of Asia and Africa*, Hampshire：Palgrave Macmillan.
――――(2014)*Cluster-Based Industrial Development: Kaizen Management for MSE Growth in Developing Countries*, Hampshire：Palgrave Macmillan.

■日本語文献

大塚啓二郎(2014)『なぜ貧しい国はなくならないのか――正しい開発戦略を考える』日本経済新聞出版社.
大塚啓二郎・東郷賢・浜田宏一編(2010)『模倣型経済の躍進と足ぶみ：戦後の日本経済を振り返る』ナカニシヤ出版.
外務省(2010)『開かれた国益の増進』.
黒崎卓・子島進・山根聡(2015)「現代パキスタンの政治・経済・社会」長崎暢子編『世界歴史体系・南アジア第四巻』山川出版,印刷中.
世界銀行(2007)『世界開発報告2008――開発のための農業』一灯舎.
――――(2012)『世界開発報告2013――仕事』一灯舎.
園部哲史・大塚啓二郎(2004)『産業発展のルーツと戦略――日中台の経験に学ぶ』知泉書館.
日本学術会議(2010)「日本の展望――学術からの提言2010」,2010年4月.
日本学術会議・地域研究委員会・国際地域開発研究分科会(2011)「提言 ODAの戦略的活性化を目指して」2011年8月.
ラニス,グスタブ,スティーブン・コザック,東郷賢(2010)「新しい援助モデル：日米の経験から」,大塚啓二郎・東郷賢・浜田宏一編(2010).

執筆者一覧 (執筆順)

黒崎　卓（くろさき・たかし）【編者】
〔序章, 第9章, 終章, ボックス1〕
一橋大学経済研究所教授

大塚啓二郎（おおつか・けいじろう）【編者】
〔序章, 第1章, 終章, ボックス2〕
政策研究大学院大学（GRIPS）教授

武藤めぐみ（むとう・めぐみ）〔第2章, ボックス5〕
独立行政法人国際協力機構（JICA）東南アジア・大洋州部次長

広田幸紀（ひろた・こうき）〔第2章〕
独立行政法人国際協力機構（JICA）企画部部長

高橋基樹（たかはし・もとき）〔第3章〕
神戸大学大学院国際協力研究科教授

深川由起子（ふかがわ・ゆきこ）〔第4章〕
早稲田大学政治経済学術院教授

水野広祐（みずの・こうすけ）〔第5章〕
京都大学東南アジア研究所教授

児玉谷史朗（こだまや・しろう）〔第6章〕
一橋大学大学院社会学研究科・社会学部教授

加藤弘之（かとう・ひろゆき）〔ボックス3〕
神戸大学大学院経済学研究科教授

園部哲史（そのべ・てつし）〔第7章〕
政策研究大学院大学（GRIPS）教授

古川勇二（ふるかわ・ゆうじ）〔ボックス4〕
職業能力開発総合大学校校長

浦田秀次郎（うらた・しゅうじろう）〔第8章〕
早稲田大学大学院アジア太平洋研究科教授

高阪　章（こうさか・あきら）〔第10章〕
関西学院大学国際学部教授

松岡俊二（まつおか・しゅんじ）〔第11章〕
早稲田大学大学院アジア太平洋研究科教授

索　引

あ　行

曖昧な制度　179, 181, 183
アジア開発銀行（ADB）　37, 125, 240
アジア協働大学院（AUI）構想　312
アジア太平洋環境開発会議（APFED）　308
アジア通貨危機　20, 37, 75, 138-139, 215, 261, 268, 280
アセアン（東南アジア諸国連合）　10, 35, 125, 216
　　──自由貿易地域（AFTA）　229
　　先発──　10, 35, 43, 127
　　ASEAN4　35, 43, 219, 276
　　ASEAN＋3　293, 308
アフリカ　65, 97-100, 153
　　──稲作振興のための共同体（CARD）　99
アンタイド援助　62, 107
域内投資循環　276
イギリス　65
一般財政支援　85
インド　61, 247, 250, 252
インドネシア　43, 125
　　──債権国会議（IGGI）　126, 133
　　──支援国会議（CGI）　126
　　第1回──債権国会議（東京会議）　131
インフラ　32, 36, 105, 166
　　──建設　189, 203

　　──支援　7, 58, 61-62
　　──整備　32, 36, 58, 166, 173, 232, 240
　　──投資　7, 45, 56, 324, 327-330
　　──保証基金（IIGF）　42
　　経済──　32, 76, 93, 105, 301
　　産業──　148
円借款　5, 35, 61, 74, 125, 172, 304
援助
　　──協調　69, 164, 166, 327
　　──効果向上に関するパリ宣言　85, 164
　　──疲れ　76
　　──プロジェクトの氾濫　78
　　二国間──　5, 108-109, 116, 118-119, 121, 159, 301
　　マルチの──　107, 109, 118-119
汚職　148, 157
　　──の撲滅　147

か　行

海外技術者研修協会（AOTS）　191-192, 236
AOTS同窓会　202, 237
海外経済協力基金　132
海外現地法人　213
海外産業人材育成協会（HIDA）　192, 236
海外直接投資（FDI）　162, 168, 188,

271
海外貿易開発協会（JODC） 236
外貨準備 129, 266
外貨制約 127, 144
カイゼン ⇒ *Kaizen*
開発援助委員会（DAC） 2, 67, 153, 164, 301-302
　　　（韓国の）DAC 加盟 103, 122
　　　DAC ドナー 164
開発戦略 7, 321, 325, 330
華人 130
環境 ODA 293
環境センター・アプローチ 294, 304
環境モデル都市整備 304
雁行形態 16, 23-25, 27, 29, 31-32
韓国 103-104, 106, 111, 113, 117-118, 122
　　　——開発研究院（KDI） 110, 113-115
環太平洋戦略的経済連携協定（TPP） 293
環日本海環境協力会議（NEAC） 308
官民パートナーシップ（PPP） 36, 114, 240
機械産業 24-25, 27
企業内技術移転 214, 224
気候変動に関する政府間パネル（IPCC） 315
技術
　　　——移転 187, 213, 224-225, 236
　　　——供与 324, 328-329
　　　——協力 5, 35, 74, 116, 125, 159, 211, 304, 316
　　　——指導 326
　　　——スピルオーバー 225
　　　——的ギャップ 17-20, 22

　　　——の模倣 17, 24
北スマトラ油田開発 128
キャピタルゲイン 146
給食 252
旧新興国 276
9.30事件（インドネシア） 130
教育 77, 92-93, 200, 243
　　　——の質 250, 254
　　　——の収益率 245, 249
教員の怠業 251
行政コスト 118
銀行取り付け騒ぎ 138
均衡予算 132
金融
　　　間接—— 147
　　　——グローバル化 261
　　　——深化 261
　　　——政策レジーム 262-263
　　　第一次——改革（インドネシア） 137
　　　第二次——改革（インドネシア） 137
　　　直接—— 147
　　　内部——化 285
国別援助計画 165
クリーナープロダクション（CP） 310
繰り延べ対象 140
経済協力開発機構（OECD） 2, 103, 218
研修 111, 196-198, 207, 236
工業化 7, 16, 71, 103, 117, 187-188, 245
　　　重化学—— 25
　　　重—— 25, 31
　　　脱—— 245

輸出志向——　　105, 298
　　輸入代替——　　104, 322, 325
高金利政策　　138
高収量品種　　98-99
構造調整　　137, 155-156, 160, 322
公的資金注入　　139
行動規範・規律　　244
後発途上国（LDC）　　81, 107
公立学校　　248
五か年計画（インドネシア）　　134
国際教育開発協力　　234
国際協力機構（JICA）　　4, 36, 61, 99, 105, 191, 207, 302, 316
国際協力銀行（JBIC）　　229, 302
国際研修協力機構（JITCO）　　209
国際通貨基金（IMF）　　56, 87, 138, 155, 286, 322
国債発行　　134
国連環境開発会議　　293
コモン・バスケット　　85, 255

さ　行

債務の一部帳消し　　148
サブサハラ・アフリカ　　1, 9, 65, 97, 247
サプライチェーン　　214
産業
　　——政策　　323
　　——発展　　188, 200, 203
　　——発展支援　　188, 199, 202-203, 330
　　——発展支援戦略　　327
　　——発展政策　　190
算数指導力向上プロジェクト（PROMETAM）　　255

ザンビア　　70-75, 153
事業開発基金　　40
事業評価　　120
自助　　111-113, 117, 136
　　——努力の支援　　76, 183
市場重視　　136
市場の失敗　　323
四川汶川大地震　　181-182
持続的な経済成長　　321
実験　　189, 191, 197, 254
　　研修——　　196-197
自動車産業　　24-29
ジニ係数　　30
地場企業　　47, 56
資本フローの構成　　271
社会運動　　148
社会事業　　148
社会的環境管理能力　　293
就学率　　248
重債務貧困国　　75, 161
集積の経済　　26, 29
条件付き所得移転（CCT）　　251
職業能力開発総合大学校　　202, 207
女性自助組織（SHG）　　253
自力更生路線　　130
私立学校　　248
人権問題　　133
新興ドナー　　66, 103, 116, 159, 164
人材育成　　7, 115, 202-203, 240, 320, 324-330
新新興国　　276
新秩序（オルデ・バル）　　130
人的資本　　92
信用制約　　250
スカルノ大統領　　129
スタンドバイ　　42, 138

災害復旧—— 41
ストックホルム国連人間環境会議　296
スハルト体制　127, 134
スハルト大統領　135
スマート・ドナー　6-7, 90, 203, 214, 243, 256, 262, 293, 320, 328, 330-331
スリーギャップモデル　126
生産性向上　189, 191-192, 201, 203, 207
生産ネットワーク　214, 289
青年海外協力隊　5, 200
政府開発援助（ODA）　2, 35, 65, 103, 125, 153, 234, 293, 319
　ODA戦略　320-321
　ODA卒業　65, 82, 145
　顔の見えるODA　62, 188, 199, 201
世界開発レポート　16
世界銀行　15-16, 321-322, 324, 328
セクター・ワイド・アプローチ　255
セマウル運動　104, 111-115, 117
繊維産業　24, 26-27
戦後賠償　126
全要素生産性　225, 245
総合知（Integrated and Synthetic Knowledge）　295
ソフトな支援　189

た 行

対口支援　179-183
タイド援助　107, 126
地域金融ネットワーク　289
地域環境ガバナンス　294
知識共同体（epistemic community）　295
知識共有プログラム（KSP）　104-105, 112-116, 120
地中海行動計画（MEDPOL）　296, 298
地方分権化　36, 139
中銀からの借入　129
中銀の政府貸出　133
中国　67, 153, 179
　——のアフリカ進出　153
長距離越境大気汚染防止条約（LRTAP）　296, 298
直接投資　26, 203, 213, 271, 320, 325, 329
貯蓄不足　126, 144
ツーギャップモデル　126
伝統的ドナー　153, 164
東南アジア　35, 315
東南アジア諸国連合　⇒　アセアン
ドナーの手作り　147

な 行

南南協力　112, 191
二国間投資協定　234
日中韓3か国環境大臣会合（TEMM）　307
日本科学技術連盟　191
日本型産業発展支援　200
日本型直接規制　310
日本生産性本部　190-191
日本的経営　7, 32, 324
日本的マネジメント　191, 201
日本能率協会　191
日本貿易振興機構（JETRO）　235
日本貿易保険（NEXI）　235
人間開発（Human Development）

71, 243
人間の安全保障　319
人間貧困（Human Poverty）　77
認知能力・科学知識　244

は 行

ハードの支援　189
賠償留学生　128, 148
ハイパーインフレ　130
比較優位　22, 116, 321
東アジア型
　　——産業発展　16, 104, 240, 243
　　——発展モデル　31
　　——マクロ経済運営モデル　262, 287
東アジア酸性雨モニタリング・ネットワーク（EANET）　294, 296
東アジア地域包括的経済連携（RCEP）　293
東アジアの奇跡　15, 261
東日本大震災　4, 183, 202, 326
ビッグ・ドナー　9, 311, 319-320, 327, 330
非伝統的ドナー　164
貧困削減　1, 29, 31, 66, 155, 166, 243, 321, 324, 331
　　——戦略書（PRSP）　77, 163, 327
貧困者比率　1, 29-30, 158, 162
ファンジビリティ　78
フィージビリティ・スタディ（F/S）　35
フィリピン　50
フラグメンテーション戦略　214
ブルディカリ　130
プログラム・アプローチ　6, 89

プログラム援助　116, 172
プログラム型支援　6, 35, 84
プロジェクト型支援　35, 84, 86-87
文理社会協働（transdisciplinary）　295
ベトナム　42
ポートフォリオ資金　138
北西太平洋行動計画（NOWPAP）　296
北東アジア地域環境プログラム（NEASPEC）　306
母子手帳　148
保証制度　40
補助金制度　40
ボトムアップ　189, 191
ボラタイル（な国際資本）　261
ボランティア　148

ま 行

マイクロクレジット　248
マクロ・プルーデンス政策　266, 268
マクロ安定化政策　266
マクロ金融リンケージ　262
マクロ経済政策のトリレンマ　263
マスター・プラン（M/P）　35
マネジメント（途上国企業の）　194-197
マレーシア粉砕闘争（インドネシア）　130
緑の革命　7, 98-100
南アジア　1, 247
ミレニアム開発目標（MDGs）　1, 79, 108, 244
民間部門重視　135
ミンサー方程式　247

民主化　　43, 50, 139, 155, 323
無償資金協力　　5, 81-82, 304
模倣能力　　19-20

や 行

有償資金協力　　5, 146, 159, 174
輸出による学習効果　　227
輸入代替化政策　　187
要請主義　　68, 113, 147, 172, 301
幼稚産業保護政策　　187, 190

ら 行

ラムサール条約　　35, 84
ランダム化比較試験（RCT）　　197, 251, 254
リーマンショック　　149
留学生　　21, 109, 128, 148, 208
累積債務　　145, 148
レジリエンス（復元力）　　261-262, 281, 295

わ 行

ワシントン条約　　296

欧文索引

ADB　⇒　アジア開発銀行
AFTA　⇒　アセアン自由貿易地域
AOTS　⇒　海外技術者研修協会
APFED　⇒　アジア太平洋環境開発会議
ASEAN　⇒　アセアン（東南アジア諸国連合）
BLT（Build, Lease, Transfer）　　53
BOT（Build, Operation, Transfer）　　52
BRICs　　211
CARD　⇒　アフリカ稲作振興のための共同体
CCT　⇒　条件付き所得移転
CGI　⇒　インドネシア支援国会議
DAC　⇒　開発援助委員会
Disaster Risk Finance　　316
EANET　⇒　東アジア酸性雨モニタリング・ネットワーク
F/S　⇒　フィージビリティ・スタディ
FDI　⇒　海外直接投資
HIDA　⇒　海外産業人材育成協会
IGGI　⇒　インドネシア債権国会議
IIGF　⇒　インフラ保証基金
IMF　⇒　国際通貨基金
IPCC　⇒　気候変動に関する政府間パネル
JBIC　⇒　国際協力銀行
JETRO　⇒　日本貿易振興機構
JICA　⇒　国際協力機構
JITCO　⇒　国際研修協力機構
JODC　⇒　海外貿易開発協会
Kaizen　　7, 189-190, 192, 198-201, 203, 324, 327-331
KDI　⇒　韓国開発研究院
KSP　⇒　知識共有プログラム
LDC　⇒　後発途上国
LOI（Letter of Intent：覚え書）　　138
LRTAP　⇒　長距離越境大気汚染防止条約
M/P　⇒　マスター・プラン
MDGs　⇒　ミレニアム開発目標
MEDPOL　⇒　地中海行動計画
NEAC　⇒　環日本海環境協力会議

索　引

NEASPEC ⇒ 北東アジア地域環境プログラム
NEXI ⇒ 日本貿易保険
NIEs3　219
OECD ⇒ 経済協力開発機構
PPP ⇒ 官民パートナーシップ
PROGRESA　251
PROMETAM ⇒ 算数指導力向上プロジェクト
PRSP ⇒ 貧困削減戦略書

RCEP ⇒ 東アジア地域包括的経済連携
RCT ⇒ ランダム化比較試験
SHG ⇒ 女性自助組織
TEMM ⇒ 日中韓3か国環境大臣会合
TPP ⇒ 環太平洋戦略的経済連携協定
VISTA　211

■編著者紹介

黒崎　卓（くろさき・たかし）

1964年生まれ．1995年スタンフォード大学博士号取得．現在，一橋大学経済研究所教授．著書：『開発のミクロ経済学——理論と応用』（岩波書店，2001年，日経・経済図書文化賞受賞），『開発経済学——貧困削減へのアプローチ』（共著，日本評論社，2003年），『貧困と脆弱性の経済分析』（勁草書房，2009年）など．

大塚啓二郎（おおつか・けいじろう）

1948年生まれ．1979年シカゴ大学経済学博士号取得．現在，政策研究大学院大学教授．著書：『中国のミクロ経済改革——企業と市場の数量分析』（共著，日本経済新聞出版社，1995年，日経・経済図書文化賞受賞），『産業発展のルーツと戦略——日中台の経験に学ぶ』（共著，知泉書館，2004年，日経・経済図書文化賞受賞），『なぜ貧しい国はなくならないのか——正しい開発戦略を考える』（日本経済新聞出版社，2014年）など．

これからの日本の国際協力
ビッグ・ドナーからスマート・ドナーへ

2015年2月19日　第1版第1刷発行

編著者——黒崎　卓・大塚啓二郎
発行者——串崎　浩
発行所——株式会社日本評論社
　　　　〒170-8474　東京都豊島区南大塚 3-12-4
　　　　電話　03-3987-8621（販売），8595（編集）　振替　00100-3-16
印　刷——精文堂印刷株式会社
製　本——株式会社精光堂
装　幀——林　健造
検印省略 © T.Kurosaki and K.Otsuka, 2015
ISBN978-4-535-55794-9　　Printed in Japan

JCOPY 〈（社）出版者著作権管理機構　委託出版物〉

本書の無断複写は著作権法上での例外を除き禁じられています．複写される場合は，そのつど事前に，（社）出版者著作権管理機構（電話 03-3513-6969，FAX 03-3513-6979，e-mail: info@jcopy.or.jp）の許諾を得てください．また，本書を代行業者等の第三者に依頼してスキャニング等の行為によりデジタル化することは，個人の家庭内の利用であっても，一切認められておりません．

開発経済学──貧困削減へのアプローチ
黒崎 卓・山形辰史／著　■本体2500円＋税／ISBN978-4-535-55303-3／A5判
開発経済学の潮流を、現実の開発問題に即しながら平易に学べる定番のテキスト。コラムでは開発現場で出会ったエピソードがつづられている。

援助ドナーの経済学──情けはひとのためならず
木原隆司／著　■本体6000円＋税／ISBN978-4-535-55638-6／A5判
開発援助がどのようにドナー国（援助する側）の経済厚生を改善するのかを、理論と実証、及び現実の援助の実態調査から明らかにする。

開発を問い直す──転換する世界と日本の国際協力
西川 潤・下村恭民・高橋基樹・野田真里／編著
国際開発を根本から考え直し、それに照らして日本の開発援助はどうあるべきかを考える。国際開発学会20周年記念論題の単行本化。
■本体3600円＋税／ISBN978-4-535-55680-5／A5判

国際開発論──ミレニアム開発目標による貧困削減
斎藤文彦／著　■本体2900円＋税／ISBN978-4-535-55319-4／A5判
欧米が先駆けとなって発展した開発研究の成果をふまえつつ、著者の体験を交え、開発途上国の抱える問題とその解決策を総合的に考察する。

ODAの経済学［第3版］
小浜裕久／著　■本体2800円＋税／ISBN978-4-535-55624-9／A5判
ODA（政府開発援助）の基本文献として好評を博したテキストの改訂版。第3版ではとくに日本の援助理念や政策にも踏み込んで解説する。

日本の国際開発援助事業
栗田匡相・野村宗訓・鷲尾友春／編著
日本の開発援助のハードインフラ、ソフトインフラ両分野における実践を深掘りして整理し、近未来の援助事業の課題を提起する。
■本体4600円＋税／ISBN978-4-535-55769-7／A5判

日本評論社　http://www.nippyo.co.jp/